..........의 책

인간

―― 너와 그 속에 사는 수많은 이들의 기적 ――

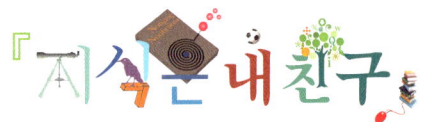

세상을 더 넓게, 더 깊이!
세상의 모든 지식을 내 친구처럼 가깝게 만나 보세요.

사르, 루이제, 비비를 위하여

일러두기
- 과학 용어는 초등, 중등 교과서를 기준으로 하고 교과서에 나오지 않는 용어는 신뢰도와 상용도를 기준으로 표기하였습니다.
- 인명과 지명, 생물종의 이름은 국립국어원의 외래어 표기법을 따르되 관용적인 표기와 동떨어진 경우는 관례를 따랐습니다.
- 본문 (   ) 안의 * 표기 내용은 편집자 주입니다.

인간

—— 너와 그 속에 사는 수많은 이들의 기적 ——

얀 파울 스휘턴 글 | 플로르 리더르 그림
이유림 옮김 | 이정모 감수

논장

얀 파울 스휘턴 글

과학을 보다 쉽게, 독자의 눈높이에 맞춘 재기 발랄한 내용으로 어린이와 청소년의 인기가 높은 논픽션 작가입니다.
1970년에 네덜란드 플리싱언에서 태어나 위트레흐트 대학에서 방송학을 공부하고 카피라이터로 일했습니다.
과학, 자연, 역사 분야를 중점으로 글을 쓰며 40권이 넘는 논픽션 책을 냈습니다. 2008년에 《암스테르담의 아이들》,
2014년에 《진화 - 살아 있는 모든 것들의 수수께끼》로 네덜란드 최고의 아동도서상인 황금연필상을 두 번이나 받았습니다.
《진화 - 살아 있는 모든 것들의 수수께끼》와 《인간 - 너와 그 속에 사는 수많은 이들의 기적》은 다양한 외국어로 번역되어
세계 여러 나라에 소개되었습니다. 2015년부터 2017년까지 네덜란드 어린이책 홍보 대사로 활약했습니다.

플로르 리더르 그림

아이디어와 재능이 넘치는 그림 작가입니다. 1985년 네덜란드 즈볼러에서 태어나 미술을 전공했습니다.
프리랜서 삽화가로 신문, 잡지, 책에 그림을 그리며 손으로 그린 다음 디지털 기기로 마무리하는 방식을 주로 씁니다.
"금세공인 할아버지, 가구 제작자인 아버지, 공예 교사인 어머니를 둔 창의적인 가족 출신"이라고 자신을 소개하며
건축, 식물, 오래된 지도, 자연이 영감의 원천이라고 합니다. 데생과 디자인에 훨씬 많은 신경을 써야 하는 어린이책에
애정이 각별합니다. 2014년에 《진화 - 살아 있는 모든 것들의 수수께끼》로 황금붓상을 받았습니다.

이유림 옮김

경희대학교와 같은 대학 대학원에서 철학을, 베를린에서 영화학을 공부하고 지금은 좋은 어린이책을 소개하는 전문 번역가로
활동합니다. 《바람 저편 행복한 섬》, 《잊을 수 없는 외투》, 《어느 독일인 이야기》 등 여러 책을 옮겼습니다.

이정모 감수

연세대학교와 같은 대학 대학원에서 생화학을 전공하고 독일 본 대학교에서 유기화학을 공부했습니다.
안양대학교 교양학부 교수, 서대문자연사박물관장, 서울시립과학관장을 지내고, 현재 국립과천과학관장으로 일합니다.
과학의 대중화를 실천하는 유쾌한 털보 과학관장으로 유명하며 다양한 저술과 강연 활동을 이어갑니다.
《저도 과학은 어렵습니다만》, 《과학이 가르쳐준 것들》, 《달력과 권력》, 《공생 멸종 진화》 등 여러 책을 썼습니다.

지식은 내 친구 021

인간 - 너와 그 속에 사는 수많은 이들의 기적

초판 1쇄 2021년 8월 2일
얀 파울 스휘턴 글 | **플로르 리더르** 그림 | **이유림** 옮김 | **이정모** 감수
디자인 반짝공 | **편집** 이나영, 최아라 | **교정** 이상희 | **펴낸이** 박강희 | **펴낸곳** 도서출판 논장
등록 제10-172호 · 1987년 12월 18일 | **주소** 10881 경기도 파주시 회동길 329
전화 031-955-9164 **전송** 031-955-9167 | **ISBN** 978-89-8414-391-3 73470

Het wonder van you
en je biljoenen bewoners
ⓒ 2015 text Jan Paul Schutten
ⓒ 2015 illustrations Floor Rieder
Originally published under the title Het wonder van jou by Uitgeverij J.H. Gottmer/H.J.W Becht bv,
Haarlem, The Netherlands; a division of Gottmer Uitgeversgroep BV
Korean translation copyright ⓒ Nonjnag Publishing Co, 2021
This Korean edition was published by arrangement with Uitgeverij J.H. Gottmer through Sibylle Books Literary Agency, Seoul.

이 책의 한국어판 저작권은 시빌에이전시를 통해 Gottmer출판사와 독점 계약한 논장에 있습니다.
저작권법에 의해 한국 내에서 보호를 받는 저작물이므로 무단 전재 및 복제를 금합니다.

- 책값은 뒤표지에 있습니다.
- 잘못 만들어진 책은 구입하신 서점에서 바꾸어 드립니다.

제품명 도서 | **제조자명** 논장 | **제조국명** 대한민국 | **사용연령** 8세 이상 | **제조년월일** 2021년 8월 2일 | **전화** 031-955-9164 | **주소** 10881 경기도 파주시 회동길 329
· KC마크는 이 제품이 공통안전기준에 적합하였음을 의미합니다. ⚠ 주의 종이에 베이거나 긁히지 않도록 조심하세요.

목차

시작하기 전에……

여러분에 대한 책 한 권 ... 12
- 왜 여러분에 대해서 책 한 권을 쓸 만할까요? ... 12
- 과학자들은 잘난 척하는 사람들일까요? ... 12

인생을 건 경주 ... 14
- 왜 여러분이 행운아일까요? ... 14
- 왜 여러분이 승리자일까요? ... 14

개미 한 마리가 전부는 아닙니다 ... 16
- 이 해파리는 한 마리가 맞을까요? ... 16
- 왜 여러분이 절대 혼자가 아닐까요? ... 17

앗, 미안해요! ... 18
- 왜 수소로는 폭탄을 만들고 물로는 못 만들까요? ... 19

1부:
세포라는 기적

세포들 사이 액체 속에서 ... 22
- 왜 세포 하나하나가 다 다를까요? ... 22
- 왜 세포에 파수꾼이 필요할까요? ... 22

세포 속에서 ... 24
- 왜 세포 속에 작은 모터가 들어 있을까요? ... 24
- 왜 세포 속에 발전소가 들어 있을까요? ... 24

세포의 중심에서 ... 26
- 왜 핵 속으로 쉽게 들어갈 수 없을까요? ... 26
- 왜 DNA가 여러분의 상사일까요? ... 26
- 리보솜은 자기가 무엇을 해야 하는지 어떻게 알까요? ... 27

삐뽀삐뽀삐뽀삐뽀 비상 상황입니다! ... 28
- 왜 우리가 지금 잠깐 중단해야 할까요? ... 28
- 왜 바이러스가 로봇과 비슷하면서도 다를까요? ... 29
- 왜 바이러스가 닌자 좀비 로봇일까요? ... 30
- 왜 아주 작은 바이러스가 전체 세포를 없앨 수 있을까요? ... 31
- 왜 콧물이 흐를까요? ... 31

세포의 나머지 부분은…… 그냥 넘어가죠? ... 32
- 왜 여러분이 게으르다고 할 수 없을까요? ... 32
- 왜 체온이 일정하게 37℃로 유지될까요? ... 32

- 왜 엄지발가락에 입이 필요할까요? ... 33

2부:
몸속 탐색

한밤중 묘지에서 ... 36
- 왜 베살리우스가 시체를 훔쳤을까요? ... 36
- 왜 근육 혼자서는 아무것도 못할까요? ... 37
- 왜 움직이기 위해서 뼈가 필요할까요? ... 37

몸의 가장 깊숙한 곳에서 ... 38
- 왜 시체를 여는 게 생각보다 어려울까요? ... 38
- 왜 음식이 몸을 떠날 때까지 하루가 필요할까요? ... 39
- 왜 베살리우스가 그 당시 사랑을 받지 못했을까요? ... 39

3부:
생각해 볼 문제들

몸의 통제실에서 ... 42
- 왜 하트를 그리는 게 멍청한 짓일까요? ... 42
- 왜 뇌는 컴퓨터와 다를까요? ... 42
- 왜 장이 생각보다 더 똑똑할까요? ... 42

뇌의 첫 두 층에서 ... 44
- 왜 뇌가 이렇게 클까요? ... 44
- 왜 좋은 일은 잘 잊으면서 나쁜 일은 못 잊을까요? ... 45
- 시상하부에 결함이 있을 때는 종일 누가 챙겨 줘야 할까요? ... 45

머리 꼭대기에서 ... 46
- 왜 원숭이는 수학 천재가 될 수 없을까요? ... 46
- 왜 우리 안에 살인자가 숨어 있을까요? ... 46
- 왜 청소년들은 도서관 사서보다 더 자주 응급실에 갈까요? ... 47

뇌의 지하실에서 ... 48
- 왜 때로 여러분은 생각보다 더 빠를까요? ... 48
- 왜 뇌가 여러분을 바보로 만들까요? ... 49

기억의 굽이굽이에서 ... 50
- 왜 어떤 일을 잊어버렸다고 생각할까요? ... 50
- 왜 뇌진탕이 일어난 뒤엔 기억이 나지 않을까요? ... 51

왜 영원히 서른 살이라고 믿을 수 있을까요?	51

뇌의 이상한 방에서 ... 52
- 왜 눈이 완벽하게 작동하는데도 시각 장애인이 될 수 있을까요?(1) ... 52
- 왜 어떤 사람은 아내의 머리랑 모자를 헷갈릴까요? ... 52

머릿속 소년과 소녀 ... 54
- 왜 누구랑 사랑에 빠질지 정할 수 없을까요? ... 54
- 왜 남자애가 여자애보다 낫지 않고 그 반대도 아닐까요? ... 55

몸의 메일함 ... 58
- 왜 저녁이면 피곤해질까요? ... 58
- 왜 어떤 여자 수영 선수들은 남자처럼 보일까요? ... 59

머릿속 화학 실험실에서 ... 60
- 왜 무더위에 전쟁이 일어날 가능성이 클까요? ... 60
- 왜 여러분이 그래도, 언젠가는, 아마도 방을 정리할까요? ... 61

머릿속 난쟁이의 머릿속에서 ... 62
- 왜 여러분이 거의 아무것도 스스로 결정할 수 없을까요? ... 62
- 왜 머릿속 목소리는 우리를 바보로 여길까요? ... 63
- 그래도 왜 여러분이 뇌보다 더 영리할 수 있을까요? ... 63

일상생활에서 ... 64
- 왜 몸은 거짓말을 잘 못할까요? ... 64
- 왜 때로 거짓말 탐지기가 아주 잘 작동할까요? ... 64
- 왜 누가 반했는지 알아볼 수 있을까요? ... 65

잠옷을 입고 ... 66
- 왜 우리는 잠을 잘까요? ... 66
- 왜 잠을 덜 자면 더 많이 먹을까요? ... 67

침대에서 ... 68
- 왜 어떤 잠도 다른 잠이랑 똑같지 않을까요? ... 68
- 왜 학교는 너무 일찍 시작할까요? ... 68
- 왜 주말에 늦잠을 잘 필요가 없을까요? ... 69

4부:
들어 봐, 누가 문을 두드리는지

드라큘라 백작의 성에서 ... 72
- 왜 혈액 세포가 진정한 영웅일까요? ... 72
- 왜 몸속에 주스 말고 피가 흘러야 할까요? ... 72
- 왜 혈액 세포가 피곤해질까요? ... 72

핏속에서 ... 74
- 왜 새 혈액 세포가 1초에 300만 개나 필요할까요? ... 74
- 왜 계속 피를 흘리지 않을까요? ... 74
- 왜 파란 멍이 파란 멍이 아닐까요? ... 75

염증이 생긴 귓속에서 ... 76
- 왜 편도가 목 속에 있을까요? ... 76
- 왜 때로 귀에 염증이 생길까요? ... 76
- 왜 아침이면 눈이 달라붙을까요? ... 77

당황스러운 상태에서 ... 78
- 왜 심장이 특별한 기계일까요? ... 78
- 왜 사랑에 빠지면 배 속 나비가 파닥일까요? ... 79

심장 속에서 ... 80
- 왜 여러분한테는 생각보다 근육이 많을까요? ... 80
- 왜 명령을 해도 심장이 멈추지 않을까요? ... 81
- 왜 쥐의 심장은 기관총처럼 팔딱거릴까요? ... 81

혈관 속에서 ... 82
- 왜 외과 의사는 이상한 양말을 신을까요? ... 82

병원에서 ... 84
- 왜 올림픽에서 나이 든 선수를 볼 수 없을까요? ... 84
- 왜 물로 마요네즈를 만들 수 없을까요? ... 84
- 왜 운동이 심장 질환을 예방하는 데 도움이 될까요? ... 85

5부:
숨쉬기의 달인, 폐

들이쉬고 내쉬고 들이쉬고 내쉬고 들이쉬고 내쉬고 ... 88
- 왜 폐를 조심스럽게 다뤄야 할까요? ... 88
- 왜 입은 기타와 닮았을까요? ... 89

폐 속에서 ... 90
- 왜 여러분은 생각보다 가벼울까요? ... 90
- 왜 코털이 아주 실용적일까요? ... 90
- 왜 흡연자가 멋지기보다는 불쌍할까요? ... 91

6부:
배와 그 속에 사는 생명체들

망제투 씨의 배 속에서 ... 94
- 왜 식도가 경비행기를 먹는 데 도움이 될까요? ... 94
- 왜 여러분이 먹는 것이 여러분일까요? ... 95

입속에서 ... 96
- 왜 독일 스파이는 'Scheveningen'을 말해야 할까요? ... 96
- 왜 바닥에 침을 뱉는 게 멍청한 짓일까요? ... 96
- 왜 식사 전에 이를 닦아야 할까요? ... 97

위에서 ... 98

왜 달릴 때 위 속의 수프가 다시 올라오지 않을까요? 98
왜 위가 어떤 면에선 살인자와 비슷할까요? 99
왜 장이 37°C부터 깨끗해질까요? 99

올바른 자세 100
왜 간이 그토록 중요할까요? 100
왜 엉덩이가 염산에 녹지 않을까요? 100
왜 많은 이들이 너무 멍청해서 그걸…… 101

열대의 섬에 있는 멋진 저택에서 102
왜 몸은 생존 기계일까요? 102
왜 살을 빼는 게 이토록 어려울까요? 102
왜 다이어트 책으로 부자가 될 수 있을까요? 103

많은 숫자로 104
왜 여러분이 절대 혼자가 아닐까요? 104
왜 다른 사람의 박테리아에 반할까요? 104

너를 위해서 106
왜 박테리아를 포기할 수 없을까요? 106
왜 박테리아가 건강 유지에 도움이 될까요? 107

DNA 속에서 108
왜 박테리아가 제임스 본드의 가젯보다 유용할까요? 108
왜 우리는 벼보다 더 단순하게 구성됐을까요? 108
왜 약을 먹는 게 항상 똑똑한 일은 아닐까요? 109

변기 위에서 110
왜 화장실에선 똥 냄새만 나는 게 아닐까요? 110
왜 빌렘 콜프는 자동차랑 소시지 껍질이랑 폭격기가
필요했을까요? 111
왜 오줌을 그냥 흘려보내는 게 낭비일까요? 111

7부:
피부와 머리카락

홀딱 벗은 채 114
왜 우리는 피부를 함부로 다룰까요? 114
왜 인종 차별이 멍청한 짓일까요? 115

피부 속에서 116
왜 여러분이 청소기 속에 들어 있을까요? 116
왜 목욕물에 들어가면 손가락이 쪼글쪼글해질까요? 116
왜 생각을 많이 하면 털이 더 수북해질까요? 117
왜 손이 실용적일까요? 117

8부:
내가 듣는 것의 냄새를 맡아 봐

최고라고 여겨지기 위해서 120
왜 헤드폰을 끼면 과자가 더 맛있을까요? 120
왜 일단 믿고 보는 게 언제나 바람직한 것은 아닐까요? 121

꼭 껴안고 122
왜 어루만지는 게 건강에 좋을까요? 122
왜 진통제가 몸 여기저기에서 효과가 있을까요? 122
왜 통증과 가려움이 서로 관계가 없을까요? 123

고약한 냄새 속에서 124
왜 코를 자랑스러워할 필요가 없을까요? 124
왜 트러플 오일을 만드는 사람이 여러분을 속일 수 있나요? 124
왜 딸기가 없는데도 딸기 맛을 느낄까요? 125

부엌에서 126
왜 혀랑 코에 비슷한 점이 있을까요? 126
왜 입맛에 대해선 밝혀낼 게 많을까요? 127
왜 생일에 브로콜리를 먹자고 친구들을 초대해야 할까요? 127

눈 속에서 128
왜 눈이 코보다 더 중요할까요? 128
왜 고양이는 어둠 속에서 잘 볼 수 있을까요? 128
왜 클레오파트라는 눈 속에 독물을 떨어뜨렸을까요? 129
왜 눈이 완벽하게 작동하는데도 시각 장애인이 될 수
있을까요?(2) 130
왜 우리한테 눈이 하나 더 있을까요? 130

균형을 맞춰서 132
왜 바늘 하나 떨어지는 소리도 들릴까요? 132
왜 감각 기관 하나를 거저 더 받은 셈일까요? 133

9부:
달리기, 뛰어오르기, 날기, 잠수하기, 넘어지기, 일어서기, 계속하기

여러분의 자세 136
왜 여러분이 과장된 행동을 해도 괜찮을까요? 136
왜 아령을 드는 해파리는 안 보일까요? 136

헬스장에서 138
왜 심장 근육은 단련할 수 있는데 대장 근육은 그럴 수
없을까요? 138
왜 근육을 망가뜨려야 할까요? 138
왜 역도 선수가 마라톤 선수보다 몸무게가 더 나갈까요? 139

살면서 140
    왜 머리뼈가 죽음이 아니라 삶을 표현할까요? 140
    왜 뼈가 콘크리트보다 더 단단할까요? 140

움직이면서 142
    왜 손짓하는 데 발가락이 필요할까요? 142
    왜 뼈에서 딱딱 소리가 나게 할 수 있을까요? 142

10부: 살아남기

임신부 146
    왜 처음으로 되돌아갈까요? 146
    왜 여자들은 힘들이지 않고 더 매력적일 수 있을까요? ... 147
    왜 광고를 너무 진지하게 여기지 말아야 할까요? 148
    왜 정자의 인생이 편치 않을까요? 148

자궁 속에서 150
    왜 1초 후면 수정란이 피아니스트가 될지 아닐지 알 수 있을까요? 150
    왜 아기들이 엄마 배 속에서부터 걸을 수 있을까요? 150
    왜 모든 게 잘 작동하는데 아기는 바로 태어나지 않을까요? 151
    왜 엄마는 배 속에서 이미 아기의 취향을 결정할 수 있을까요? 151

미래에는 154
    왜 죽는 게 그리 나쁘지 않을까요? 154
    왜 100살 먹은 노인이 모두 양로원에 가지는 않을까요? .. 154
    왜 120살이 돼도 쌩쌩할 수 있을까요? 155
    왜 우리가 앞으로 더는 죽지 않아도 될까요? 155

감사의 말 156
감수의 말 158
찾아보기 160

시작하기 전에……

여러분에 대한 책 한 권

왜 여러분에 대해서 책 한 권을 쓸 만할까요?

어떤 책은 제목이 《나쁜 짓이 하고 싶어》예요. 《제목은 뭐로 하지?》란 책도 있어요. 이 제목은 어때요? 《시바 욕 아니에요 오해하지 마세요》. 이런 책들은 실제로 나와 있어요. 인터넷에서 찾아보면 더 특이한 내용을 다루는 독특한 책들이 수두룩해요. 그중에 세상에서 가장 멋진 주제를 다루는 책이 나왔어요. 바로 이 책이에요! 이 책에서 다루는 주제는 바로…… 여러분이랍니다! 이제 그럴 때도 됐어요. 여러분한테는 책 한 권을 몽땅 바칠 만한 가치가 있거든요. 더 정확하게 말하자면 여러분 몸에 대한 책, 즉 여러분 몸이 어떻게 이루어졌고 왜 그렇게 일을 하는지에 대한 책이요.

몸의 구성을 다루는 학문을 해부학, 영어로는 '아나토미(Anatomy)'라고 해요. 아나(Ana)는 '연다', '토메(Tome)'는 '자른다'는 뜻의 고대 그리스어예요. 그러니까 열어서 잘라 내는 것이지요. 아, 걱정은 접어 둬요. 털 끝 하나 다치지 않을 테니까요. 이 책에서 아무리 세포 속을 돌아다니고 바이러스와 맞닥뜨리고 곳곳에서 피 얘기를 들어도 여러분한테는 아무 일도 일어나지 않아요!

과학자들은 잘난 척하는 사람들일까요?

여러분의 몸은 믿을 수 없을 만큼 복잡한 장치예요. 그래서 여러 신체 부위가 실제 어떻게 작동하는지 몇십 년 전에야 비로소 알게 됐어요. 다 의학 덕분이지요. 의사들은 우리 몸이 어떻게 만들어졌는지 아주 잘 알아요. 그뿐인 줄 알아요? 잘난 척하는 데도 선수랍니다. 뭐든지 꼭 어려운 단어로 불러야만 직성이 풀리죠. 여러분한테는 엉덩이나 궁둥이 대신 '둔부'가 있어요. 여러분 콧구멍은 '비공'이고 새끼발가락은 '소지'예요. 의사들 '두부', 아니, 머릿속에는 이런 어려운 단어들이 훨씬 더 많지요.

물론 나는 그럴 수만 있다면 이런 어려운 단어를 쓰지 않을 테지만, 어떤 것들, 예를 들어 '미토콘드리아', '세포외 기질(세포 바깥의 물질을 이르는 말*)', '소포체' 등은 그에 걸맞은 쉬운 단어가 아예 없어요. 이 책에는 그런 단어들이 나오겠지만 다행히 여러분이 머리 싸매고 그걸 외울 필요는 없어요. 이 책에 그림을 그린 플로르 작가도 어려운 단어를 너무너무 좋아해요. 그래서 특히 그림에 그런 단어들이 많이 나오지만 그건 알아 둘 필요도 없어요. 심지어 어떤 건 설명 글에 나오지도 않는걸요! 그래도 리보솜이 뭔지, 아미노산이 뭔지 정말 알고 싶다면 본문 뒤에 실린 〈찾아보기〉에서 그 단어가 어디에 처음 나왔는지 찾아볼 수 있어요. 그 부분을 읽어 보면 설명도 나올 거예요. 그렇지 않다면 그냥 책을 계속 읽도록 해요. 무엇보다 중요한 건 여러분이 이 책에서 몸이 어떻게 작동하는지, 그게 얼마나 멋지게 만들어졌는지, 그래서 어떻게 건강하고 활기차게 지낼지 알아내는 거예요. 여러분은 자신이 얼마나 특별한지 하나도 모르거든요. 아직은.

그렇지만 이제 곧 알게 될 거예요!

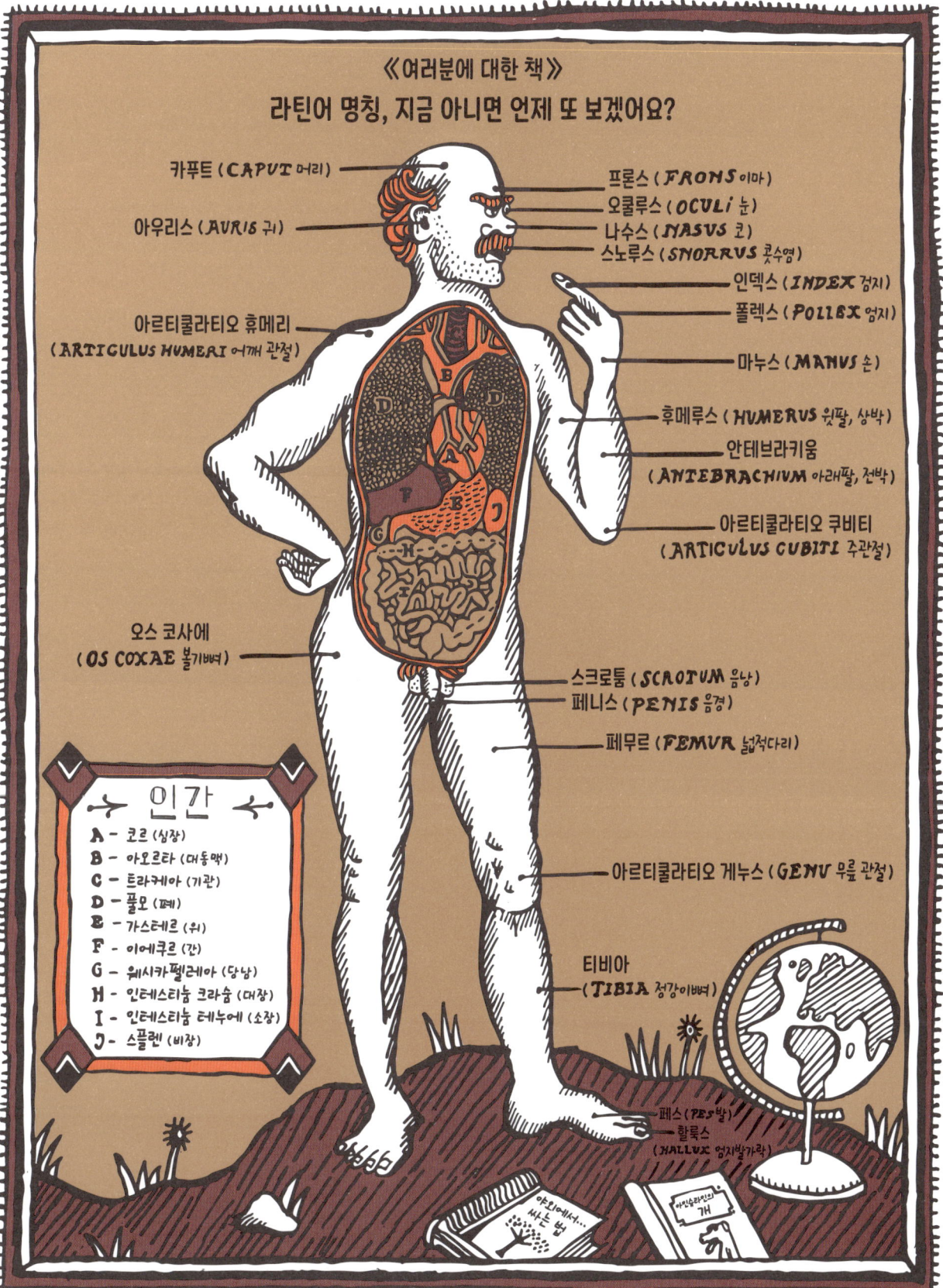

— 시작하기 전에…… —

인생을 건 경주

왜 여러분이 행운아일까요?

때로는 하는 일마다 잘 안 될 때가 있어요. 그럴 때면 자신이 뭐든 다 잘못하고 있고 앞으로도 절대 운이 좋을 리가 없고, 다른 친구들은 다들 잘나고 똑똑하구나 하는 패배감에 젖을 거예요. 집어치워요! 몽땅 터무니없는 생각이에요. 여러분은 승리자예요! 이미 그걸 증명했어요! 수백만이 함께 한 경주에서 최고의 선수였으니까요. 게다가 운도 아주 좋았죠. 그때의 실황 중계를 한번 읽어 봐요. 여러분이 세상에 생겨났을 때 열렸던 경주예요.

"여러분 인생에서 가장 어려운 경주에 오신 것을 환영, 환영, 환영합니다. 3억의 경쟁자들과 겨뤄서 오직 이긴 자만 살아남는 경주! 나쁜 소식 하나 더 말하죠. 경주를 마친 뒤에 살아남는 패배자는 하나도 없다는 거! 하지만 세상에 태어나려면 오직 이 경주에 참여하는 것 뿐, 다른 방법은 없습니다. 자, 제자리에, 준비 땅!"

아니? 대체 뭔 일이죠? 어디로 가야 하는지 아무도 알지 못해요! 정말 난리도 이런 난리가 없습니다. 표지판 같은 건 당연히 없죠. 주최 측에 항의할 시간도 없어요. 그저 계속 가야 할 뿐! 여긴 그냥 전쟁터입니다. 주위가 온통 어찌나 위험한지 처음부터 참가자의 99%는 아예 기회가 없어요. 그러니까 2차전에서는 후보자가 고작 300만만 남는 거죠. 게다가 경기는 더 어려워졌어요. 여러분은 한 번도 가 본 적 없는 미로 속에서 언제라도 누군가에게 발견되어 없어질 수 있어요.

왜 여러분이 승리자일까요?

속도와 기술뿐만 아니라 운도 아주 중요해요. 왼쪽으로 돌아야 할까요, 오른쪽으로 꺾어야 할까요? 사느냐, 죽느냐, 그것이 문제로다! 다행히 여러분은 올바른 결정을 내렸어요. 이제 경쟁자가 100만밖에 남지 않았어요.

"더 이상 길을 헤맬 일은 없어요. 막판 스퍼트가 목숨을 좌우해요. 문제는 속도와 지구력이에요. 1등만 중요해요. 2등은 아무 소용없어요. 꼴찌와 마찬가지로 그냥 죽어 버리죠. 여러분은 지금 분당 4mm라는 무서운 속도로 달려요. 커브를 돌다가 튀어 나가지 않도록 주의해요! 자, 마지막으로 젖 먹던 힘까지…… 과연 할 수 있을까요? 예! 이겼습니다! 3억의 경쟁자를 물리쳤습니다! 지금

막 세상에 태어날 기회가 생겼습니다. 축하합니다!"

여러분은 물론 이 엄청난 경주가 아빠의 정자가 엄마의 난자로 가면서 여러분이 지나간 길이라는 걸 벌써 눈치챘을 거예요. 하지만 그건 이 이야기의 절반일 뿐, 다는 아니에요. 결승점을 통과하며 난자와 만나 수정됐으니까요. 정자와 마찬가지로 난자 역시 여러분의 일부랍니다. 이 난자는 200만 개쯤 되는 다른 난자와 함께 여러분 엄마가 태어나기도 전에 이미 세상에 있었어요. 하지만 정자를 받아들일 만큼 성숙해지는 건 매달 딱 하나뿐이에요. 바로 그 난자와 정자가 서로 만날 확률은 상상할 수 없을 만큼 작아요. 세계 수영 선수권 대회 우승자가 로또 복권 1등에 당첨되는 것보다 더 작다고 할 수 있어요. 그런데 여러분이 그걸 해냈다니까요!

그래도 여러분이 왜 특별한지 다른 이유랑 비교해 보면 이까짓 건 아무것도 아니에요. 이야기 할 게 아직 아주 많거든요. 몸속에 있는 가장 작은 것들에 대해서, 맨눈으로 그냥 볼 수 있는 부위에 대해서, 예를 들어…… 눈 같은 것이요. 또 어마어마하게 크지만 몸속에 딱 들어가는 것에 대해서. 그러니까 얼른 읽으면서 여러분이 얼마나 특별하게 만들어졌는지 알아봐요. 태어나는 건 대단한 일이지만 살아 있는 것은 훨씬 더 대단한 일이에요.

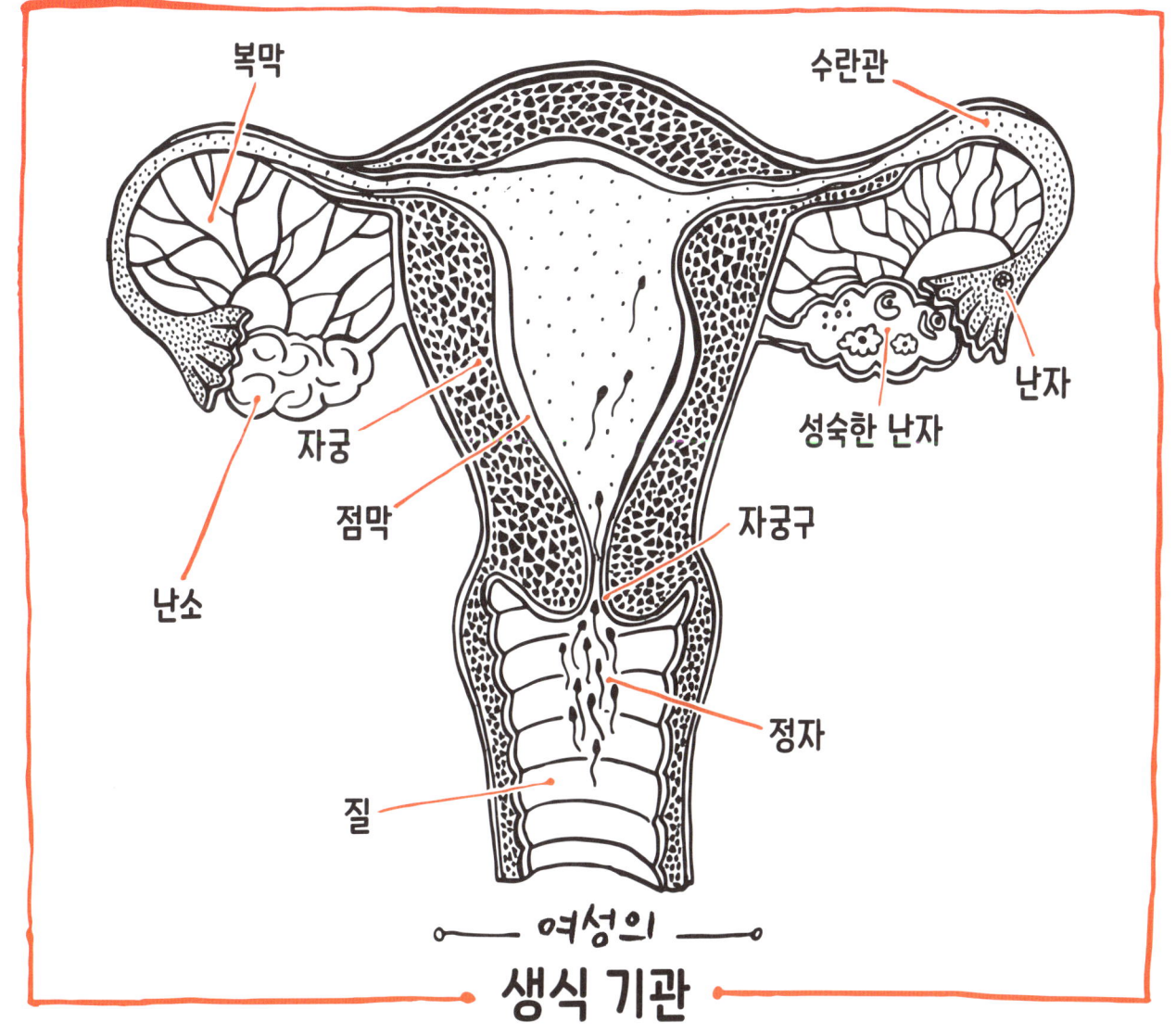

여성의 생식 기관

— 시작하기 전에…… —

개미 한 마리가 전부는 아니랍니다

이 해파리는 한 마리가 맞을까요?

숲에서 개미집을 본 적이 있나요? 개미집 하나는 개미 수백 마리가 사는 커다란 왕국과 비슷해요. 방과 복도가 여러 개 있는 아주 복잡한 건축물이죠. 이 건축물은 개미가 직접 지어요. 개미들이 서로 도와서 일하니까 그런 집을 지을 수 있어요. 개미 한 마리가 할 수 있는 일은 매우 적지만 힘을 합치면 아무도 그들을 꺾을 수 없어요. 우리가 상상력을 조금 발휘해 본다면, 이렇게 뭉쳐서 공동생활을 하는 개미들을 하나의 몸으로 볼 수도 있어요. 그럼 개미집을 지키며 먹이를 나르는 병정개미는 우리의 눈과 귀, 입과 코에 해당할 거예요. 알을 낳는 것밖에는 딱히 하는 일이 없는 여왕개미는 생식 기관일 테고 집을 짓는 일개미들은 손과 팔이겠지요.

포르투갈갤리선이라는 걸 들어 봤어요? 그건 포르투갈에서 오지도 않았고 진짜 배의 일종인 갤리선도 아니에요. 그건 사실 고깔해파리라고도 불리는 해파리 한 마리거든요. 아니 해파리 한 마리처럼 보이지요. 사람들 눈에 보이는 건 해파리 한 마리지만 사실 수많은 폴립이 모여 있는 거예요. 폴립은 작은 강장동물인데 포르투갈갤리선은 이런 폴립 수백 개로 이루어져 있어요. 그 폴립 가운데 딱 하나가 자루 모양의 기체 주머니가 되어서 부력을 책임지고 바다에서 배처럼 몸체가 앞으로 나갈 수 있도록 돛 역할을 해요. 다른 폴립들은 독성이 있는 다리나 촉수가 되어 작은 물고기 같은 온갖 사냥감을 죽여요. 어떤 폴립들은 위나 장을 구성하고요. 새로운 폴립이 생겨나게끔 하는 폴립들도 있어요. 이 작은 폴립들은 혼자였다면 살아남을 수도 없을 테지만 함께 모여서 포르투갈갤리선으로 승승장구하지요. 그럼 포르투갈갤리선은 동물 한 마리일까요, 여러 마리일까요?

왜 여러분이 절대 혼자가 아닐까요?

일단 여러분 이야기를 해 봐요. 여기서 중요한 건 바로 여러분이니까요. 여러분은 단지 한 명의 '여러분'일까요? 아니면 팔과 다리와 뇌와 콩팥과 위와 심장과 간 같은 여러 신체 부위의 모임일까요? 게다가 이런 신체 부위는 근육, 혈관, 뼈와 같은 더 작은 부분으로 이루어졌잖아요. 이 작은 부분들은 다시 살아 있는 세포라는 더 작은 부분으로 만들어졌고요.

평범한 성인의 몸은 약 37조 개의 세포로 이루어져 있답니다. 여러분의 세포도 아마 20조 개는 훌쩍 넘을 거예요. 이 세포 하나가 할 수 있는 건 개미 한 마리나 폴립 하나가 할 수 있는 것보다 더 적어요. 그래서 여러분이 몸속에 있는 세포 하나하나를 느끼거나 볼 수 없는 거지요. 몸속에 있는 세포들은 끊임없이 죽어 가지만 또한 새로운 세포들이 계속 만들어져요. 이 모든 게 다 합쳐진 것이 '여러분'이랍니다. 뇌에만 860억 개의 신경 세포가 있어서 생각과 기억과 감정을 관장하지요. 이 세포들이 힘을 합쳐 함께 일하지 않는다면 여러분은 아마도 하나의 줄기에 수없이 연결된 브로콜리의 알갱이만큼이나 많은 생각과 감정을 갖게 될 거예요.

그뿐만 아니라 여러분 몸속과 피부 위에도 생물이 수천 조 마리쯤 살고 있어요. 정말이에요. 몸을 이루는 세포보다 더 많은 생물들이 여러분 몸속과 몸 위에 살고 있다니까요! 피부 위나 입 안이나 장 속에 있는 작은 박테리아들도 여러분에게 속해요. 그들은 종종 신경 세포나 혈액 세포만큼이나 유용한 일을 하곤 하지요. 이제 여러분이 왜 그렇게 특별한 존재인지 조금은 알 수 있겠죠? 그렇지만 다음 장을 읽으면 분명 깜짝 놀란 나머지 의자에서 굴러 떨어질걸요.

– 시작하기 전에…… –

앗, 미안해요!

 이런, 깜박 잊을 뻔 했네요. 자동차를 운전하려면 우선 교통 규칙을 배워야 해요. 다음 장도 마찬가지예요. 이 책을 계속 읽기 위해선 예비지식이 필요해요. 지금 화학과 생물학을 단기 집중 강좌로 가르쳐 줄게요. 이것도 꽤 재미있지만 그다음은 더 재밌어질 거니까 기대해요!

 여러분이 무엇으로 만들어졌는지 생각해 본 적 있나요? 여러분은 매달 조금씩 자라요. 머리카락이랑 손톱, 발톱이 자라고 뼈도 길어져요. 근육도 점점 더 늘어나고 길어지지요. 이렇게 여러분을 자라게 하는 재료는 어디에서 오는 걸까요? 물론 매일 먹는 음식에서 오지요. 손톱, 발톱, 머리카락, 뼈로 우리 몸이 이루어졌다고 우리가 그것들을 직접 먹는 건 아니잖아요. 하하.

 우리가 먹는 음식은 모두 몸속에서 작은 조각으로 쪼개졌다가 뼈나 근육이나 머리카락으로 다시 합성되는 거예요. 아, 이 정도는 알고 있다고요? 그럼 계속 얘기해도 되겠군요. 뼈나 근육 등을 만드는 가장 중요한 물질은 단백질이에요. 고기, 생선, 유제품이나 콩 같은 식품에 많이 들어 있지요. 아, 그렇다고 눈에 불을 켜고 접시에서 찾을 필요는 없어요. 이런 물질은 아주 작아서 종종 1mm의 100만 분의 1 정도밖에 안 되거든요.

왜 수소로는 폭탄을 만들고 물로는 못 만들까요?

단백질은 아미노산이라는 더 작은 물질로 이루어져 있어요. 아미노산 수천 개로 단백질이 합성되지요. 그렇지만 이 숫자는 쉽게 수십만으로 늘어나기도 해요. 여러분 몸속에 들어간 단백질이 아미노산으로 분해되었다가 다른 단백질로 바뀌는 일도 종종 일어나요.

아미노산은 더 작은 구성 물질인 분자로 이루어져 있어요. 분자란 어떤 물질의 특성을 드러내는 가장 작은 단위예요. 물 분자는 물답게 작동하고 산소 분자는 산소답게 움직여요. 분자를 더 작게 자르면 그 특성이 달라지지요. 분자는 더 작은 단위인 원자로 이루어져요. 물 분자는 수소 원자 둘과 산소 원자 하나로 만들어진답니다. 그런데 수소는 물이랑은 완전히 다른 물질이에요. 물 한 잔은 갈증이 날 때 시원하게 마실 수 있지만 수소 한 잔은 아마 폭탄을 만들 때 더 유용하지요.

성인 한 사람은 약 18kg의 탄소, 커다란 잼 병을 가득 채울 질소, 물 50L, 성냥 200개비에서 긁어낼 수 있는 인, 그리고 어느 화학 실험실에나 있는 약 20가지의 다른 물질로 이루어져 있어요. 그런데 인간은 생기가 철철 넘치는 반면 이런 원료는 다 모아 놔도 거기 생명을 불어넣기는 너무나 어려워요. 대체 왜 그럴까요? 그건 바로 우리 세포 속에 생명이 득실거리기 때문이에요. 여러분도 이제 곧 보게 될 거예요!

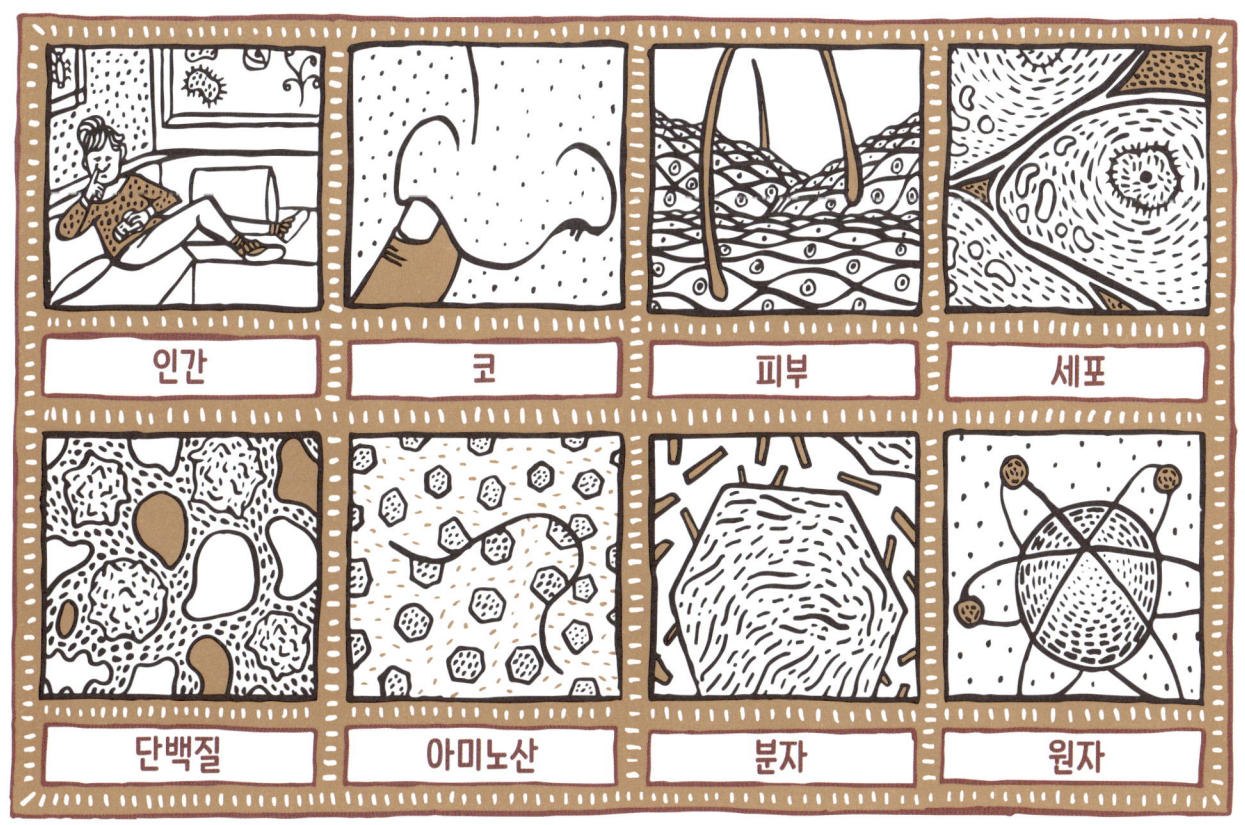

— 1부 —

세포라는 기적

– 1부 –

세포들 사이 액체 속에서

왜 세포 하나하나가 다 다를까요?

세포가 레고 블록이라고 친다면 여러분은 200종류쯤 되는 서로 다른 블록으로 쌓여 있어요. 이 세포들은 서로 무척이나 달라요. 신경 세포는 너무 가늘어서 맨눈으로 볼 수 없을 뿐 길이가 1m에 이르기도 해요. 근육 세포도 아주 가늘지만 때로는 길이가 수십 cm까지 이르기도 하죠. 그렇지만 세포들은 평균적으로 50분의 1mm 정도 크기랍니다.

인간의 몸에 대한 옛날 책에서 세포를 다루는 내용은 몹시 지루한 데다가 잘못된 것도 많아요. 옛날에는 현미경이 그다지 좋지 않아서 세포를 정밀하게 볼 수 없었거든요. 오늘날 우리는 기술의 발달 덕분에 세포에서 어떤 일이 일어나는지 정확하게 알고 있어요. 상상도 할 수 없을 만큼 많은 일이 일어나지요. 세포가 어떻게 생겼는지 그냥 알려 줄 수도 있지만, 여러분이 직접 세포 속에 들어가 본다면 훨씬 더 재미있을 거예요. 그러니까 세포 속으로 여행을 떠나 봐요.

왜 세포에 파수꾼이 필요할까요?

지금 잠수복을 입고 모든 것을 작게 만들어 주는 기계에 들어가서 1000분의 1mm로 쪼그라들었다고 상상해 볼까요. 그렇게 작아진 여러분이 진짜 여러분 몸속을 탐험하는 거예요. 후유, 어찌나 작은지 원래 머리카락 한 가닥이 거대한 강처럼 넓고 그 끝이 보이지 않을 만큼 머네요. 이제 팔뚝에 주사를 맞아요. 그 주삿바늘을 타고 자신의 몸속으로 들어가요. 그럼……

짝짝! 여러분 몸속에 들어온 걸 환영합니다! 잠수복을 챙겨 입기를 잘했다 싶을 거예요. 여긴 무척이나 축축하거든요. 그나저나 헤엄은 칠 수 있지요?

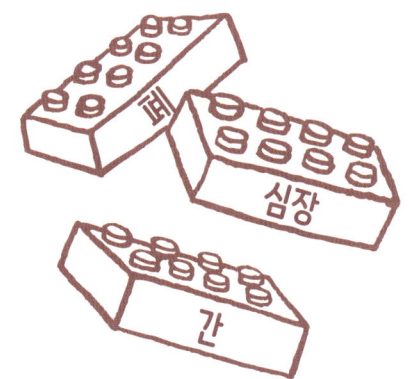

세포들 사이에 있는 액체를 세포 외 액이라고 해요. 그러니까 다시 말하자면, 음…… 그건 '세포들 사이에 있는 액체'를 좀 어렵게 표현한 말이에요. 공 같은 동그란 물체가 이리저리 떠다니는 게 눈에 뜨일 텐데 그게 바로 세포랍니다. 세포는 지금 여러분보다 열 배쯤 더 커요. 바깥에 툭 튀어나온 나뭇가지 같은 게 보이나요? 그게 막 단백질이에요. 중요한 물질들이 세포 속으로 들어갈 수 있게 해주지요. 물질이 세포 속으로 들어가는 건 막 단백질을 통해서만 가능해요. 세포막에는 틈이 없기 때문이에요. 당연히 세포에 빈틈이 있어서는 안 되겠지요. 세포 속은 관계자 외 절대 출입 금지니까요.

막 단백질은 일종의 문지기 역할을 하며 제대로 된 물질만 통과시켜요. 세포막을 더 자세히 관찰하면 산소나 수소 같은 작은 분자들을 들여보내는 아주 작은 구멍이 보여요. 이런 분자들은 상상할 수도 없을 만큼 작고 그리 위험하지 않아요. 오히려 우리 몸에 반드시 필요하지요.

일단 이 정도만 이야기하고…… 내가 앞에서 아주 놀라운 일이 있을 거라고 큰소리를 탕탕 쳤지요. 지금이 바로 그런 순간이에요. 세포 속에 발을 들여놓을 때가 됐거든요. 모든 것을 다 보려면 조금 더 작아져야 해요. 여러분을 다시 10만분의 1mm 크기로 만들어 볼까요. 그럼 세포가 여러분보다 천 배는 더 큰 셈이에요. 사실 그 세포는 여러분 몸속에 있는 수많은 세포 가운데 딱 하나일 뿐인데. 지금 보는 걸 일일이 다 알아 둘 필요는 없어요. 일단 죽 둘러보도록 하지요.

- 1부 -

세포 속에서

왜 세포 속에 작은 모터가 들어 있을까요?

여러분, 세포 그림을 보세요. 아름답지 않아요? 세포는 안에서 보면 우주선처럼 생겼어요. 길쭉길쭉한 배관과 인상적인 건물이 가득해요. 여러분은 지금 걸쭉한 액체 속에서 헤엄쳐요. 그 액체를 세포질이라고 해요. 마치 쓰레기처럼 그 위에 둥둥 떠다니는 건 사실 세포를 이루는 재료나 양분, 또는 다른 공급품이에요. 그들은 중요한 일을 막 마쳤거나 이제 곧 할 예정이에요. 세포 속에 있는 길쭉한 관은 뼈대라고 할 수 있어요. 대개 미세 소관이라고 불리는 가느다란 관으로 이루어졌는데, 이 관은 저절로 늘어나거나 줄어들 수 있답니다. 미세 소관은 모터 단백질을 위한 고속도로 같은 거예요. 모터 단백질은 다리가 두 개 달린 것처럼 보여요. 그들은 미세 소관을 통해서 세포 전체를 돌아다니면서 중요한 물질을 나른답니다.

네, 잘못 읽은 게 아니에요. 세포 속에는 다리가 달린 단백질이 있어요. 그런 게 있을 거라고 상상이나 해 봤어요? 1초에 100걸음이나 걷는다니까요! 모터는 대개 가솔린을 원료로 해서 움직이지요. 모터 단백질은 무엇을 연료로 달릴까요? ATP 분자를 연료로 삼아요. ATP 분자는 생체 내 에너지의 저장, 공급, 운반을 중개하는 중요 물질이에요. 그러니까 ATP 분자는 바로 세포의 배터리인 셈이에요. 여러분이 먹는 모든 것으로 만들어지지요. 낮에 먹은 빵의 탄수화물이랑 그 위에 발라 먹은 초콜릿 크림의 지방이랑 또 다른 맛있는 것으로요.

양분은 세포막의 가지, 아니, 문지기 단백질, 아, 아니지. 막 단백질을 통해서 세포 속으로 들어와요.

왜 세포 속에 발전소가 들어 있을까요?

거대한 애벌레처럼 생긴 게 보이나요? 탄수화물과 지방을 ATP로 바꾸는 작은 발전소, 미토콘드리아예요. 미토콘드리아는 마치 터빈 발전기처럼 그런 일을 해요. 1초에 1000번쯤 회전해서 에너지를 만들어 내고 그걸 세포에 제공한답니다. 이런 발전소는 여러분 세포뿐만 아니라 여러분 할머니의 세포, 할머니 고양이의 세포, 그리고 할머니네 집 창가에 있는 베고니아 세포에도 있어요.

세포 속을 계속 둘러볼까요. 저 뒤에 있는 작은 공 모양의 물체가 리보솜이에요. 리보솜은 주위에 있는 재료로 온갖 단백질을 만들어 내는 어엿한 공장이지요. 어떤 단백질을 만들어 낼지는 스스로 정하는 게 아니라 센터의 지시를 받아요. 그 센터가 바로 핵이에요. 저 뒤에 둥둥 떠다니는 괴물이 보이나요? 핵은 세포 소기관 중 가장 커요. 한번 같이 가 봐요.

- 세포라는 기적 -

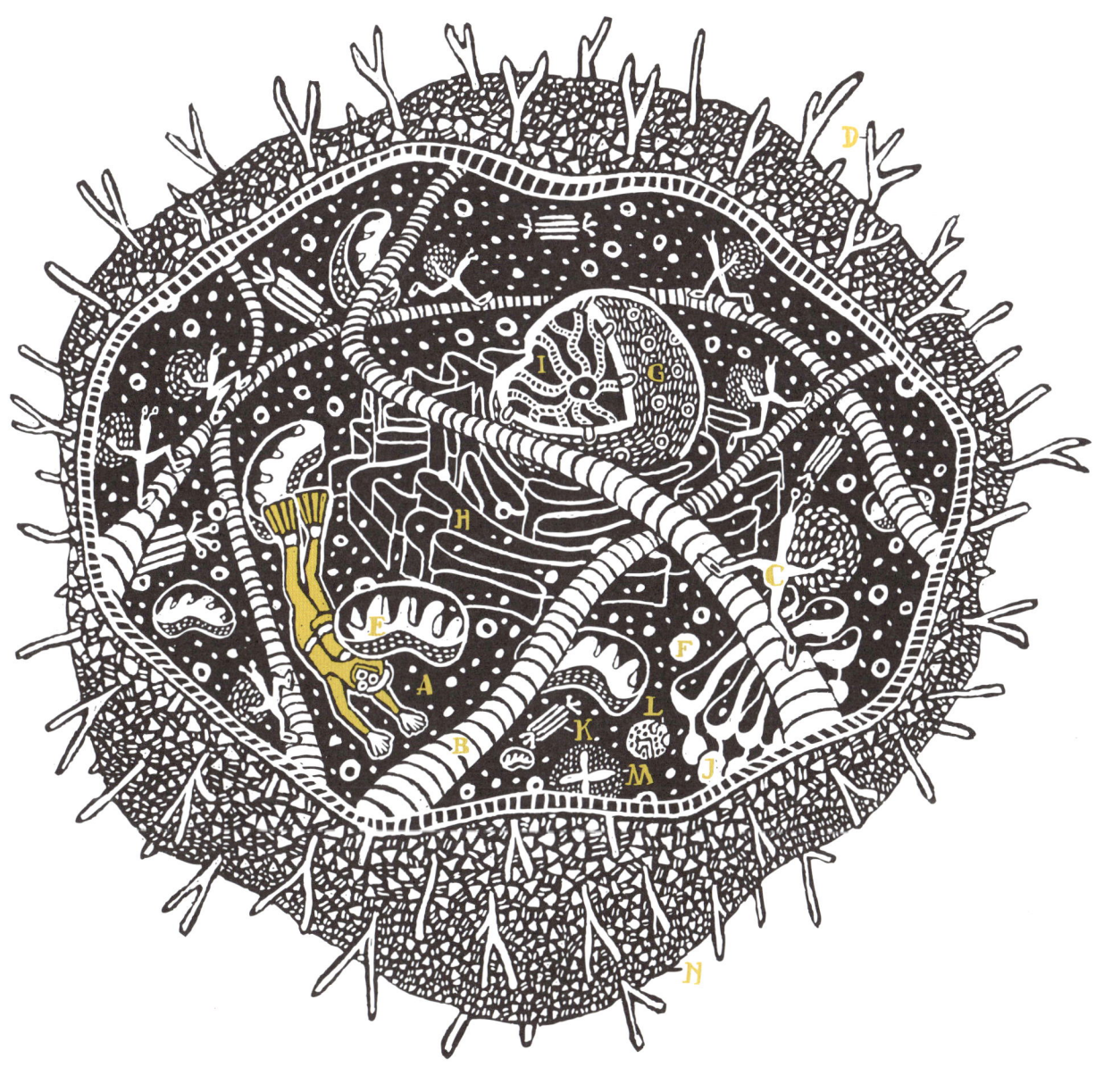

세포질	A	H	소포체
미세 소관	B	I	염색체와 DNA
모터 단백질	C	J	골지체
문지기 단백질 / 막 단백질	D	K	중심체
미토콘드리아	E	L	리소좀
리보솜	F	M	미소체
핵	G	N	세포막

- 1부 -

세포의 중심에서

왜 핵 속으로 쉽게 들어갈 수 없을까요?

세포의 중심에 이르려면 소포체라는 작은 미로를 지나가야 해요. 여러분이 굳이 알고 싶다면, 바로 여기서 단백질을 만들고 물질을 나르지요. 그렇지만 우리 목적지는 핵이에요. 가까이에서 보면 구멍이 몇 개 난, 커다란 공 모양 초콜릿처럼 생겼어요. 이 구멍들이 핵으로 들어가는 길이 되어 줄 거예요. 구멍들이 꽤 커서 분자를 통과시키기에 충분하거든요. 물론 모든 단백질이 다 그런 건 아니지만 어떤 단백질들은 여길 통과하기도 해요. 여러분이 조금만 더 작아지면 그 안으로 들어갈 수 있어요.

좋아요. 자, 여기 염색체가 있어요. 마치 젓가락 가운데를 묶어 놓은 것처럼 보여요. 어린애가 X자를 여러 번 써 보려고 한 것 같기도 해요. 우리 세포 안에는 이런 염색체가 23쌍이 있어요. 꼼꼼하게 관찰하면 염색체는 가까이서 봤을 때 줄사다리랑 무척 비슷한, 기다란 줄로 이루어졌다는 사실을 알 수 있을 거예요. 이 줄사다리가 DNA 분자예요. DNA는 중앙의 사업 지도부 같은 거랍니다. 바로 여기서 몸속에서 일어나는 모든 일을 계획하지요. 모든 일? 아, 전부는 아니지만…… 어쨌든 많은 일이요.

왜 DNA가 여러분의 상사일까요?

어쩌다 손가락을 다쳐도 며칠 안에 상처가 저절로 나아요. 누구 덕분일까요? DNA 덕분이에요! 한때 여러분은 머리만 커다랗고 팔다리는 짜리몽땅한 젖먹이였는데 지금은 이만큼 컸어요. DNA 덕분이지요. 여러분 머리카락 색깔은 누가 정할까요? 네, DNA가 정해요. 코와 엄지발가락의 길이는? 그것도 DNA가 정하지요.

여러분이 코에 피어싱을 한 채 돌아다녀도 되는지는요? DNA가…… 아니라 엄마, 아빠가 결정하지요. 비록 DNA가 여러분이 코걸이를 해도 되는지까지는 결정하지 않지만 그래도 아주 강력한 분자랍니다. 믿을 수 없을 만큼 영리하게 만들어졌지요.

세포에서 DNA 분자를 따로 떼어 내어 죽 늘리면 무려 180cm 길이에 이르러요. 그렇지만 아주 가느다랗지요. 그렇지 않으면 핵 속에 들어가질 못할 테니까요. 이 180cm 속에 우리 몸을 만들기 위한 규정이 다 들어 있어요. DNA 하나를 기술한다면 아마 다음 같을 거예요.

"……코 윗부분 왼쪽에는 왼쪽 눈이 옵니다. 이것은 오른쪽 눈처럼 짙은 갈색이고……."

그게 DNA에는 다음과 같이 쓰여 있답니다.

"AT, AT, TA, GC, CG, TA, GC, GC, CG, AT, AT, AT, GC, TA, CG, CG, AT"

그러니까 몸을 위한 규정은 A, T, C, G라는 알파벳 네 자로 표시돼요. 진짜 알파벳이 아니고 각각 아데닌, 티민, 시토신, 구아닌이라는 물질이에요. 줄사다리의 각 발판은 두 가지 물질로 이루어졌어요. 왼쪽에 아데닌이 있고 오른쪽에 티민이 있거나 또는 그 반대지요. 다음 발판에선 시토신과 구아닌이 나올 수 있어요. A와 T는 언제나 함께 나오고 C와 G도 마찬가지죠. 그러니까 줄사다리의 한쪽만 봐도 다른 쪽을 알아낼 수 있답니다.

리보솜은 자기가 무엇을 해야 하는지 어떻게 알까요?

중앙에 있는 DNA는 A, T, C, G라는 물질로 이루어진 명령이에요. 이 명령을 해독하는 효소가 나타나 DNA를 따라가면서 DNA 명령을 옮긴 아주 긴 사슬을 만들어요. 이 사슬을 RNA라고 해요. RNA는 핵을 빠져나와 작은 단백질 공장인 리보솜으로 가요. 리보솜은 RNA를 읽고 나서 무엇을 해야 하는지 알아낸 다음 우리 몸에 꼭 필요한 단백질을 만들어 내지요. 이 모든 일이 세포 속에서 일어난답니다. 1초에도 수십억 번씩!

이제 핵에서 나가 볼까요. 세포 속에는 골지체나 리보솜같이 더 재미난 세포 소기관들이 있거든요. 잠깐, 잠깐만. 안 돼! 이건 좋지 않아. 오, 정말 끔찍해.

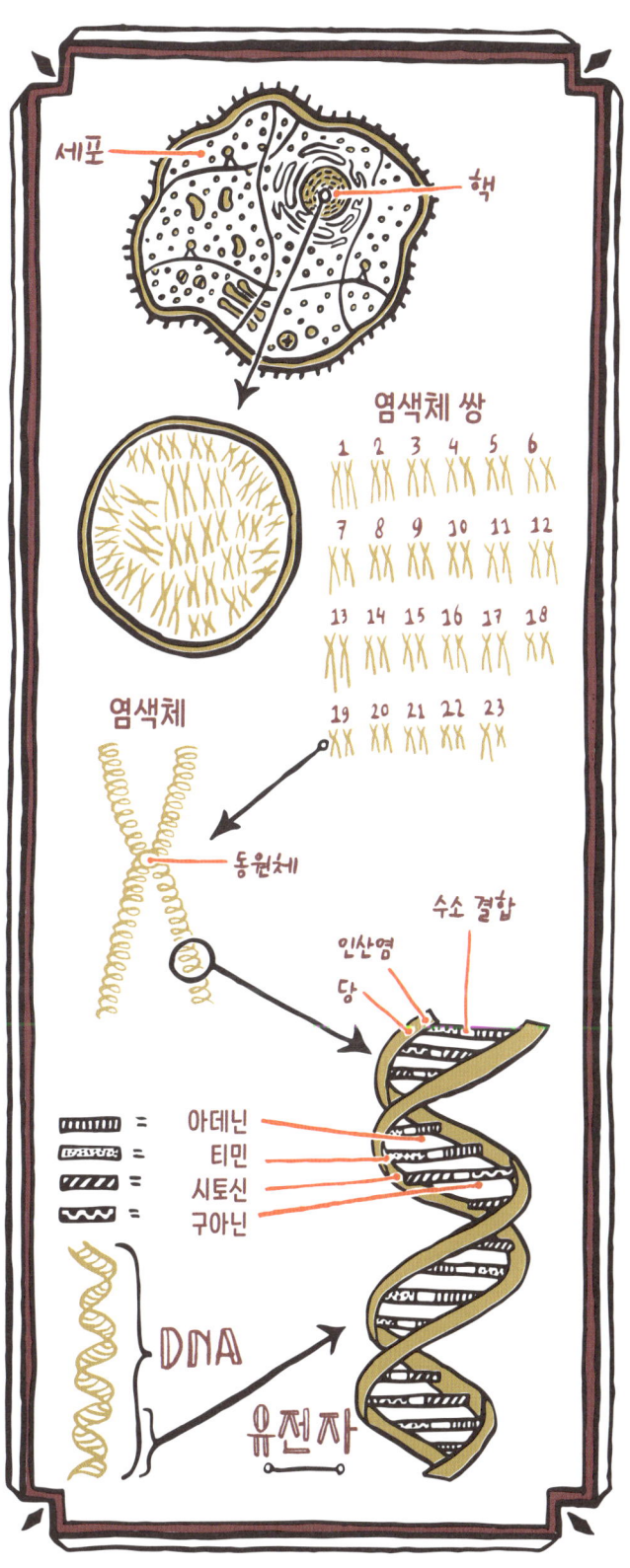

– 1부 –

삐뽀삐뽀삐뽀삐뽀 비상 상황입니다!

왜 우리가 지금 잠깐 중단해야 할까요?

하필이면 지금 바이러스가 여러분을 공격했어요. 네, 정말이에요. 여러분 몸을! 지금 이 순간!

지금 여러분이 있는 세포가 위험에 처했어요. 마치 SF 영화에서 외계인 군대가 지구를 협박하듯, 바이러스가 여러분 몸을 위협해요. SF는 지어낸 이야기이지만 여기 이건 실제 일어나는 일이에요. 게다가 외계인은 죽일 수 있지만 바이러스는 죽일 수가 없어요. 바이러스는 살아 있지 않거든요. 먹지도 않고 마시지도 않고 움직이지도 않아요. 바이러스는 세상에서 딱 한 가지, 여러분 몸을 지배하기만 원해요. 로봇이랑 비슷하죠. 그런데다 숫자가 엄청나게 많아요. 얼마나 많으냐고요? 수백만, 수천만도 넘어요. 내가 왜 이렇게 당황했는지 이제 알겠지요. 다행히도 여러분 몸은 언제나 이런 공격에 대비하고 있어서 그리 쉽게 굴복하지 않아요. 첫 번째 방어선은 항체랍니다. 바이러스를 인식할 수 있는 단백질이지요. 항체는 바이러스에 달라붙어서 정찰병 같은 역할을 해요. 또 우리 몸속 백혈구에게 경고해서 활동하게 만들지요. 이미 말했듯이 바이러스는 살아 있지 않아서 백혈구가 바이러스

를 죽일 수는 없지만 없앨 수는 있어요. 죽이는 대신 꿀꺽 잡아 먹어서 없앤다는 말이에요. 굉장한 일이지요. 바이러스는 이때 대부분 파괴돼요. 하지만 전부 파괴되는 건 아니에요. 여전히 바이러스 수만 개가 여러분의 세포를 향해 달려가요.

왜 바이러스가 로봇과 비슷하면서도 다를까요?

여러분의 세포에선 두 번째 방어선, 세포막의 활약이 시작돼요. 바이러스는 세포막을 통과할 수 없어요. 입구에서 문지기가 기다리다가 일단 멈춰 세우거든요. 게다가 또 다른 경비원들이 세포막 위를 순찰하고 있어요. 그러다가 바이러스를 발견하면 항체가 얼른 달라붙어서 침입할 여지를 안 주죠. 여러분 세포는 안전해 보여요. 후유,

그럼에도 몰래 세포 속으로 침투하는 바이러스가 있어요. 그런 바이러스는 평범한 로봇이 아니라 닌자 로봇 같은 셈이에요. 문지기를 지나서 세포 속에 들어온 단백질과 물질은 우선 일종의 선별장에 가야 해요. 바이러스도 예외 없지요.

이 선별장에선 모든 물질을 분해해서 조그맣게 만들어 버려요. 바이러스도 이런 식으로 없어진답니다. 좋은 소식이지요. 그렇지만 어떤 바이러스에서는 선별장의 벽을 망가뜨리는 단백질이 빠져나와요. 그래서 다른 바이러스들이 이 망가진 곳을 통해 들어올 수 있게끔 만들어요! 바이러스는 아직 원하는 곳에 갈 수는 없어요. 닌자 로봇이랑 비슷하지만 다행히 조정 장치는 없거든요. 팔도 없고 다리도 없고 원하는 곳에 데려다 줄 모터도 없어요. 바이러스는 여러분 몸이 작동되는 흐름에 내맡겨

요. 대부분의 바이러스는 하염없이 떠다니다가 여기서 공격을 마치고 말지요.

왜 바이러스가 닌자 좀비 로봇일까요?

그렇지만 어떤 바이러스들은 예상치 못한 도움을 받게 돼요. 모터 단백질(네, 다리가 달린 단백질 말이에요.)이 이런 바이러스를 집어 올려 핵으로 데려가는 거예요. 모터 단백질은 온종일 뭘 나르기만 하잖아요. 아무 생각도 없이요. 그래서 적을 바로 중심으로 보내 버리지요. 그걸로 끝이면 얼마나 좋겠어요. 후유, 먹지도 않고 마시지도 않는 바이러스가 번식을 하네요. 그들은 살아 있는 모든 것을 만드는 작은 DNA 조각들로 이루어져 있거든요. 그 DNA에는 안타깝게도 위험한 지시 사항이 담겨 있죠.

어쩌죠. 알고 보니 바이러스는 닌자 로봇이라기보단 위험한 지시를 이행하기 위해 핵을 찾아 나선 닌자 좀비 로봇들이로군요! 다행히도 수백, 수천만의 바이러스 군대 가운데 이제 몇 개만 남아 있어요. 게다가 그들이 살아남을 기회는 아주 적어요. 지금 당장이라도 단백질을 분해하는 세포 기관에 의해서 없어질 수 있거든요. 바이러스가 하나씩 하나씩 사라지고 있어요. 딱 하나만 빼놓고요. 이런! 다시금 나쁜 소식이에요. 안타깝게도 바이러스 딱 하나만 있으면 여러분의 세포를 없앨 수 있답니다. 이제 그 바이러스한테는 장애물이 아무것도 없어요. 바이러스는 아주 작지만 또 핵막의 틈을 통해 그 안에 들어가기에는 너무 커요. 그런데 모터 단백질이 사고를 치네요! 모터 단백질이 핵막 가까이에서 바이러스를 여러 방향으로 잡아당겨서 갈기갈기 뜯어 놓아요. 이제 닌자 좀비 로봇 조각이 자신의 위험한 임무를 완수하기 위해 여러분 핵에 들어가요.

왜 아주 작은 바이러스가 전체 세포를 없앨 수 있을까요?

바이러스는 혼자서 번식을 하지 못해요. 번식을 하려면 세포핵이 필요해요. 바이러스는 핵에서 지휘권을 차지해요. 그러고는 여러분 핵에서 바이러스의 DNA 조각을 복사해서 밖으로 내보내요. 여러분 세포 속의 리보솜은 이제부터 명령대로 바이러스만 만들 뿐 다른 것은 만들어 내지 않아요! 이제 세포는 죽음의 공장이 되어서 새로운 바이러스를 수만 개 만들어 내요. 핵은 마지막으로 백혈구에게 조난 신호를 보내지만 그 세포 자신은 싸움에 져서 터지고 말아요. 이제 바이러스 수천 개가 다른 세포에도 퍼질 수 있어요. 그렇지만 아직 다 잃은 건 아니에요.

조난 신호가 받아들여졌거든요! 지원군이 다가오고 있어요. 여러분의 몸은 이제 1초당 5000개쯤 되는 항체를 만들어 내요. 항체로 이루어진 거대한 함대가 백혈구와 함께 새로운 바이러스를 향해 달려들어요. 이들은 미리 경고를 받았기 때문에 무엇을 해야 하는지 정확하게 알아요. 바이러스를 차례차례 무찌르지요. 추가적인 예방책으로 건강한 세포들도 바이러스가 지휘권을 차지하는 걸 막기 위해서 똑똑한 자기 파괴 프로그램의 도움으로 스스로를 죽인답니다. 닌자 좀비 로봇들은 기회가 없어요. 여러분이 전쟁에서 이긴 거예요!

왜 콧물이 흐를까요?

여러분의 몸은 이 바이러스를 다시는 잊지 않을 거예요. 바이러스가 해를 끼치지 못하도록 골수가 바이러스에 대한 모든 정보를 저장해요. 그래도 언제나 새로운 바이러스들이 나타나 우리 몸을 공격하죠. 이에 대비해 예방 접종을 해야 해요!

백신(전염병에 대비해 인공적으로 면역이 생기게끔 투여하는 항원*)을 접종하면 여러분 몸에 항체와 백혈구가 쉽게 처리할 수 있을 정도로 적은 양의 인공 바이러스 물질이 들어와요. 그러면 몸은 바이러스를 인식해 그 병에 다시 걸리지 않아요. 그렇지만 안타깝게도 맞대응할 백신이 없는 새로운 바이러스들이 끊임없이 생겨난답니다.

그래서 인간과 바이러스 사이에는 끝없는 싸움이 일어나요. 여러분은 콧물이 줄줄 흐르는 것 빼고는 대개 그걸 알아차리지도 못해요. 여러분 몸은 바이러스가 돌아다니고 있다는 일종의 경고를 받고 그 적을 막을 백혈구와 항체로 콧물을 만들어 내거든요. 콧물로 부족하면 열이 훌륭한 구조 수단이 되어 주지요. 바이러스는 높은 온도를 잘 견디지 못해요. 체온이 38℃ 이상으로 올라간다면 여러분 몸이 거대한 닌자 좀비 로봇 군단을 쫓아내려고 갖은 애를 쓰고 있다는 뜻이에요.

세포의 나머지 부분은…… 그냥 넘어가죠?

왜 여러분이 게으르다고 할 수 없을까요?

좋아요, 좀 전에 골지체 이야기를 하고 있었지요……. 아, 그냥 넘어가죠. 안 그럼 해가 지나도 여기서 미적거릴지 몰라요. 세포 딱 하나에서 이렇게 많은 일이 일어난다면 몸의 나머지 부분은 과연 어떨지 상상이 되죠? 여러분이 게으르단 건 말이 안 돼요. 아무리 하루 종일 텔레비전만 본다고 해도요. 여러분은 믿을 수 없을 만큼 많은 일을 하고 있거든요. 지금도 그래요. 책을 읽고 생각하면서 숨 쉬고 심장은 뛰고 꼬꾸라지지 않도록 몸의 균형을 잡아요. 그뿐 아니지요. 그저 살아 있기만 해도 수백만 가지 일이 매분 일어나요. 게으르다니! 살아 있는 건 정말이지 장난이 아니랍니다. 아주 작은 바이러스 하나가 얼마나 많은 일을 일으킬 수 있는지 이미 읽었잖아요. 까딱하면 훨씬 더 많은 일이 잘못될 수 있다고요.

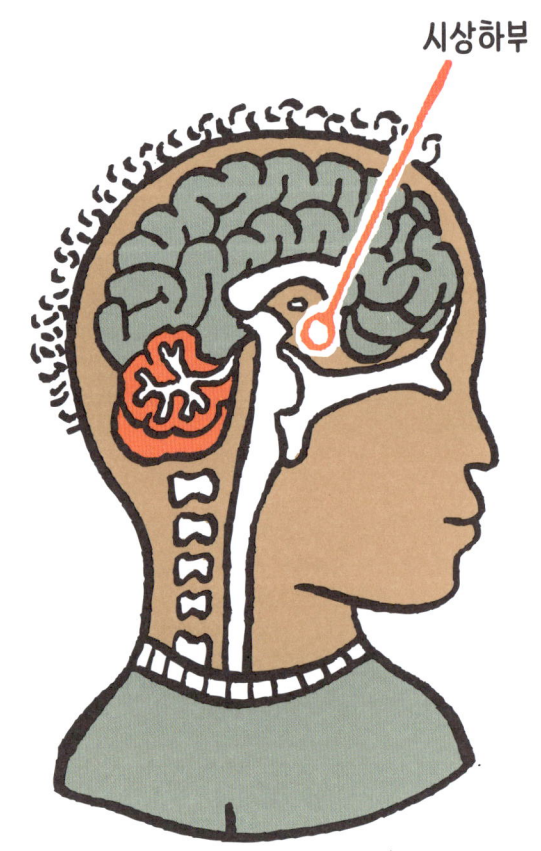

시상하부

왜 체온이 일정하게 37℃로 유지될까요?

체온을 예로 들어 볼까요. 모든 게 잘 작동하려면 여러분 몸은 37℃쯤 되어야 해요. 몸이 너무 뜨거워지면 세포들이 망가져요. 너무 차가워지면 심장이 멈추고 의식을 잃어요. 다행히 여러분 머릿속에는 체온을 정확하게 감지하고 위급한 경우에 끼어들어 조절해 주는 온도 조절기, 시상하부가 있어요. 날씨가 너무 추우면 가장 끝에 있는 신체 부위로 가는 피의 흐름을 막고 중요한 부위에 따뜻한 피가 남아 있도록 해요. 우선 손가락과 발가락이, 이어 팔과 다리가 차가워지지요. 그리고 몸을 떨기 시작해요. 그렇게 근육이 움직이면 열이 생겨나거든요. 더 나아가 몸은 에너지를 태워 열을 발산하지요. 너무 더우면 몸은 다르게 반응해요. 그럴 땐 땀을 흘리기 시작해요. 땀이 피부 위에서 증발하면서 피부를 식혀 주고 체온이 내려가요. 소방대원은 화염 속에서 몇 분 안에 몇 L나 되는 땀을 흘리기도 해요.

다른 예를 들어 볼까요. 자전거를 탈 때 마지막 순간에 핸들을 반대편으로 돌려서 넘어지지 않은 적이 많았지요? 아주 빠른 속도로 날아오는 공을 피해 본 적도 있지요? 그건 뇌가 몇 초도 안 되는 순간 위험을 인지하고 근육이 번개처럼 재빨리 반응했을 때만 가능한 일이에요. 때로는 뭐가 잘못돼서 다친 적도 있을 거예요. 하지만 그럴 때도 상처가 그리 애를 먹이지 않고 저절로 나았을 거예요. 그건 여러분의 혈액 세포, 피부 세포, 그리고 다른 많은 세포들이 자기가 해야 할 일을 했기 때문이에요.

왜 엄지발가락에 입이 필요할까요?

이 책의 나머지 부분은 피와 뇌, 피부를 비롯해 여러분을 살아 있게 해 주는 여러 신체 부위를 다룰 거예요. 그럼 어디서 시작할까요? 여러분이 엄마 배 속에서 생겨난 지 고작 22일 된, 세포 덩어리였을 때부터 뛰기 시작하는 심장에서? 피에 산소를 공급하는 폐에서? 몸에서 일어나는 모든 작용을 조절하는 뇌에서? 맨 처음부터 시작하자고요? 그렇지만 모든 게 서로 연관되어 있어요. 폐가 없으면 산소가 피 속에 흘러 들어가지 못할 거예요. 심장이 없다면 뇌가 작동하지 않을 테고요. 그리고 뇌가 없다면 거의 아무것도 자기 역할을 하지 못해요. 몸의 모든 부위가 서로 도와서 일하죠. 뇌가 허락하고 폐와 심장이 에너지와 산소를 공급하지 않으면 여러분은 손가락 하나 까딱할 수 없어요. 그리고 에너지를 받아들이기 위해서는 입과 위장이 필요해요. 엄지발가락 세포 하나도 반드시 심장과 뇌, 간과 폐에 있는 동료 모두가 필요하다니까요. 그러니까 그냥 아무 데서나 시작할게요.

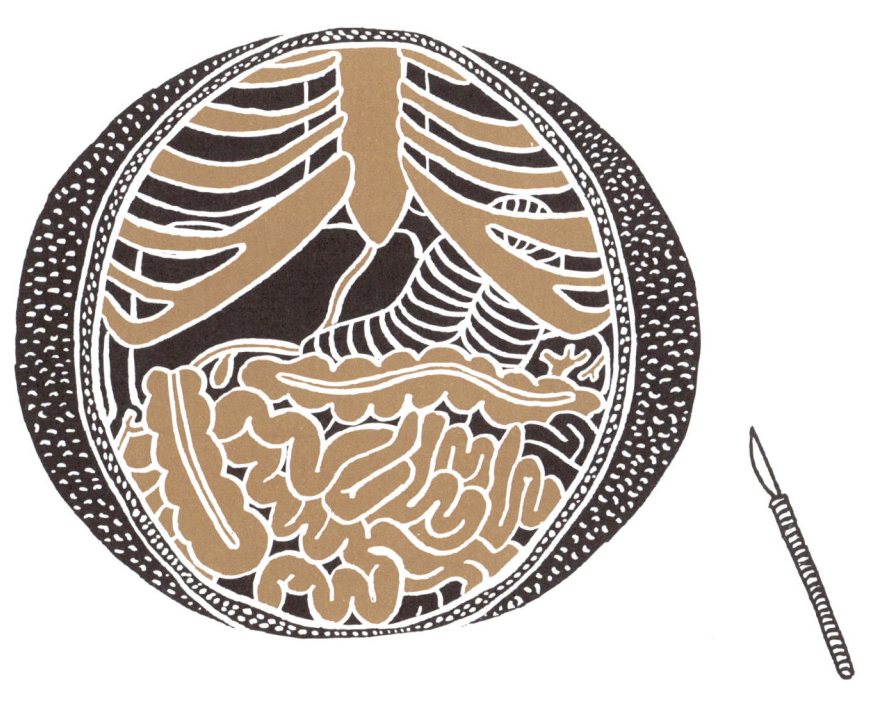

— 2부 —

몸속 탐색

- 2부 -

한밤중 묘지에서
읽는 동안 으스스해지면 노래라도 흥얼거려 봐

왜 베살리우스가 시체를 훔쳤을까요?

밤 12시, 어두운 묘지. 커다란 쥐가 휙 무덤을 스쳐 지나가요. 날개를 퍼덕이는 박쥐들은 유령의 그림자처럼 보여요. 거미들은 묘비 사이에 거미줄을 쳤어요. 그들 모두 죽은 이의 나라에 살아요. 그런데 오늘은 우리도······.

우리는 지금 약 500년 전 이탈리아 파도바에 와 있어요. 묘지의 칠흑 같은 어둠 속에 서 있지요. 안드레아스 베살리우스란 사람과 함께. 그 사람이 누구냐고요? 벨기에 출신의 이탈리아 의학자로 해부학의 창시자로 알려졌지요. 지금 무엇을 하냐고요? 갓 만들어진 무덤을 찾고 있어요. 베살리우스의 연구에 시체가 필요하거든요. 그는 우리 몸이 어떻게 이루어졌는지 알고 싶어 해요. 사람들은 아직 우리 몸에 대해서 거의 아무것도 모르거든요. 고대 그리스 의사 갈레노스가 몸에 대한 책을 냈지만 그 책은 벌써 1400년이나 됐어요. 그 무렵 의사들이 몸에 대해 아는 지식은 모두 아주 오래된 이 책에서 나온 것이었어요. 교수들은 학생들에게 몸에 대해서 가르쳐 주려고 일 년에 두 번쯤 사형 선고를 받은 사람의 시체를 해부했지요. 하지만 베살리우스는 그것으로 만족하지 않았어요. 인간이 어떻게 이루어져 있는지 아주 정확하게 알고 싶었어요. 근육 하나하나, 뼈 하나하나, 혈관 하나하나 모두 알고 싶었어요. 그래서 직접 찾아 나선 거예요. 묘지에서 무턱대고 시체를 파내는 게 허용이 되냐고요? 당연히 안 되죠! 그래서 들키지 않으려고 한밤중에 나온 거잖아요.

시체는 신선할수록 좋아요. 죽은 이의 몸은 차갑게 해 두지 않으면 며칠 지나지 않아 지독한 냄새가 나요. 어떤 무덤에서 나는 냄새는 견디기 힘들 정도지요. 베살리우스는 방금 땅에 묻힌 시체를 발견하면 그냥 가져왔어요. 범죄자가 교수대에 매달리면 시체를 바로 가져오려고 그날 처형장에 갔어요. 그보다 더 신선할 순 없으니까요!

왜 근육 혼자서는 아무것도 못할까요?

목매달아 죽은 악당은 해부에 안성맞춤이에요. 베살리우스는 주검을 진료실에 걸어 놨어요. 이렇게 하면 피부를 위에서 아래로 자를 수 있거든요. 양쪽에서 제대로 자르면 단번에 피부를 벗겨 낼 수 있어요. 그때 피부가 얼마나 큰지 눈에 확 띄지요. 해변에서 일광욕할 때 쓰는 수건처럼! 피부에도 근육에도 밝은 노란색 젤리 같은 게 붙어 있어요. 이게 지방이에요. 뚱뚱할수록 지방이 많아요. 지방은 몸 속 깊은 곳에 더 있어요. 베살리우스는 얼굴의 피부를 가장 먼저 벗겨 냈대요. 혹시 화난 친인척한테 들켜도 누구 시체인지 알아볼 수 없도록요.

피부를 벗겨 내면 근육에 접근할 수 있어요. 근육은 죽은 지 몇 시간만 지나면 아주 뻣뻣해져요. 이걸 사후 경직이라고 해요. 이틀이나 사흘이 지나면 굳은 게 풀리고 근육은 다시 움직이게 돼요. 근육은 저절로 펴질 수는 없지만 쭈그러들 수는 있는 고무랑 비슷해요. 그래서 팔과 다리를 움직이려면 양쪽에 근육이 필요하지요. 여러분이 팔을 굽히려고 하면 팔 안쪽에 있는 근육이 잡아당겨져요. 그럼 팔 위쪽에 알통이 생겨요. 팔을 다시 펴려고 하면 팔꿈치 쪽에 있는 근육이 오그라들어요. 근육 하나로는 아무것도 하지 못해요. 다른 근육이 펴 주지 않으면 정육점에 있는 고깃덩어리처럼 움직일 수 없을 거예요.

왜 움직이기 위해서 뼈가 필요할까요?

베살리우스는 근육뿐만 아니라 몸에 안정감을 주는 뼈도 살펴봤어요. 뼈와 근육 사이를 이어 주는 힘줄도 찾아냈지요. 힘줄은 매끄러운 하얀 전선처럼 생겨서 근육이랑 쉽게 구분할 수 있어요. 베살리우스는 아주 간단한 동작 하나를 할 때도 이 모든 근육과 뼈와 힘줄이 어떻게 함께 일하는지 실험을 통해 살펴봤어요. 단순히 팔이나 손가락을 접을 때도 수십 개나 되는 근육이 움직인답니다. 근육은 꼭두각시를 조종하는 줄이랑 비슷해요. 줄이 정말 많은 데다가 하나하나 아주 복잡하게 만들어졌지요.

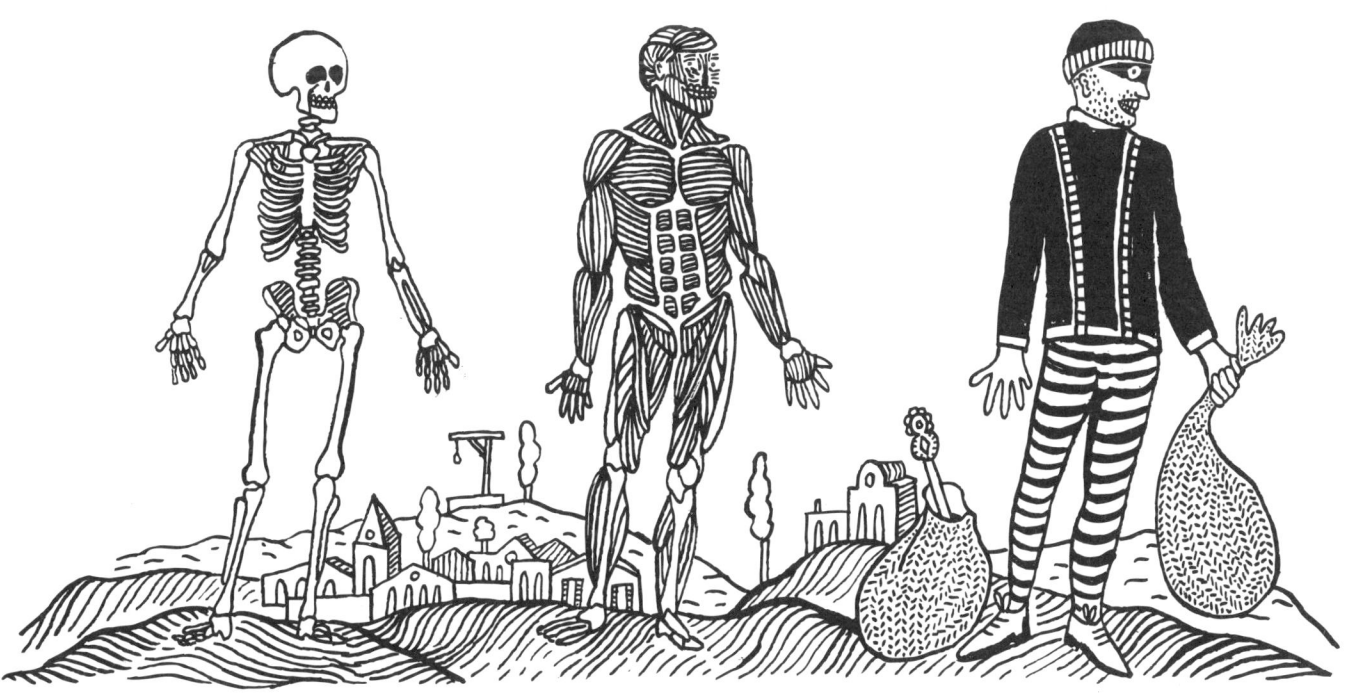

- 2부 -

몸의 가장 깊숙한 곳에서

왜 시체를 여는 게 생각보다 어려울까요?

썩어 가는 시체를 해부하다니, 절대 즐거운 일이 아니었을 텐데……. 베살리우스는 정말 인간의 몸에 흥미가 있었나 봐요. 요즘도 부검을 하는 경우가 있지만 경험이 많은 의학도조차 어떤 신체 부위를 자를 때면 역겨워서 고개를 돌린답니다. 어떤 부위인지 짐작이 되나요? 베살리우스의 작업도 그리 쉽지는 않았어요. 그럴 때마다 우리 몸이 얼마나 잘 보호되고 있는지 매번 새삼스레 느꼈지요. 뇌를 탐색하기 위해 두개골을 열려면 성능 좋은 톱으로 강하게 힘을 줘야 해요. 심장과 폐는 견고한 흉곽 안에 안전하게 들어 있고 장도 피부와 지방과 세 가지 복벽 근육 뒤에 놓여 있지요. 정말이지 힘을 쓰지 않는다면 알아낼 수 있는 게 별로 없었답니다. 베살리우스가 혼자 일한 건 아니에요. 학생들의 도움도 받고, 모든 신체 부위를 아주 정확하게 그려내는 화가도 데리고 있었어요. 유명한 화가 티치아노의 제자였다고 해요. 베살리우스는 화가가 그린 그림 덕분에 상세한 부분까지 아주 면밀하게 연구할 수 있었어요. 신체 그림을 들여다 볼 때마다 언제나 다시금 새로운 게 눈에 띄었지요. 그림은 오래 남고 반쯤 썩은 내장이나 고기처럼 고약한 냄새가 나지 않잖아요.

왜 음식이 몸을 떠날 때까지 하루가 필요할까요?

갈비뼈를 떼어 놓으면 심장과 폐를 잘 볼 수 있어요. 베살리우스는 심장이 커다란 빈 공간이 딸린 일종의 자루 속에 들어 있고 여기서 두꺼운 혈관이 여럿 빠져나오는 것을 보았어요. 이 혈관을 계속 따라가면 마치 커다란 나무처럼 가지를 쳐서 가느다란 혈관이 되어 몸의 가장 끝부분까지 이어졌어요. 우리 몸은 이런 식으로 정수리부터 새끼발가락 끝까지 피를 공급받아요. 베살리우스는 기관(목구멍 입구부터 폐까지 숨 쉴 때 공기가 흐르는 관*)이 목에서 폐까지 이어지는 것도 봤어요. 한 번쯤 폐에 작은 관으로 공기를 불어넣었다면 폐가 풍선처럼 공기로 채워져서 훨씬 더 커지는 것을 발견했을지도 몰라요. 그럼 폐가 공기를 조금도 놓치지 않는다는 사실도 알아냈겠지요.

베살리우스는 분명 음식이 들어오는 입구에서 출구까지 소화 기관 전체를 해부했을 거예요. 그래서 입이 식도로 이어져서 위로 넘어갔다가 이게 소장(작은창자)으로 이어져서 대장(큰창자)으로 넘어가고 결국 모든 게 다시 밖으로 나오는 지점, 즉 항문에 이르는 모습을 봤을 거예요. 입에서 엉덩이까지 총길이는 6m에 이른답니다. 음식이 이 거리를 지나가는 데에는 거의 하루가 걸려요. 아마 뼈도 살펴봤겠지요. 뼈 전체는 그리 무겁지 않으면서도 어찌나 튼튼한지 깜짝 놀랐을지도 몰라요. 뼈는 나무보다 훨씬 튼튼하거든요. 머리도 연구했겠지요. 귀, 눈, 그리고 이가 가득한 입, 뇌 등 머리뼈안이나 옆이나 주위에 있는 걸 모두 포함해서요.

왜 베살리우스가 그 당시 사랑을 받지 못했을까요?

베살리우스는 동료들한테 아주 높은 평가를 받았지만 한계가 있었어요. 동료들한테 인간의 몸은 신의 작품이었으니까요. 동료들이 보기에 베살리우스는 창조주를 모욕하고 있었어요. 그들은 오히려 갈레노스의 책을 신봉했어요. 비록 오류투성이였지만요. 그렇지만 갈레노스의 오류를 수정하고자 한 베살리우스의 작업에는 매우 소중한 가치가 있어요. 과학자들은 베살리우스의 발견에 힘입어 인간의 몸에 대해 훨씬 더 많은 것을 알게 되었죠. 그 시대 베살리우스는 해부학에 대해서 그 어느 누구보다 더 많이 알았지만 오늘날 우리가 아는 것에 견주어 보면 아무것도 아니에요. 그는 기술적인 지식이 전혀 없는 사람이 모터를 관찰하듯 우리 몸을 관찰했어요. 무엇이 어디 있는지는 보았지만 그게 어떻게 작동하는지는 제대로 몰랐어요. 여러분이 이 책을 끝까지 읽는다면 베살리우스가 우리 몸에 대해서 알았던 것보다 훨씬 더 많은 것을 알게 될 거예요. 그것도 고약한 냄새 맡는 일 없이요!

— 3부 —

생각해 볼 문제들

- 3부 -

몸의 통제실에서

왜 하트를 그리는 게 멍청한 짓일까요?

여러분 생각이 어디서 나오는지 알아요? 여러분 감정은요? 그래요, 머리에서 나와요. 당연하지요. 그럼 머리 어디에서 나올까요? 생각이나 감정은 어떻게 생겼을까요? 사실 우리 생각이 머리에서 나온다는 건 그렇게 당연한 것은 아니에요. 우리는 몇백 년 동안이나 영혼과 생각이 심장에 자리 잡고 있으며 뇌는 아무 참견도 하지 않는다고 생각했어요. 그래서 사랑에 빠졌을 때 심장 모양 하트를 그리는 거죠. 그렇지만 사랑의 상징으로는 심장보다는 뇌가 훨씬 더 나을 거예요. 모든 일이 뇌에서 일어나거든요. 물론 사랑에 빠지려면 몸의 다른 부분도 꼭 필요하지만요.

왜 뇌는 컴퓨터와 다를까요?

대부분의 사람들은 뇌를 컴퓨터랑 비교해요. 그리 이상한 일은 아니에요. 뇌는 컴퓨터처럼 기억 저장 장치가 있고 계산을 할 수 있으며 전기로 작동해요. 지금 이 순간에도 여러분의 뇌는 전등 하나랑 똑같은 에너지를 소비해요. 잠을 잘 때도 마찬가지지요! 그렇지만 뇌랑 컴퓨터 사이에는 아주 커다란 차이가 있어요. 컴퓨터는 감정이 없어요. 그래서 전화기나 침대보랑 사랑에 빠질 수 없죠. 어떤 문제에 대해서 창의적인 해답을 내놓지도 못해요. 장기 같은 게임을 할 수 있고 글도 쓰지만 흥미진진한 이야기를 지어내는 건 조금 어려워요. 하나 더 중요한 게 있어요. 컴퓨터는 갖가지 화학 물질의 영향을 받지 않아요. 그렇지만 여러분의 뇌는 영향을 받아요. 뇌와 이런 화학 물질들이 어우러져 여러분이 어떻게 느끼는지, 어떤 일을 하고 싶은지, 얼마나 활동적일지 결정하지요.

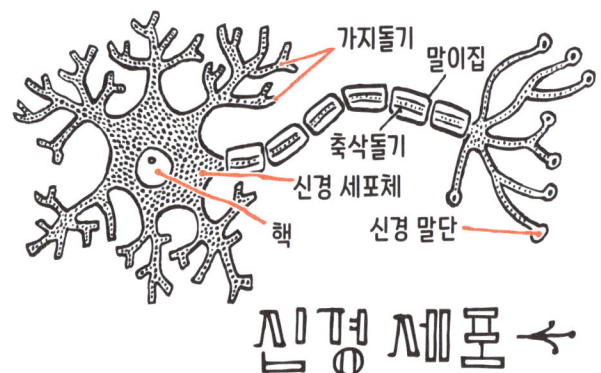

왜 장이 생각보다 더 똑똑할까요?

뇌는 뉴런이라고도 불리는, 약 860억 개의 신경 세포로 이루어져 있어요. 게다가 천억 개쯤 되는 신경 아교 세포도 있지요. 적게 잡아서 이 정도지 아마 훨씬 더 많을 거예요. 신경 아교 세포가 정확하게 어떤 일을 하는지는 아직 알려져 있지 않아요. 그렇지만 신경 세포가 일을 잘할 수 있도록 지원하고 보호해 준다는 것은 다들 알고 있어요. 그래도 실제로 일을 처리하는 건 뉴런이에요. 아니, 뉴런 사이 연결이라고 말하는 게 더 낫겠네요. 아참, 뉴런은 머리에만 있는 게 아니라 몸 전체에 다 있어요! 장에도 있답니다. 그러니까 장은 생각보다 더 똑똑한 셈이에요. 신경도 뉴런으로 이루어져 있어요. 그래서 뇌세포를 신경 세포라고도 해요. 신경은 사실 뇌에서 뻗어 나

온 가지랑 비슷한 거예요. 뇌에서 나온 정보를 몸에서 가장 외진 구석 자리까지 보내기도 하지만 몸에서 보내온 정보, 그러니까 어디가 아프다거나 간지럽다는 정보를 뇌에 보내기도 해요.

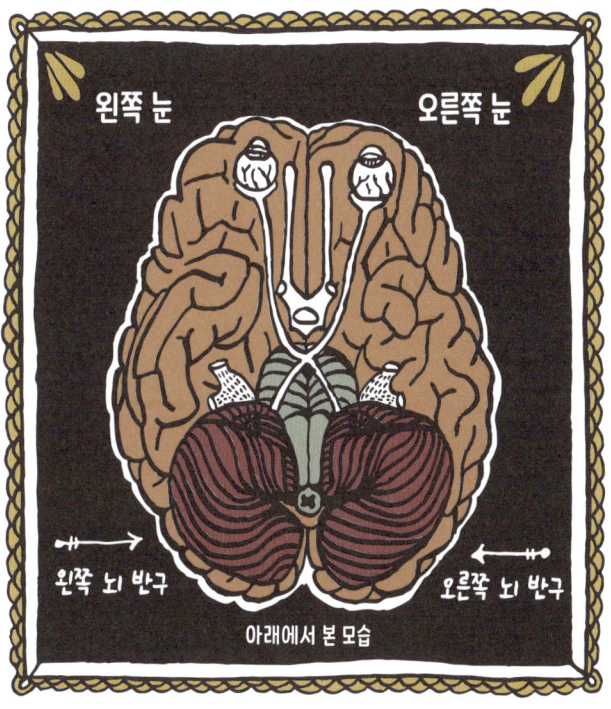

뇌는 반반씩 나누어져 있어요. 오른쪽 반은 여러분이 몸의 왼쪽으로 감지하고 실행하는 모든 일에 관여하고 왼쪽 반은 오른쪽을 담당하지요. 그렇지만 3층짜리 건물처럼 세 가지 층으로 나눌 수도 있어요. 우리 인류는 유인원에서 갈라져 나왔어요. 유인원은 포유류에서 갈라져 나왔는데 포유류는 수궁류(중생대에 살던 포유류의 조상 동물*), 그 전에는 파충류에서 갈라져 나왔어요. 이걸 진화라고 부르죠. 각 동물들의 뇌를 살피면 진화를 다시 발견할 수 있어요. 파충류는 뇌가 딱 한 층이에요. 1층이죠. 포유류는 층이 둘 있어요. 1층과 2층이에요. 수많은 포유류는 그 위에 작은 층이 하나 더 있어요. 그렇지만 우리 인간에게는 커다란 층이 하나 더 있지요. 그래서 모두 3층이에요. 우리 뇌가 이토록 큰 건 그 때문이에요.

- 3부 -

뇌의 첫 두 층에서

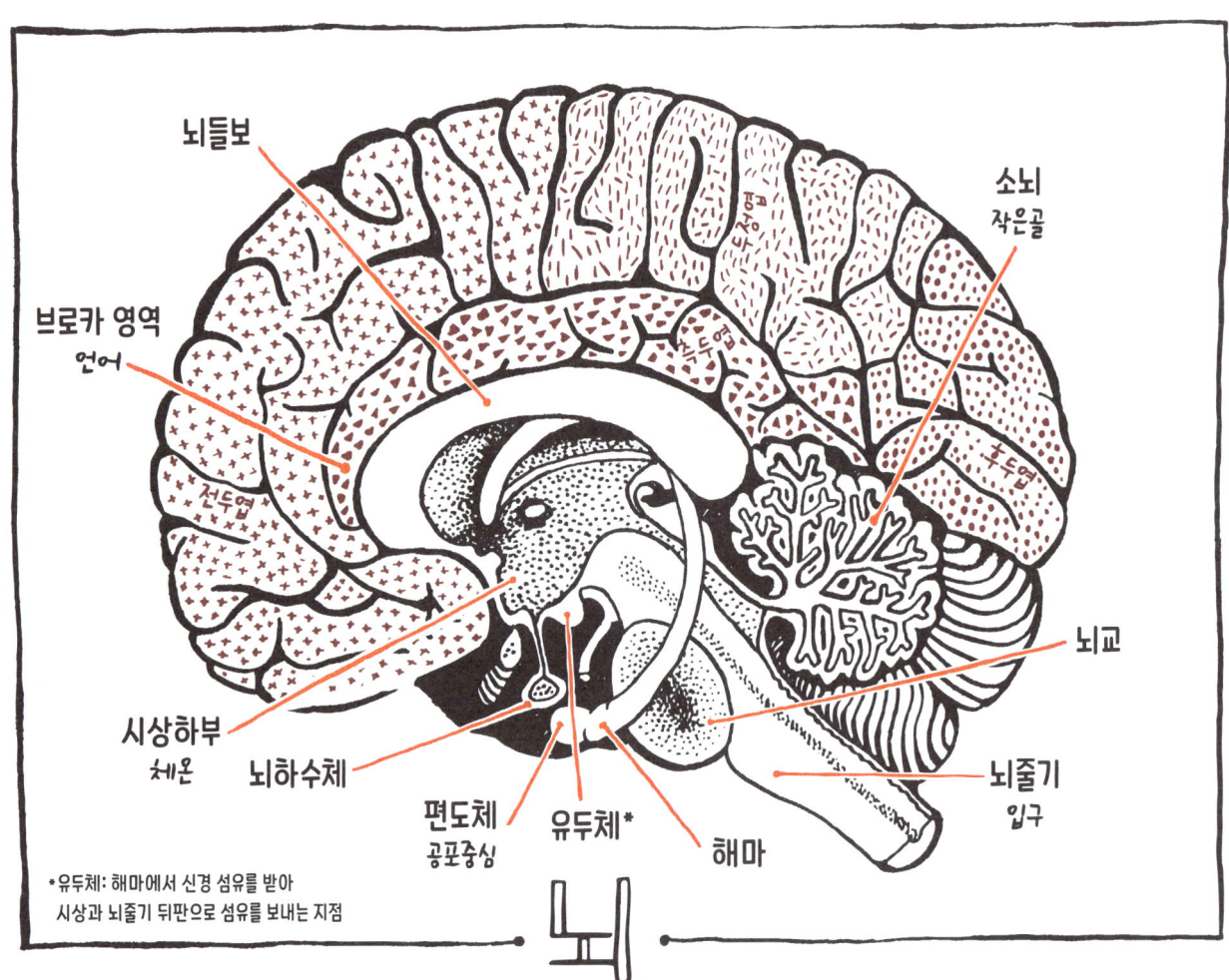

왜 뇌가 이렇게 클까요?

뇌가 3층짜리 건물이라고 친다면 그 입구는 뇌줄기예요. 뇌줄기는 모든 중요한 일을 책임져요. 심장 박동, 혈압, 호흡과 장 근육의 운동을 조절해요. 여러분은 그런 일에 대해 의식적으로 생각할 필요가 없어요. 그 대신 더 중요한 일, 그러니까 만화책을 보거나 코를 후비는 일 같은 데 집중할 수 있지요.

1층에 소뇌가 있어요. 특히 움직임에 대한 기억이 여기 자리 잡고 있어요. 여러분이 지금껏 걷거나 자전거를 타거나 스케이트를 타는 것에 대해 배운 내용이 모두 여기 저장되어 있답니다. 이 부분은 알코올에 아주 민감하게 반응해요. 그래서 술에 취하면 비틀거리는 거예요. 아, 그렇다고 직접 실험해 볼 필요는 없어요. 내가 여러분 대신 벌써 다 해 봤으니까요. 여러분이 눈과 귀로 받아들이는 중요한 정보들을 이 안에서 가공하지요. 그래서 가장 아래 있는 층은 살아남는 데 아주 중요하답니다. 그래서 위의 두 층 아래 잘 숨겨져 있는 거고요.

1층이 파충류의 뇌라면 2층은 포유류의 뇌라고 말할

– 생각해 볼 문제들 –

수 있어요. 느낌이나 감정이랑 관련된 부분이 바로 여기 자리를 잡고 있지요. 여러분은 즐거운 도마뱀이나 토라진 거북이나 슬픈 뱀을 본 적이 있나요? 분명 그런 적이 없겠죠. 그렇지만 즐거운 강아지나 화난 고양이나 겁 많은 토끼는 분명히 언제인가 한번쯤은 만나 봤을 거예요. 감정을 느끼는 건 파충류보다는 포유류거든요. 그래서 여러분 뇌의 2층에는 다른 것들과 함께 공포 중심인 편도체가 있어요. 이 부분은 여러분이 위험한 상황에서 어떻게 할지 결정해요. 두려움이나 위험이랑 관련된 기억도 모두 여기 저장되고요. 그런 기억은 쉽게 잊지 않아요. 그러니까 다음번 지리 시험 공부를 할 때 악어가 득실거리는 연못 위에 높이 걸린 밧줄에 매달려서 하는 게 좋을 거예요. 편도체가 모든 것을 잘 기억하도록 도와줄 테니까요. 하지만 정말 잘 기억할 수 있는 건 그게 불편한 경험일 때예요. 그건 해마에 달려 있어요.

왜 좋은 일은 잘 잊으면서 나쁜 일은 못 잊을까요?

해마는 기억에서 아주 중요한 역할을 해요. 무엇이 기억해 둘만큼 중요한지, 그걸 뇌의 어떤 부분에 저장해야 할지 결정하지요. 듣기엔 아주 멋지지요? 하지만 해마는 여러분과는 다른 데 관심이 있어요. 여러 국가의 수도를 외워야 할 때 해마한테 모든 것을 단숨에 기억하라고 부탁할 수 있다면 좋겠지만 아쉽게도 그렇게 작동하진 않아요. 여러분의 해마와 편도체는 불쾌한 일들을 더 좋아하는 것 같아요. 차라리 잊고 싶은 일들은 장기 기억 속에 남기는 반면 즐거운 일들은 금세 잊어버리지요. 하지만 그것도 장점이 있어요. 불쾌한 일들을 기억해 두면 다음에 그런 일들을 좀 더 쉽게 피할 수 있거든요. 결국 그건 우리한테 좋은 일이지요. 어쨌든 지리 시험에서 좋은 성적을 내려면 세계 모든 국가의 수도를 딸딸 외울 수밖에요.

시상하부에 결함이 있을 때는 종일 누가 챙겨 줘야 할까요?

체온을 조정하는 부분인 시상하부도 이 2층에 있어요. 시상하부에 결함이 있으면 땡볕에 산책을 나갔다가 열이 오를 수도 있고 스웨터가 조금만 얇아도 감기에 걸릴 수 있어요. 수면욕이나 포만감도 시상하부가 조절해요. 시상하부에 결함이 있으면 끊임없이 먹어 대거나 잠을 아예 안 자는 일이 생길 수도 있어요. 그러면 하루 종일 24시간 내내 누군가가 따라다니면서 챙겨 줘야 해요. 안 그럼 모든 게 잘못될 테니까요. 다행히도 그런 경우는 아주 드물어요. 시상하부는 감정에도 관여해요. 동생이 콜라 마지막 한 모금을 뺏어 마셔서 열받는다면 여러분 시상하부는 초과 근무를 하는 셈이에요.

45

머리 꼭대기에서

왜 원숭이는 수학 천재가 될 수 없을까요?

새끼 침팬지를 사람처럼 키운다면 어떤 일이 생길까요? 언젠가 말도 배울까요? 심리학자 윈스럽 켈로그도 그걸 알고 싶었어요. 그는 1931년 아들 도널드가 태어났을 때 기회를 놓치지 않았죠. 켈로그 부부는 도널드와 동갑인 암컷 침팬지 구아를 입양하고 둘을 똑같이 키웠어요. 어떤 일이 일어났을까요? 처음에는 구아가 모든 면에서 더 나았어요. 더 일찍 걸을 수 있었고 더 일찍 수저를 사용할 수도 있었어요. 그러다가 도널드는 말하기를 배웠는데 구아는 그렇지 못했어요. 구아가 더 이상 발전하지 않는 반면 도널드는 점점 더 영리해졌어요. 지난 세기에는 이런 실험이 의미가 있었어요. 오늘날 우리는 이런 실험을 더 이상 할 필요가 없어요. 이제 그 연관 관계를 다 알고 있거든요. 이 모든 것은 뇌의 가장 위층인 대뇌피질과 관련이 있어요. 전망이 가장 좋은 층이지요. 우리한테 있는 대뇌피질은 다른 포유류보다 훨씬 커요. 바로 여기에 우리를 침팬지를 비롯한 다른 포유류랑 구분해 주는 영역이 자리 잡고 있어요.

우리 대뇌피질에는 브로카 영역과 베르니케 영역이란 게 있어요. 언어를 담당하는 부분이에요. 그래서 대뇌피질에 이상이 있으면 말이 잘 나오지 않아요. 브로카 영역과 베르니케 영역이 고장나면 말을 하는데 어려움을 겪지요. 그러니까 다른 사람의 말에 자연스럽게 반응하지 못하고 마치 전보문처럼 단편적인 단어를 나열하거나 말뜻을 제대로 이해하지 못하고 의미 없는 말들을 늘어놓아요.

뇌의 더 앞에는 전두엽의 일부인 전전두엽피질이 있어요. 컴퓨터, 달 착륙, 콤비네이션 피자, 스페어타이어는 모두 뇌의 이 부분 덕분이에요. 복잡한 생각은 모두 여기서 하거든요. 계획을 세우거나 미래에 대해 생각하는 것을 포함해서요. 다른 포유류는 뇌의 전전두엽피질이 훨씬 더 작아요. 다람쥐는 다가오는 겨울이나 이듬해 봄을 위해 먹을 것을 간신히 준비하겠지만 로마로 단체 관광을 떠난다는 계획은 절대 못 세울 거예요.

왜 우리 안에 살인자가 숨어 있을까요?

편도체가 공포 중심이라면 전전두엽피질은 이 두려움에 맞서 무엇을 해야 할지 말해 줘요. 편도체가 현실적인 두려움을 다루는 반면 전전두엽피질은 장기적으로 숨어 있는 위험에 집중한다고 말할 수도 있을 거예요. 여러분이 난생처음 낙하산을 타 볼 참이라서 벌써 몸을 반쯤 비행기 밖에 내놓고 있다고 해 봐요. 그럼 편도체가 알람이란 알람은 다 울린답니다. 편도체 마음대로 한다면 여러분은 재빨리 비행기 안으로 도로 들어갈 거예요. 하지

- 생각해 볼 문제들 -

만 전전두엽피질은 조금 더 냉정하게 생각해 보고 논증을 하지요. '나한테는 내가 산산조각이 나지 않게 해 줄 낙하산이 있어. 낙하산을 타는 것은 안전한 일이야. 하늘을 둥둥 떠다닐 때 땅은 정말 멋져 보일 거야. 아주 근사할 거야.' 그래서 여러분은 두려움을 이기고 뛰어내려요. 여러분의 인격도 전전두엽피질에 의해 정해져요. 다른 사람에게 공감을 하는지 그러지 않는지 또는 양심적인지 아닌지 그런 거 말이에요. 악당들 대부분은 실제로 이 부분에 결함이 있어요. 그렇지만 누구나, 정말이지 벌레 한 마리 죽인 적 없는 사람도 이런 결함이 생길 수 있어요. 이 부분에 종양이 생기거나 손상이 온다면 사악한 살인자로 바뀔 수 있지요. 물론 극단적인 예지만 심각한 뇌손상을 입은 다음 사람의 성격이 완전히 달라질 수 있다니까요.

야 여러분은 '어른스럽게' 행동하게 될 거예요.

여러분이 어떤 일을 할 때 편도체나 해마, 뇌줄기만 활동을 하는 건 아니에요. 언제나 다양한 부분들이 함께 일해요. 단지 뭔가를 보는 데도 눈의 초점을 대상에 맞추는 부분, 보이는 색깔을 가공하는 부분, 형태를 구분하는 부분, 공간적으로 보도록 해 주는 부분, 움직임을 인식하는 부분, 보이는 대상을 기억이랑 연결하는 부분 등 여러 부분이 동시에 활동하지요. 다행히도 뇌의 어떤 부분은 여러 가지 일을 동시에 할 수 있어요. 예를 들어 시상하부는 체온과 식욕을 조절하는 한편 기분을 결정해요. 그렇지 않다면 뇌가 너무 커져서 두개골에 들어가지 못할 거예요.

왜 청소년들은 도서관 사서보다 더 자주 응급실에 갈까요?

위험을 감수하고 자신을 통제하며 행위의 결과에 대해 곰곰이 생각하고 계획을 세우며 다른 사람에게 친절하게 구는 것. 이 모든 일을 전전두엽피질이 책임지고 해요. 그런데 이 부분이 청소년기에 아주 많이 달라져요. 매 순간 수천수만 개의 연결이 새롭게 생기죠. 여러분은 이 새로운 연결을 어떻게 다룰지 배워야만 해요. 그뿐인가요? 여러분의 몸은 행동을 완전히 변화시키고 모든 것을 뒤죽박죽으로 만들 온갖 물질을 만들어 내요. 그래서 기물 파손 같은 파괴적인 행위는 노인보다 청소년 사이에서 더 자주 나타나지요. 병원에서는 팔짱을 낀 채 자전거를 타다가 실려 온 청소년을 자주 만나지만 도서관 사서는 거의 보이지 않는 게 그래서예요. 나쁜 소식이 있다면 전전두엽피질이 완전히 발달할 때까지는 무척 오래 걸린다는 거예요. 스물세 살에서 스물다섯 살에 이르러서

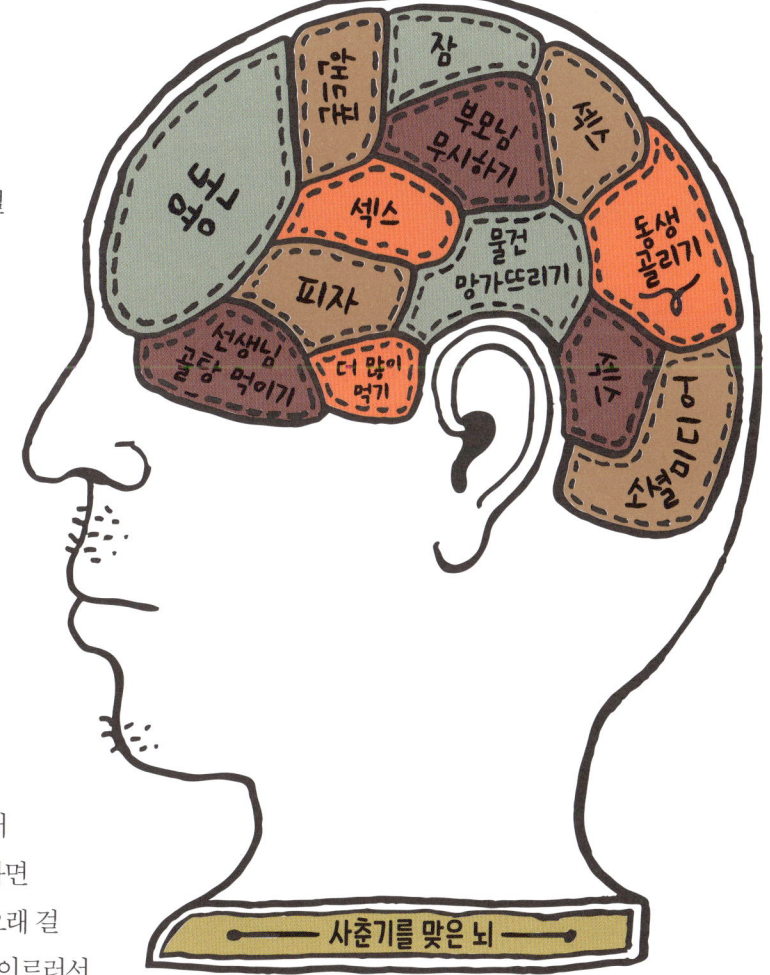

47

- 3부 -

뇌의 지하실에서

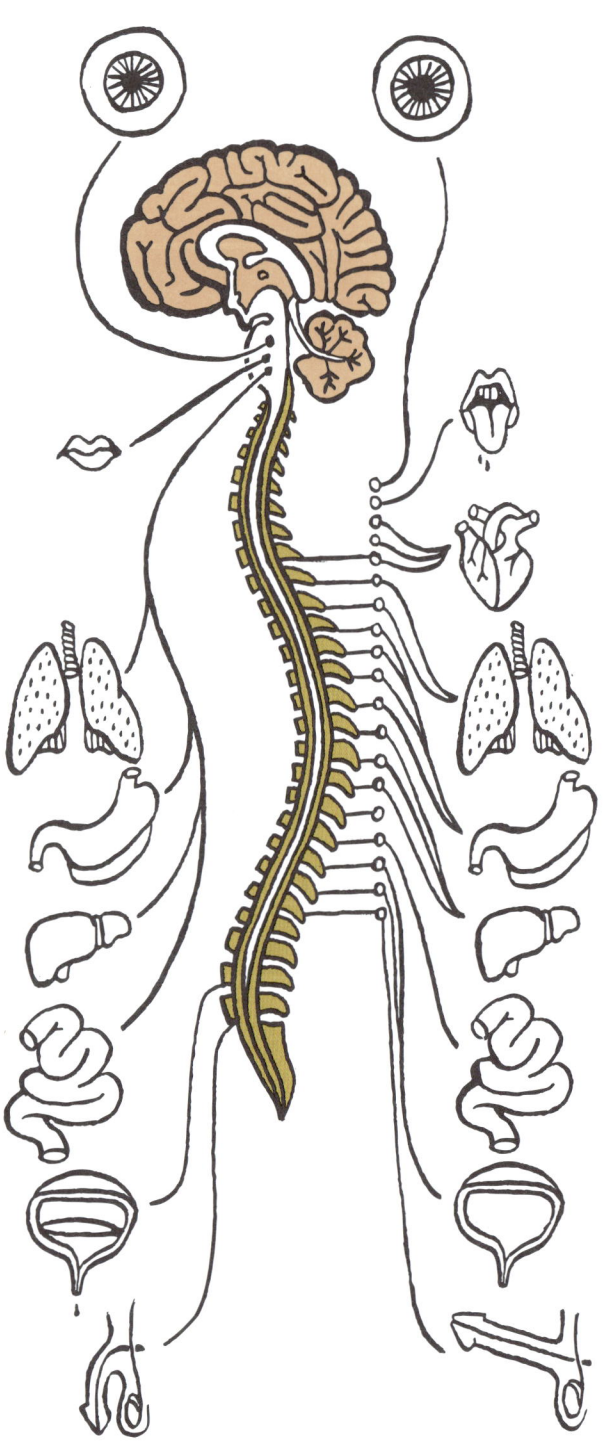

왜 때로 여러분은 생각보다 더 빠를까요?

뇌가 3층짜리 건물이라고 치면 몸의 다른 부분에 있는 신경 세포는 지하실이나 주춧돌에 해당해요. 척추를 따라 내려가는 신경 세포는 특히 중요해요. 머리가 눈치도 채지 못하는 사이에 여러분에 대한 온갖 결정을 내리거든요. 이런 '지하실'이 얼마나 중요한지는 동물들한테서 아주 잘 볼 수 있어요. 닭은 머리가 잘려도 머리가 없는 채 돌아다닐 수 있고요. 몸통이 조각조각 잘린 다음에도 꿈틀거리는 뱀이나 머리가 없어도 한동안 죽지 않는 다른 동물도 있거든요. 심지어 바퀴벌레는 머리가 없어도 몇 주 동안이나 살아남는대요.

우리 몸속에는 뇌나 척추랑 밀접하게 접촉하는 신경이 많이 있어요. 그 신경들은 몸에 대한 정보를 뇌에 전해 주기도 하지만 뇌의 명령을 근육에 알려 주기도 해요. 책상 다리에 발가락을 부딪친다면 거기 있는 신경 세포에서 전기 신호가 나와서 척수에 이르러요. 쐐기풀이 있는 곳에 발을 내딛으려다가 번개처럼 재빨리 피할 수 있는 건 바로 그래서예요. 처음에는 뇌가 할 일이 아무것도 없어요. 뇌세포가 미처 알아차리기도 전에 척추에 있는 신경 세포가 발을 당기라는 결정을 내리거든요. 척추가 뇌보다 가까우니까 발가락은 더 빨리 반응을 할 수 있어요. 오히려 반응을 안 하기가 어렵죠. 뇌가 뭔가 알아채기도 전에 벌써 신경이 일을 처리해 버리니까요.

왜 뇌가 여러분을 바보로 만들까요?

이렇듯 무의식적인 반응을 반사라고 해요. 의사들은 조그마한 망치로 무릎을 두드려서 반사 신경을 검사해요. 반사 신경이 제대로 작동한다면 다리가 저절로 움직여요. 이때 뇌는 약간 뒤처져 따라가는 셈이에요. 반사 작용은 불쾌할 수도 있어요. 딸꾹질이 그래요. 뇌가 미처 알아차리기 전에 딸꾹질을 시작하니까 당장 그만두라고 명령을 내릴 수도 없지요. 만약 여러분이 팔짱을 낀 채로 자전거를 타면 당장 떨어지겠죠? 그때도 반사 신경을 경험할 수 있어요. 왠지 팔이 어색하다는 사실을 의식은 정확히 알지만 그래도 이를 교정하는 건 무의식적으로 이루어져요. 뇌가 인식하기 전에 반사 신경의 도움을 받아 얼른 두 팔로 핸들을 잡지요. 살다보면 뭔가 잘못 될 때가 많지만 반사 신경이 유용할 때도 많답니다.

운동할 때를 볼까요. 테니스공이 아주 빨리 날아온다고 해 봐요. 여러분의 편도체는 여러분이 상황을 미처 파악하기도 전에 공을 피하게끔 해 줘요. 뇌의 다른 부분이 대체 어떤 일이 일어났는지 깨닫는 건 한참 뒤의 일이랍니다. 다른 사람들이 물을 때면 아마 이렇게 대답하겠죠. "공이 날아오는 게 보여서 피했어." 헛소리예요. 대체 무슨 일인지 알아차리기 전에 편도체가 먼저 반응한 것뿐이에요. 이런 대답은 나중에 뇌가 지어내는 거죠.

우리는 이렇게 날마다 자신을 바보로 만들어 버려요. 사실 이 정도야 별것도 아니고 악의도 없지만 훨씬 나쁜 경우도 있어요! 하지만 그건 나중에 더 얘기하도록 해요. 머릿속에서 무엇이 잘못될 수 있는지 알려면 우선 기억이 어떻게 작동하는지 알아야 하거든요.

- 3부 -

기억의 굽이굽이에서

왜 어떤 일을 잊어버렸다고 생각할까요?

여러분의 뇌가 대한민국 지도고 뇌세포는 이 지도 위에 있는 도시와 마을이라고 상상해 봐요. 기억은 이 장소가 아니라 이 장소 사이의 연결 속에 들어 있어요. 뇌세포 사이의 이런 연결을 시냅스라고 불러요. 예를 들어 재작년 여러분 생일에 대한 기억은 서울 - 인천 - 대전 - 광주 - 대구 - 울산 - 부산을 잇는 거리에 놓여 있지요.

0708452957이란 숫자를 기억해야 한다고 해 볼까요. 여러분이 이 숫자를 열른 한 번 읽고 말았다면 기억력이 아주 좋았을 때나 그걸 다시 불러낼 수 있을 거예요. 이건 딱 한 번 걸어 본 숲길이랑 비슷해요. 여러분 발자국이 잠깐 보이지만 금세 사라져 버리지요. 그렇지만 그 숫자를 여러 번 되풀이해 읽으면, 그러니까 똑같은 길을 자주 걷는다면 점점 더 많이 기억에 남아요. 결국 그 흔적이 길이 되는 거예요. 여러분은 그걸 기억할 수 있을 테고요. 때때로 그 길을 다시 걸어야 하지요. 안 그럼 사라지니까요.

이 모든 도시나 마을 사이에는 상상할 수 없을 만큼 연결이 많이 생길 수 있어요. 여러분의 뇌 속에는 전 세계에

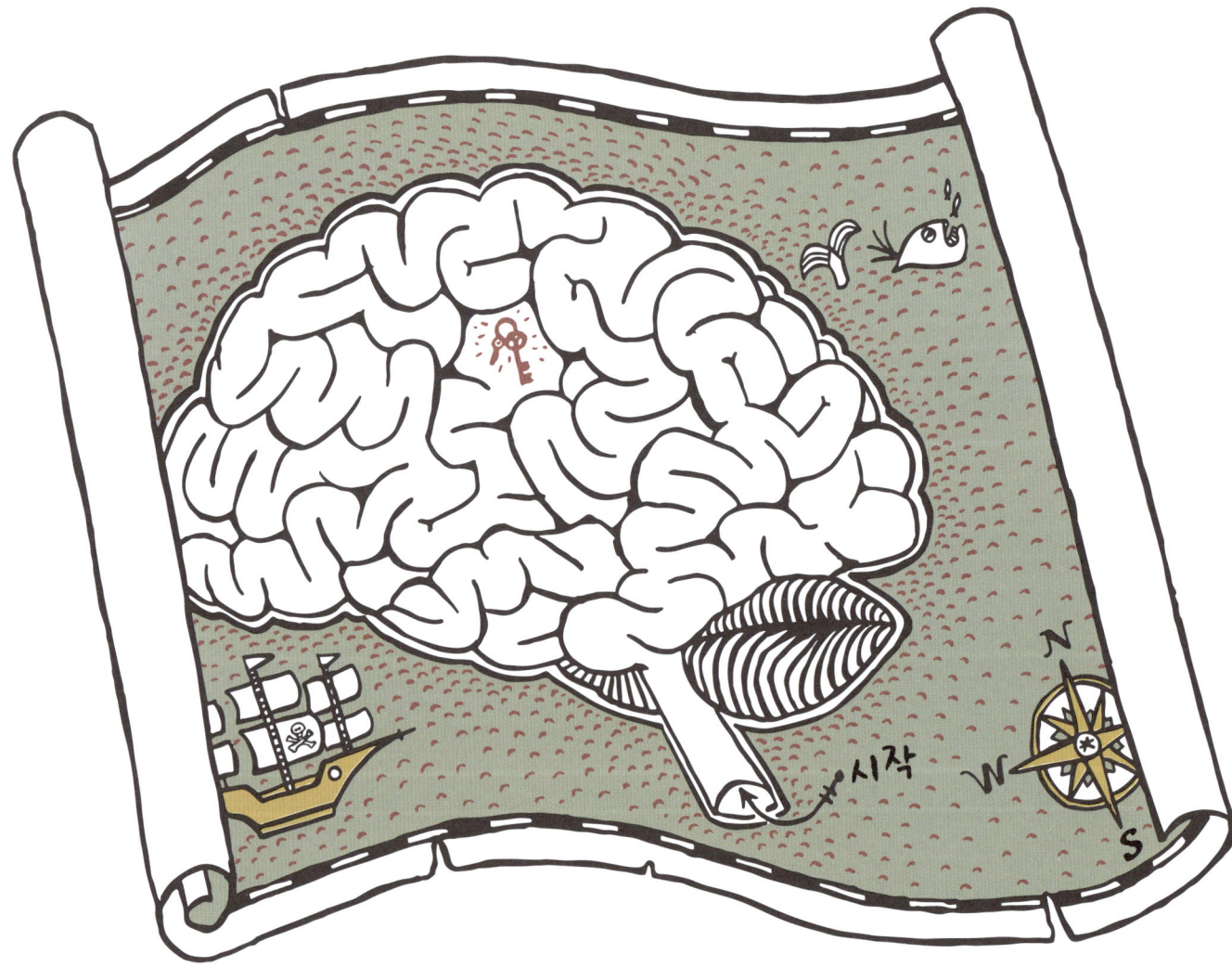

있는 모든 도시나 마을보다 더 많은 860억 개의 신경 세포가 있어요. 또 이 신경 세포는 각각 만 개에서 10만 개까지의 다른 세포랑 이어질 수 있지요. 그러니까 얼마나 많은 연결이 생길지 상, 상, 도, 할, 수, 없, 다, 니, 까, 요. 기억 속에는 정말 정보가 많이 들어 있어요. 어떤 기억은 다 잊은 것 같지만 뇌의 특정 부분에 전기로 충격을 주어 다시 드러나게 할 수 있답니다. 그럼 여러분은 오래전에 잊어버린 것을 갑자기 다시 떠올릴 수 있게 되지요. 아쉽게도 이런 방법으로 어떤 기억을 드러나게 하는지는 알 수가 없어요. 여러분이 자전거 열쇠를 잃어버렸다면 아마 직접 몸을 움직여서 여기저기 찾아다녀야 할 거예요.

왜 뇌진탕이 일어난 뒤엔 기억이 나지 않을까요?

리보솜, 미토콘드리아, 세포질이 뭔지 아직 기억하나요? 우와, 대단한걸요! 벌써 다 잊어버렸어야 정상인데. 그렇지만 좀전에 여러분이 그 부분을 읽었을 때는 그게 뭔지 더 정확하게 알고 있었어요. 그때는 그 정보들이 여러분 단기 기억 속에 들어 있었거든요. 이름에서 알 수 있듯 단기 기억은 짧은 기간 동안 남아 있어요. 뭔가 중요한 일이 일어나거나 자주 관련을 맺게 될 때 비로소 장기 기억 속에 저장되지요.

도시 사이를 오가는 길이 꽉 막힐 수 있듯 뇌의 각 부분들이 서로 접촉할 수 없을 때가 있어요. 뇌진탕이 일어난 다음이 그런 예지요. 뇌의 일부가 너무 부풀어 오른 나머지 다른 부위가 짓눌릴 수 있거든요. 그럼 그 사이에 낀 부분은 다른 부분과 연결되지 못해요. 그럴 땐 단기 기억이 작동하지 못할 수 있어요. 그럼 새로 생긴 일은 기억하지 못해요. 시간이 지나면 기억은 대개 다시 잘 작동한답니다. 붓기가 가라앉으면 신경 세포는 서로 다시 연결되지요.

왜 영원히 서른 살이라고 믿을 수 있을까요?

여러분한테는 단기 기억 외에도 장기 기억이 있어요. 어떤 수술을 받고 나서 장기 기억을 잃어버린 남자 덕분에 우리는 장기 기억에 대해 많은 것을 알고 있지요. 그 남자는 새로운 정보를 장기 기억 속에 저장할 수 없었어요. 그래서 모든 것이 그 수술을 받던 날이랑 똑같았어요. 머릿속에서 자신은 언제나 서른 살로 남아 있었지요. 심지어 그 나라 대통령도 그에게는 언제나 같은, 죽은지 몇 년이나 지난 사람이었어요. 그가 수술 뒤에 알게 된 사람들은 언제나 자기소개를 다시 해야 했지요. 예전에 일어난 일들은 잘 기억해도 새로 경험한 일들은 마치 뇌 속에 아무것도 남기지 않는 저장 방지 장치가 들어 있는 것 같았어요. 그는 이제 서른 살처럼 보이지 않는데도 자기가 젊다고 믿었어요. 그러다가 이사를 했는데 아주 커다란 문제가 생겼어요. 새집을 찾아갈 수 없었거든요. 계속 옛날 집으로 되돌아갔어요. 주위 사람들이 당신은 기억을 잃어버렸다고 이야기해 줄 수 있었지만, 그럼 뭐해요. 그 말 역시 금세 또 잊어버리는걸요. 과학자들은 그가 죽고 난 후 뇌를 수백 장으로 얇게 저며 낸 다음 한 장 한 장 세심하게 조사했어요. 그렇게 해서 그의 머릿속에서 정확하게 무엇이 잘못되었는지 찾아냈어요.

– 3부 –

뇌의 이상한 방에서

왜 눈이 완벽하게 작동하는데도 시각 장애인이 될 수 있을까요? (1)

뇌는 오랫동안 심오한 불가사의였어요. 머릿속을 들여다볼 수 있는 기계가 없었을 때는 뇌가 어떻게 작동하는지 알아내기가 더욱 어려웠어요. 새로운 정보를 장기 기억으로 저장하지 못하는 남자처럼 뭔가 눈에 띄게 잘못되어야만 새로운 정보를 얻을 수 있었지요. 새로운 내용을 얻겠다고 항상 뇌를 얇게 저밀 필요는 없었어요. 누군가 브로카 영역에 총알을 맞고 나서 말을 잘못하게 되었다면 의사들은 그 부분이 언어와 관련이 있다는 사실을 알아챘지요.

뇌의 일부가 제 기능을 할 수 없게 된 사람들은 우리가 그 뒤에 있는 문제를 살펴보게끔 해 줘요. 뇌에서 움직임을 등록하는 부분이 작동하지 않아서 움직이는 물체를 식별할 수 없는 사람들이 있어요. 그들의 눈은 완전히 정상이에요. 그렇지만 그들이 본 장면이 뇌의 '동작 등록 센터'로 가려고 하면 그 길이 꽉 막혀 버려요. 마치 그런 장면을 전혀 보지 않은 것처럼. 그들의 뇌는 움직이는 물체에 대해선 장님이나 다름없지요. 그렇지만 움직이지 않는 물체는 아주 잘 알아보아요. 그런 장면은 동작 등록 센터를 그냥 뛰어넘어서 뇌에 다다르거든요.

왜 어떤 사람은 아내의 머리랑 모자를 헷갈릴까요?

뇌 속에서 뭔가 잘못되면 아주 이상한 일이 일어날 수 있어요. 어떤 사람들은 자기 팔이나 다리가 자기 게 아니라고 믿는답니다. 자기 다리를 눈으로 보면서도 그게 다른 사람 것이라고 생각한다니까요. 그 사람들은 그 다리를 잘라 내고 싶겠지요. 낯선 사람의 다리를 달고 돌아다니는 것보다는 차라리 조금 불편한 게 나을 수도 있잖아요. 외과 의사가 무턱대고 그걸 잘라 버리지 않는 게 참 다행이죠. 그런데 정말 다행일까요? 그런 문제가 있는 사람들은 생각이 다를걸요.

알파벳마다 어떤 색깔이 있다고 보는 사람들도 있어요. A는 빨간색이고 X는 노란색이지요. 우리는 흰 종이에 쓰인 검은 글씨를 보지만 그 사람들은 알록달록한 글씨를 봅니다. 어떤 사람들은 색깔을 귀로 듣기도 하고 어떤 사람들은 그림을 음악으로 보기도 해요. 이런 현상을 공감각이라고 하는데 특히 예술가나 음악가 가운데 공감각을 느끼는 사람들이 많아요. 아마 뇌의 '색채 부분'에 속하는 정보들이 '소리 부분'과 실수로 연결되어서일 거예요.

어떤 사람들은 완전히 정상적으로 행동해요. 생각도 또랑또랑해서 아무도 눈치채지 못해요. 그러다가 느닷없이 엉뚱한 행동을 하지요. 아내의 머리가 모자라고 생각해서 머리에 쓰려고 한 사람도 있었답니다. 어떤 사람들은 자기가 신이라고 생각해요. 심지어 자기는 이미 죽었는데 유령이 되어서 돌아다닌다고 손톱만큼도 의심하지 않고 믿는 사람도 있어요. 사람이 생각하고 느끼는 게 세상의 논리와 지식보다 더 현실적일 때가 많거든요. 이런 생각과 느낌은 모두 뇌랑 관련이 있어요.

- 생각해 볼 문제들 -

- 3부 -

머릿속 소년과 소녀

왜 누구랑 사랑에 빠질지 정할 수 없을까요?

여러분은 브로콜리찜, 구운 고등어, 초콜릿을 얹은 빵이 맛있다, 맛없다 마음대로 결정할 수 있나요? 모차르트의 음악이 맘에 드는지 아닌지는요? 이웃집 소년 혹은 소녀와 사랑에 빠질지 아닐지는요? 아마 맘대로 못 정할걸요. 이런 취향은 여러분 뇌 속에 이미 들어 있어서 그에 맞설 수 없거든요. 만약 브로콜리를 별로 좋아하지 않아도 좋은 날마다 규칙적으로 먹어봐요. 그럼 언젠가는 맛있게 느껴질 수 있어요. 찜보다 더 맛있는 조리법을 써도 도움이 될 거고요. 음악도 마찬가지예요. 어떤 음악이 좋은 기억과 연결된다면 저절로 그 음악이 좋아질 거예요.

사랑에 빠지는 문제는 더 심오해요. 여러분이 남자애를 좋아한다면 여자애와 사랑에 빠질 수 없어요. 대개 여자애는 남자애와, 남자애는 여자애와 사랑에 빠지지요. 그렇지만 남자애 중에는 남자애와 혹은 남자애랑 여자애 모두와 사랑에 빠지는 애도 있어요. 마찬가지로 여자애와 혹은 여자애, 남자애 모두랑 사랑에 빠지는 여자애도 있고요. 과학자들은 그걸 때로는 뇌의 구조를 보고 알 수 있어요. OECD 국가 평균 인구의 약 2~3%가 동성애자(그러니까 남자애한테 반하는 남자애랑 여자애한테 반하는 여자애)거나 양성애자(이들은 남자애와 여자애 모두에게 반할 수도 있어요.)라고 해요. 나라마다 어떤지 추측하기가 그리 쉽지 않아요. 어떤 나라에서는 동성애가 금지되어 있기도 하고 사람들이 그걸 부끄러워하기도 하거든요. 동성애를 거부하거나 부자연스럽다고 생각하는 사람들이 있어요.

그런데 동성애는 새들은 물론 포유류, 어류, 파충류, 양서류, 곤충 등 수백 가지 동물에서 나타나요. 무엇이 자연을 거스르는지 궁금하네요. 동성애일까요, 아니면 동성애를 금지하는 걸까요?

왜 남자애가 여자애보다 낫지 않고 그 반대도 아닐까요?

남자와 여자 가운데 과연 누가 더 나을까요? 흔히 중요한 발명품은 다 남자가 만들었다고들 하지요. 의학적 성공, 기술적 발전, 유명한 방안은 여자보다는 남자한테서 많이 나왔어요. 남자가 대체로 중요한 지위를 차지하고 있는 건 그리 놀랍지 않아요. 여자는 지난 수세기 동안 그리고 오늘날에도 대체로 남자와 똑같은 기회를 가지지 못했다고 반박하죠. 남자는 스포츠에서도 여자를 이겨요. 그건 맞지만 여자는 신체 조건이 달라요. 다른 한편…… 전쟁을 일으키는 건 주로 남자예요. 연쇄 살인범도 남자인 경우가 더 흔하죠. 그에 반해 여자는 다른 이를 더 잘 배려한다고 통해요. 여자 간호사가 훨씬 더 많지요. 여자는 다른 사람과 더 잘 지낼 수 있고 더 오래 살아요. 곧 여자 의사가 남자 의사보다 더 많아질 거래요!

그러니까 이건 쓸데없는 논쟁이에요. 남자와 여자는 서로 다르거든요. 단지 교육을 다르게 받아서가 아니라 뇌가 다르게 작동하기 때문이지요. 아이들한테서도 볼 수 있어요. 대개 남자애는 칼이나 자동차를 가지고 노는 것을 더 좋아하고 여자애는 인형을 가지고 노는 것을 더 좋아해요. 그런 현상은 원숭이한테서도 관찰할 수 있어요. 어린 수컷은 전형적인 남자애들 장난감으로 더 잘 놀고 어린 암컷은 여자애들 장난감을 골라요. 하지만 원숭이도 사람도 예외는 있어요. 남자애라고 다 칼을 좋아하는 것도 아니고 어떤 여자애는 자동차를 가지고 잘 놀아요. 나중에 여러분한테 자녀가 생기면 생일 선물로 뭘 받고 싶은지 물어보고 주는 게 좋겠지요. 여자애와 남자애의 이런 행동 차이는 그들이 자라는 환경뿐만 아니라 뇌의 활동과도 연관이 있답니다. 뇌가 어떤 화학 물질에 강하게 반응하는지에 달려 있어요. 여러분이 믿든 말든, 우리의 기분은 몇 가지 단순한 분자에 좌우된답니다.

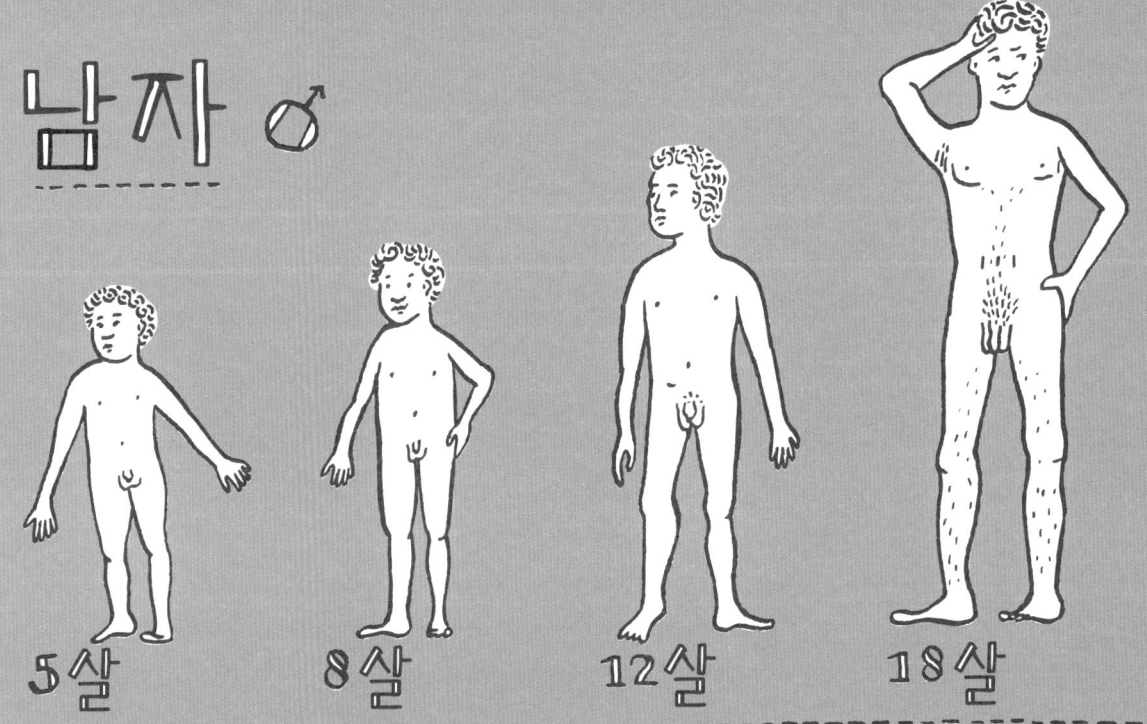
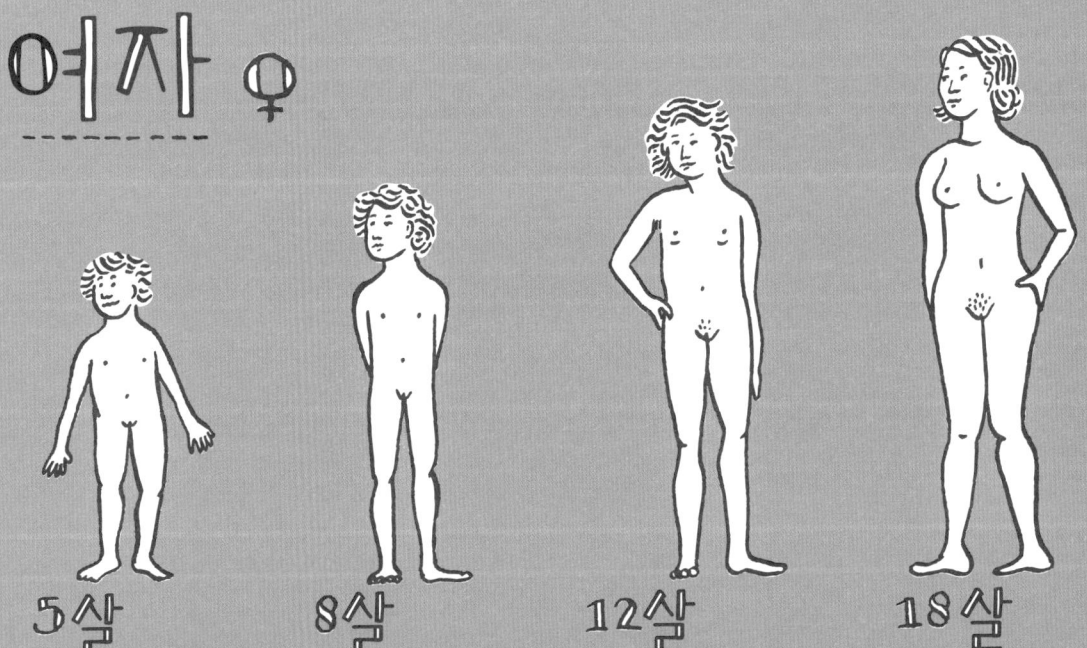

- 생각해 볼 문제들 -

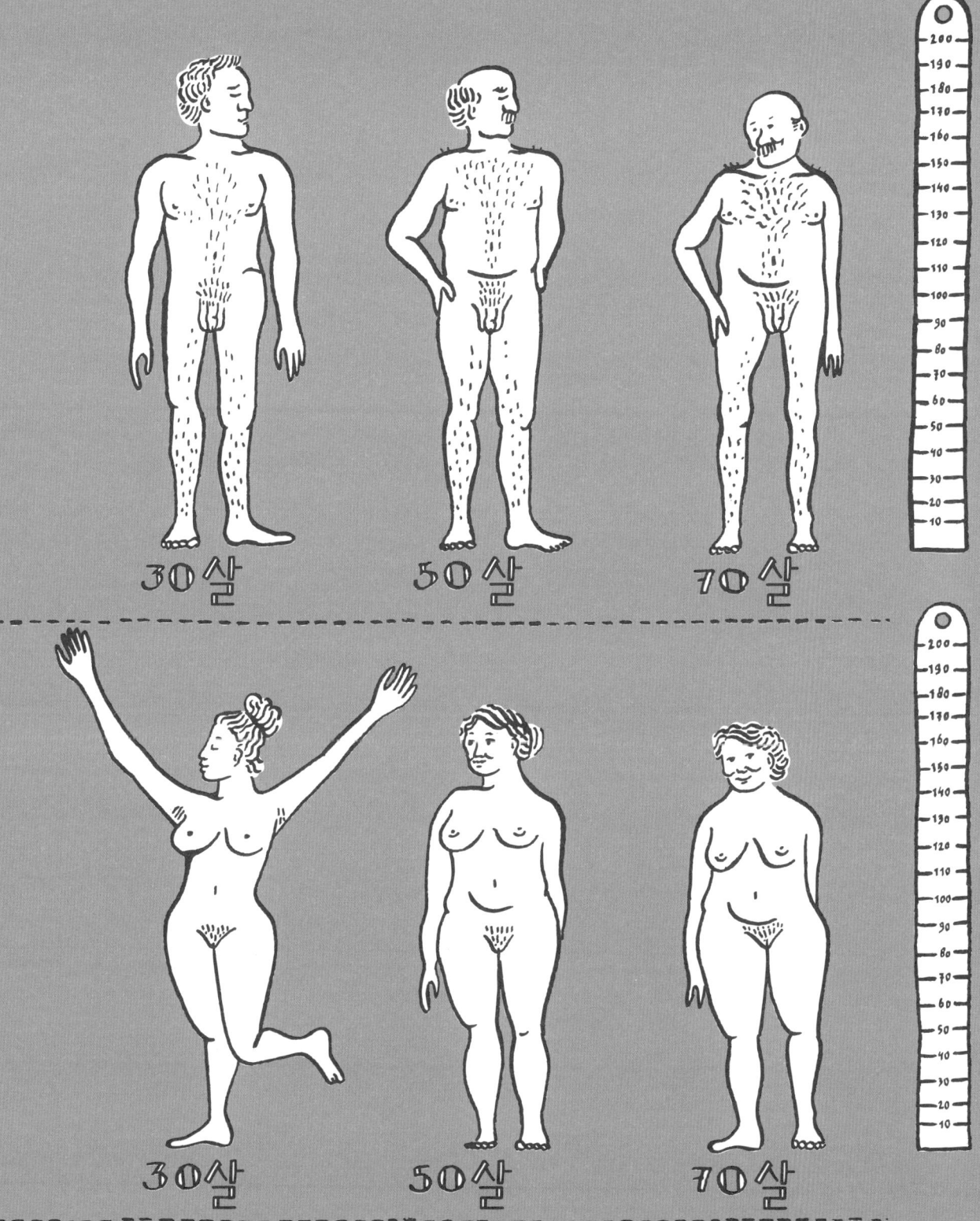

- 3부 -

몸의 메일함

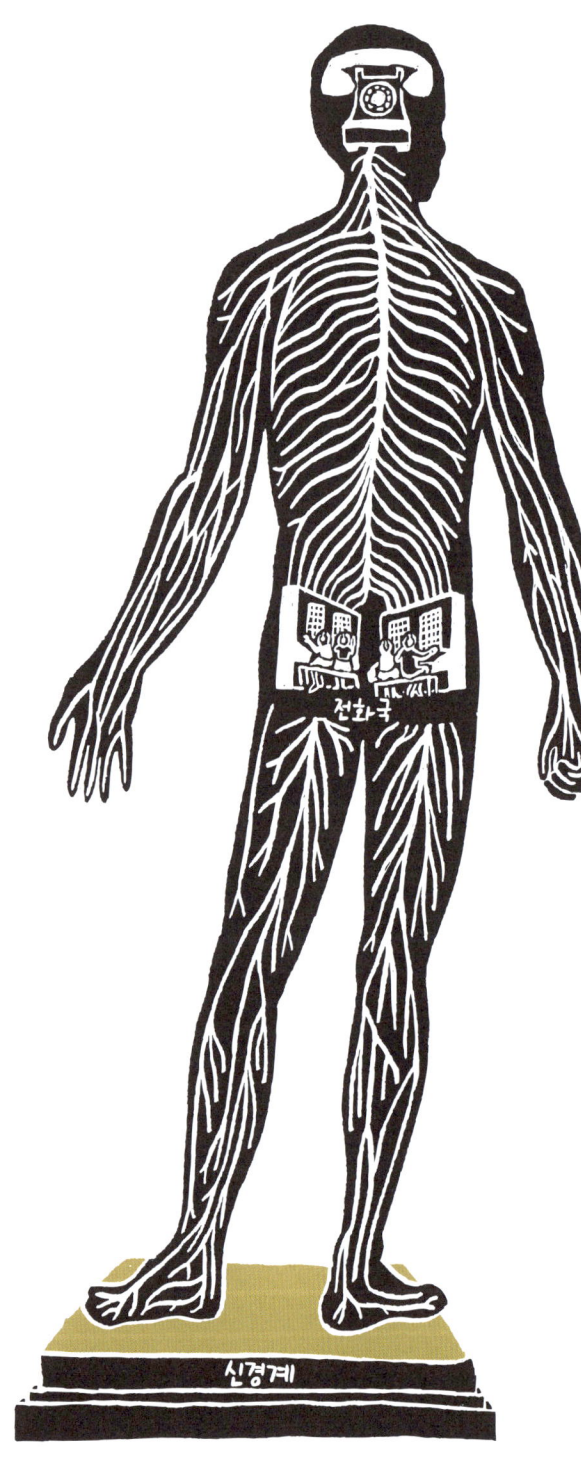

왜 저녁이면 피곤해질까요?

신경계는 그 선이 온몸에 분포된 전화망과 비슷해요. 뇌가 손가락에 어떤 일을 시키면 이 '명령'은 뇌에서 신경 세포를 통해 손가락으로 달려가지요. 손가락이 지시받은 대로 일을 처리하면 이 연결은 끊어져요. 뇌가 시키는 대로 아주 잘 작동한답니다. 그런데 만약 뇌가 어느 한 곳이 아닌 온몸에 전해야 할 소식이 있다면 어떨까요? 더구나 그 소식을 한참 동안 전해야 한다면요? 그런 것을 신경을 통해 퍼뜨린다면 신경은 몸에 계속 같은 신호를 보내야만 해요. 그럼 '전화선'은 금세 미어터지겠죠. 그런 소식을 전하기 위해서는 다른 시스템이 있어요. 호르몬이지요.

신경이 전화선이라면 호르몬은 뇌에서 몸에 보내는 이메일이에요. 연결이 끊어져도 호르몬이 전하는 소식은 남아 있지요. 호르몬은 이런 소식을 전하기 위해 몸이 만들어 내는 화학적인 물질이에요. 몸 여기저기에서 만들어져서 피를 통해 정해진 곳으로 달려가지요. 여러 가지 호르몬이 있는데 맡은 일이 다 달라요. 저녁마다 피곤해지고 졸리는 건 멜라토닌 때문이에요. 아침에 잠에서 깨어나는 건 히스타민이란 호르몬 때문이지요. 음식을 충분히 먹었다면 렙틴이란 호르몬이 나와서 여러분이 계속 먹어 대지 않도록 해 줘요. 한 떼의 늑대가 뒤에서 쫓아온다면 아드레날린이란 호르몬이 나와서 정신 바짝 차리고 젖 먹던 힘을 다해 달리도록 만들지요. 이건 수많은 예 가운데 그저 몇 가지일 뿐이에요. 심지어 방을 정리하도록 만드는 호르몬도 있답니다. 아, 정말이에요! 그 호르몬에 대해선 나중에 이야기할게요.

왜 어떤 여자 수영 선수들은 남자처럼 보일까요?

어떤 호르몬은 일시적으로만 효과를 내요. '나 지금 배불러' 호르몬인 렙틴이 그렇지요. 이 호르몬이 몇 시간 내내 효과를 낼 필요는 없어요. 그랬다가 여러분이 아무것도 더 먹으려고 하지 않아서 영양실조로 쓰러지면 어떻게 해요. 렙틴의 효과가 점점 줄어들다가 결국 그 자리에 다른 호르몬이 들어서요. 그 이름은 그렐린! 식욕을 불러일으키지요. 여러분이 음식을 먹은 다음 그렐린은 자기 자리를 다시 렙틴에게 내주고 모든 게 처음부터 다시 시작해요.

효과가 오랫동안 지속되는 호르몬도 있어요. 남자애들은 언젠가는 수염이랑 튼튼한 근육이 생겨요. 남성 호르몬 테스토스테론 때문이지요. 몸에서 갑자기 테스토스테론을 더 만들어 내지 않는다고 해도 근육이 아주 천천히 조금씩 줄어들지 당장 사라지지는 않아요. 완전히 없어지지도 않고요. 왜 최고의 운동선수들이 테스토스테론이 들어간 알약을 삼켰는지 이제 이해할 수 있을 거예요. 더 강해지기 위해서지요. 여자들, 특히 육상 선수나 수영 선수들이 테스토스테론을 복용한 경우도 있어요. 그게 허용이 되냐고요? 아니요. 물론 안 되지만 그게 경주를 유리한 방향으로 이끌기 때문에 복용한 거죠. 운동선수들이야 입술에 침도 안 바르고 호르몬을 먹지 않았다고 했지만 몸이 너무 남자 같아져서 거짓말인 게 빤히 들여다보였죠. 여자들은 원래 남자들보다 테스토스테론을 훨씬 적게 만들어 내거든요. 바로 그래서 여자들은 근육이 적은 거예요.

여성 호르몬도 있어요. 에스트로겐이요. 여자애들이 어느 정도 자라면 생리를 하고 가슴이 커지는 게 바로 이 호르몬 때문이에요. 남자들한테도 에스트로겐이 있지만 훨씬 더 적어요. 호르몬은 몸에 아주 큰 영향을 미쳐요. 그뿐만 아니라 여러분이 무엇을 원하는지, 어떻게 행동하는지, 무엇이 마음에 드는지도 결정한답니다.

- 3부 -

머릿속 화학 실험실에서

왜 무더위에 전쟁이 일어날 가능성이 클까요?

동화 속에 나오는 마법의 음료가 실제로 있다면 얼마나 좋을까요? 동화 속 주인공은 그걸 마시고 사랑에 빠지곤 하지요. 절대 피곤해지지도 않고요. 그런데 이런 묘약이 이야기 속에만 나오는 건 아니에요. 이런 약이 실제로 있어요. 그것도 여러분 몸속에요. 호르몬이 바로 그 묘약이에요.

물론 호르몬은 이야기나 동화 속에서처럼 아주 탁월한 효과가 있진 않지만 그래도 효과가 있긴 있어요. 여러분이 어떻게 느끼는지를 결정할 뿐만 아니라 국제 정치와 역사에도 영향을 미쳐요. 싸움, 전투, 전쟁, 모든 게 호르몬 때문이에요.

테스토스테론은 남성적인 외모를 담당할 뿐만 아니라 코르티솔과 함께 작용해서 행동에도 영향을 미쳐요. 예를 들어 공격성 같은 거요. 남자는 여자보다 통상 다섯 배나 살인을 많이 저질러요. 핏속에 테스토스테론이 많고 코르티솔이 적을수록 폭력적이 될 확률이 커지지요. 감옥에서 폭력으로 형을 사는 죄수들은 핏속에 테스토스테론이 다른 사람들보다 많고 코르티솔은 적대요. 그건 여자 죄수들도 마찬가지예요. 안타깝게도 남자들은 자기 몸속의 테스토스테론의 양을 자기 마음대로 결정할 수 없어요. 그럼 무엇이 테스토스테론의 양을 결정할까요? 예를 들어 빛과 온도예요. 사람들은 겨울보다 여름에 훨씬 더 공격적이 된답니다. 가브리엘 슈라이버 교수는 지난 3500년 동안 일어난 전투 2131개를 검토해서 전쟁은 대부분 여름에 시작됐다는 사실을 알아냈어요. 또 다른 연구 결과에 따르면 기온이 올라갈 때 테스토스테론의 양도 늘어난대요. 여러분은 이웃집 아이한테 싸움을 건 게 스스로 결정한 거라고 생각하지만 사실 여러분 기분은 무더운 날씨의 영향을 받는답니다.

— 생각해 볼 문제들 —

왜 여러분이 그래도, 언젠가는, 아마도 방을 정리할까요?

전쟁을 일으킬 수 있는 호르몬이 있다면 그걸 피할 수 있는 호르몬도 있지 않을까요? 그래요! 적어도 그것과 아주 비슷한 물질이 있답니다. 핏속에 옥시토신이 많은 사람은 다른 사람보다 더 친절하고 더 너그럽고 더 침착해요. 게다가 다른 사람을 더 빨리 믿고 겁도 그리 많지 않아요. 이 모든 게 싸움이나 공격을 훨씬 적게 유발하는 특성이지요. 옥시토신이 든 스프레이 향수나 비누 형태도 있어요. 주로 허황된 장사꾼이나 사기꾼 들이 이걸 사지요. 정치 지도자가 아니라요. 그 향수병에는 '신뢰 용액'이나 '액상 매력'이라는 이름이 붙어 있어요. 이걸 몸에 뿌리면 다른 사람이 그 사람을 더 빨리 믿게 된다고 해요. 글쎄, 과연 실제로 효과가 있을지……. 여러분이 직접 옥시토신을 만들어 내는 게 훨씬 더 나아요. 그리 어려운 일도 아니랍니다. 그냥 누군가를 꼭 껴안으면 돼요. 강아지나 토끼를 품에 안는 것도 도움이 된다니까요! 그러니까 지금부터 법으로 정하는 거예요. 모든 이들이 아침마다 15분씩 의무적으로 누군가를 껴안아야 한다고요. 그럼 세상에는 전쟁이 금세 줄어들 거예요.

수없이 많은 호르몬이 우리 몸에 서로 다른 영향을 미쳐요. 내가 가장 좋아하는 호르몬은 프로락틴이에요. 많은 동물이 봄에 새끼를 낳기 위해 둥지를 지을 때 이 호르몬을 분비해요. 사람의 경우에는 특히 임신한 여자들한테서 많이 나타나지요. 이 호르몬은 여자들이 아이의 탄생을 준비할 수 있도록 해 줘요. 그럼 그들은 새들처럼 '둥지 짓기 행동'을 보여요. 갑자기 청소가 아주 중요하다고 생각하는가 하면 아기방을 꾸미기 위해 예쁜 장롱이나 페인트를 사려고 온갖 상점을 돌아다녀요. 이때 남편들도 그냥 무턱대고 아내를 쫓아다녀요. 남편들한테도 프로락틴이 많이 나오거든요. 때로 어떤 사람은 뇌의 작은 결함 때문에 프로락틴이 너무 많이 만들어져요. 그럼 그 사람은 어떤 물건이 닳아 없어지도록 씻고 쓸고 닦지요. 누가 여러분 음료수에 프로락틴을 섞어 넣는다면…… 여러분은 갑자기 자기 방을 치우고 싶어질걸요!

머릿속 난쟁이의 머릿속에서

왜 여러분이 거의 아무것도 스스로 결정할 수 없을까요?

여러분은 엄마 배 속에서 자신이 남자가 될지 여자가 될지 고를 수 없었어요. 여러분이 얼마나 공격적인지는 테스토스테론의 양이 결정해요. 청소년들은 더 많은 위험을 감수하고 덜 주저하지만 그걸 막을 도리가 없지요. 심지어 호르몬은 여러분이 방을 치우고 싶은지 아닌지도 정한다니까요. 그런데도 여러분이 자기가 원하는 게 뭔지 스스로 결정할 수 있을까요?

여러분은 누구일까요? 여러분은 여러분 머릿속에서 자기 생각을 드러내는 작은 목소리일까요?

예전에는 우리 머릿속의 작은 목소리가 일종의 사람이라고 생각했어요. 그래서 '호문쿨루스'라고 불렀죠. 라틴어로 작은 인간이라는 뜻이에요. 그렇지만 머릿속에 사람이 앉아 있다면 그 사람은 무엇으로 생각을 할까요? 이 호문쿨루스한테 뇌가 있다면 그 속에 또 호문쿨루스가 있을 텐데 이 호문쿨루스의 생각은……? 그래요, 이렇게 한없이 계속할 수 있어요. 사실 우리 뇌 속에는 의지만 따로 들어 있는 곳이 없어요. 860억 개의 신경 세포가 모든 연결과 함께 우리가 무엇을 원하는지 결정하지요. 여러분 기분은 의지의 영향도 받지만 분명 호르몬의 영향을 받아요. 그렇지 않다면 여러분은 언제나 즐거울 수 있지요. 사실 성격도 여러분이 정말 스스로 결정할 수는 없어요. 많은 사람이 자기 성격에서 무엇인가 바꾸고 싶어 해요. 그렇지만 우리는 그냥 그렇게 태어났어요. 사고 같은 것으로 뇌가 상했을 때만 성격이 바뀔 수 있어요. 여러분은 그럴 때도 영향을 미칠 수 없어요. 그걸 조절할 수 없다는 뜻이죠. 과연 여러분이 성격을 바꾸는데 한마디 말이라도 보탤 여지가 있기나 할까요?

— 생각해 볼 문제들 —

왜 머릿속 목소리는 우리를 바보로 여길까요?

자그마한 세포의 모임에서 만들어진 물질이 우리의 생각, 의지, 성격을 함께 결정해요. 원래 다 그런 거예요. 이 세포들은 여러분 자신이 원하는 게 뭔지 미처 알아채기도 전에 자기들끼리 결정하지요. 뇌 속의 의식적인 부분, 머릿속 목소리는 사실 그 뒤를 엉거주춤 쫓아갈 뿐이에요. 우리는 그 사실을 아주 유명한 실험에서 알게 됐어요.

한 실험 대상자가 화면을 보고 의자에 앉아 있어요. 화면에는 일종의 시계 초침이 돌고 있지요. 실험 대상자의 두피와 손목에는 전극이 붙어 있어요. 실험 대상자는 자기가 원하는 시각에 손목을 까딱하고 움직이면 됐어요. 연구자들은 그 시간에 실험 대상자들의 손목과 머리에 부착된 전극으로부터 오는 전기 신호를 읽는 스캐너를 보고 있지요. 실험 대상자는 연구자들에게 자신이 손목을 움직이려 한 시간을 말했어요. 연구자들은 깜짝 놀랐어요. 실험 대상자가 손목을 움직이고자 한 시간 이전에 이미 두뇌가 활동하고 있었거든요. 여러 명의 실험 대상자가 같은 실험에 응했어요. 결과는 모두 비슷했답니다. 이 실험 결과를 봤을 때 우리 머릿속 목소리는 우리 뇌가 일을 하는 걸 보고 나서 목소리를 내요. 머릿속 목소리 스스로 결정한 척하지만 아니었던 거예요. (1979년에 미국의 벤저민 리벳 교수가 한 실험이에요.)

그래도 왜 여러분이 뇌보다 더 영리할 수 있을까요?

오른쪽 대뇌 반구와 왼쪽 대뇌 반구가 그리 잘 협동하지 못하는 사람들을 통해서도 뇌가 어떻게 작동하는지 알아볼 수 있어요. 이런 사람들은 자기 몸의 절반만 조종할 수 있어요. 다른 절반은 마치 낯선 사람이 멀리서 조종하는 것처럼 보여요. 가령 몸의 왼편이랑 오른편은 종종 완전히 다른 일을 해 버려요. 왼손으로 외투 단추를 잠그면서 오른손으로는 그걸 다시 연다니까요. 그 사람들 머릿속에는 뇌가 두 개 있는 셈이에요. 그 뇌 두 개는 각자 결정을 스스로 내리고 자기 의지도 가지고 있지요.

그나저나 우리는 정말 뇌와 호르몬의 노예일까요? 어떻게든 뇌와 호르몬을 속여 넘길 수는 없을까요? 어쨌든 우리는 불행보다는 행복을 바라잖아요? 게으르기보다는 부지런하길, 또 공격적이기보다는 친절하길 바라잖아요? 우리가 호르몬을 통제할 수는 없을까요? 아, 그럼요! 그럴 수 있지요. 어떤 일에 대해서 깊이 생각하고 비로소 행동한다면 호르몬을 이길 수 있어요. 몸속의 그렐린이 배가 고프다고 알려 줘도 아무것도 먹지 않기로 마음먹을 수 있어요. 여러분의 인간 뇌가 이렇게 파충류 뇌를 이기는 거예요. 심지어 명령에 따라 기뻐질 수도 있어요. 그저 도파민을 조금 만들어 내기만 하면 되거든요. 도파민을 어떻게 만들어 내느냐고요? 그냥 웃으면 돼요! 십 분만 웃으면 도파민을 만들기에 충분해요. 심지어 이 사이에 연필을 집어넣어서 입으로 웃는 표정을 짓는 것도 도움이 돼요. 정말 즐거워서 웃든 아니면 그저 웃는 척하든 전혀 상관이 없어요. 한번 그렇게 해 봐요!

- 3부 -

일상생활에서

거짓말쟁이 알아내기

왜 몸은 거짓말을 잘 못할까요?

몸속에선 우리가 전혀 의식하지 못하는 일이 너무나 많이 일어나요. 얼굴이 붉어지거나 딸꾹질이 나거나 신경이 날카로워져서 몸이 떨리면 우리가 그걸 의식한다고 해도 통제하거나 제어할 수가 없지요. 우리 몸은 그 속에서 어떤 일이 일어나는지 끊임없이 드러내요. 다른 사람의 몸짓이 말하는 바를 잘 이해하면 많은 것을 알아낼 수 있어요. 몸은 정직하거든요. 거짓말을 지어내는 것은 아주 쉽지만 몸으로 속이는 것은 훨씬 어려워요.

어떤 사람이랑 대화하는데 그 사람 발이 다른 방향을 향하고 있다면 대화를 당장 그만 두는 게 나을 거예요. 그 사람은 이야기가 재미없어서 다른 데로 가버리고 싶은 거거든요. 그렇지만 그 사람이 여러분과 똑같은 자세를 취하고 내내 여러분을 바라보고 있다면 이야기가 재미있다는 거예요. 몸짓 언어는 믿을 만한 신호를 내보낸답니다. 우리는 대개 자세를 의식하지 않기 때문이죠. 자세는 여러분한테 있는 파충류 뇌와 포유류 뇌에 의해서 정해져요. 그래서 그토록 솔직한 거예요. 부모님이나 선생님한테 뉴질랜드의 수도가 어디인지 물어보고 그분들이 어떻게 하는지 주의 깊게 살펴봐요. (만약 답을 알지 못한다면) 뒤통수를 긁거나 턱을 문지르거나 손에 든 펜을 만지작거리기 시작할 거예요. (만약 답을 안다면 더 어려운 문제를 내 보세요. 그나저나 정답은 웰링턴이에요.) 그럼 어떤 일에 대해 확신이 없을 때 사람들이 어떻게 행동하는지 알 수 있어요. 이제 여러분이 외출하고 싶은데 몇 시까지 집에 돌아와야 하는지 부모님과 협상해야 할 때 이런 정보들을 유리하게 이용할 수 있겠지요.

왜 때로 거짓말 탐지기가 아주 잘 작동할까요?

몸짓 언어는 우리의 '포유류 뇌'에서 나와요. 그래서 강아지나 고양이한테도 비슷한 언어가 있어요. 강아지나 고양이는 확신이 없을 때 뭔가 핥거나 자기 몸을 긁어요. 심리학자 폴 에크만은 여러 해 동안 세상 곳곳에서 사람들의 몸짓, 표정, 자세를 연구했어요. 그리고 그런 것들이 어느 민족에서나 똑같다는 사실을 발견했어요. 아마 몸짓 언어는 우리 속 깊은 곳에 닻을 내리고 있는 게 틀림없어요. 경찰은 이런 지식을 이용해요. 몸으로도 거짓말을 너무 잘해서 거의 모든 사람을 속여 넘기는 사람도 있지만, 그런 사람조차 몸이 맨 처음 보여 주는 반응은 언제나 솔직해요. 그래서 에크만은 용의자를 심문할 때 영상을 찍은 다음 느린 속도로 다시 돌려 봤어요. 그는 범죄자가 얼른 확신에 찬, 침착하고 다정한 표정을 보이기 전에 화내는 반응이나 겁에 질린 표정을 볼 수 있었지요.

경찰한테는 누군가 거짓말을 하는지 아닌지 살펴보는 방법이 하나 더 있어요. 거짓말 탐지기예요. 거짓말 탐지기는 많은 경우 어떤 사람이 정직한지 아닌지 보여 주어요. 거짓말을 하려면 그에 대해 곰곰이 생각해야 해요. 나중에 그에 맞지 않는 말을 하면, 그러니까 살아생전 절대 맞지 않는 이야기를 하면 안 되잖아요. 그래서 뇌는 아주 바빠진답니다. 뇌에는 산소가 더 많이 필요하고 심장은 더 빨리 뛰고 땀을 약간 흘리기 시작하는가 하면 심지어 목소리도 바뀌어요. 이 모든 것을 거짓말 탐지기로 잴 수 있지요. 경찰은 정상적인 심장 박동과 목소리를 알기 위해서 우선 갖가지 관련 없는 질문들을 던져요. 그런 다음에 범죄랑 관련이 있는 질문들을 해요. 그때 뭔가 눈에 띄게 변한다면 용의자는 의심을 피할 수 없지요. 이런 거짓말 탐지기는 대개 아주 잘 작동하지만 그래도 완벽하지는 않아요. 어떤 범죄자들은 그런 기계에 전혀 반응하지 않고 때로는 테스트 결과 죄 없는 사람이 용의자로 나오기도 하거든요. 그래서 어떤 나라에서는 거짓말 탐지기를 더는 이용하지 않아요. 그것을 이용하는 나라에서도 거짓말 탐지기 테스트 결과는 명백한 증거로 받아들여지지 않지요.

왜 누가 반했는지 알아볼 수 있을까?

여러분은 스스로 참말 탐지기가 될 수도 있어요. 어떤 사람한테 홀딱 반했을 때 그 사람도 여러분을 좋아하는지 알아내고 싶다면 그런 걸 보여 주는 신호가 있거든요.

아주 중요한 게 동공이에요. 우리 눈 속에 있는, 빛을 통과시키는 작은 동그라미요. 마음에 드는 사람을 볼 땐 우리 동공이 커져요. 마치 그 사람을 더 많이 보고 싶은 듯 눈 속에 빛이 더 많이 들어오지요. 어두울 때는 동공 크기로 어떤 정보도 끌어낼 수가 없어요. 어두울 땐 동공이 저절로 커지거든요. 그렇지만 훤한 대낮에도 마음에 드는 사람의 동공이 아주 커진다면 좋은 일이지요!

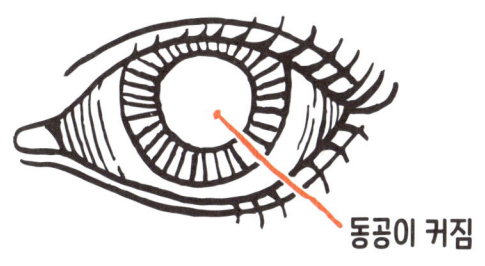
동공이 커짐

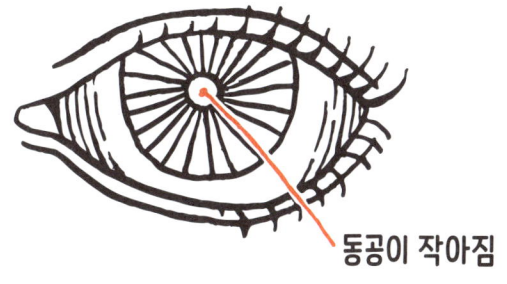
동공이 작아짐

심장 박동도 좋은 측량기예요. 심장 박동이 빠를수록 일이 잘될 가능성이 커요. 그럴듯한 핑계를 대고 그 사람 손목을 잡고 동맥 위에 손가락을 대서 맥박을 느껴 봐요. 차마 그럴 용기가 안 난다면 그 사람 뺨이나 귀를 살펴봐도 돼요. 뺨이나 귀가 조금 붉어졌다면 심장 박동이 빨라졌다는 뜻이거든요. 손이 따뜻해지는 것도 좋은 신호예요. 게다가 그 사람이 계속 머리를 쓸어 대거나 옷을 만지작거린다면 여러분에겐 기회가 생긴 거예요. 그런 행동을 하는 건 초조하다는 뜻인데 사랑에 빠지면 그런 감정도 생기거든요. 이런 신호들 대부분이 좋은 결과를 가리킨다면 잘못될 확률은 거의 없겠지요. 비록 100% 확신할 수는 없지만요. 다행히 다른 테스트가 더 있어요. 너도 내가 좋냐고 다짜고짜 물어보는 거요!

- 3부 -

잠옷을 입고

왜 우리는 잠을 잘까요?

우리는 잠을 자면서 인생의 3분의 1을 보내요. 90살까지 산다면 거의 32년 동안 잠을 자면서 보내는 셈이에요. 아니, 인생에서 그토록 오랜 시간을 아무것도 하지 않으면서 낭비한다고요? 아니요! 절대 아니에요! 잠을 자지 않는 것은 음식을 먹지 않는 것만큼이나 치명적이에요. 여러분이 낮에 어떻게 느끼는지는 밤에 어떻게 자는지에 달려 있어요. 다른 문제라면 몰라도 잠이란 문제에서만은 모든 의사들 의견이 일치해요. 잠은 과소평가되고 있어요. 수면 전문가들은 우리가 더 많이, 그리고 무엇보다 더 잘 자야 한다고 생각하지요. 지난 수십 년 동안 사람들은 유감스럽게도 잠을 점점 더 적게 자고 있어요.

그렇지만 왜 잠을 자야 할까요? 그에 대해서는 의사들 의견이 일치하지 않아요. 예전에는 잠을 자는 게 에너지를 절약하는 좋은 방법이라고 생각했어요. 잠을 자지 않으면 음식을 더 많이 먹어야 하니까요. 우리는 잠을 자는 동안 칼로리를 적게 소모하거든요. 침대 위에서 잠을 자나 소파 위에서 자다가 깨다가 하면서 뒹구나 차이는 별로 없어요. 여러분이 하룻밤 잠을 자지 않는다면 잠을 잔 것보다 110kcal를 더 먹어야 해요. 그건 종이처럼 얇은 치즈 한 장을 얹은 토스트 두 쪽 열량이죠. 우리는 그걸 10초 만에 먹어 치워요. 아, 여러분은 안 그런다고요? 적어도 나는 그래요. 한동안 우리는 뇌가 쉴 수 있게끔 잠을 자야 한다고 생각했어요. 그렇지만 잠을 잘 때도 뇌는 결코 쉬지 않아요. 심지어 잠을 자는 동안 많은 부분이 더 활동적이 되지요! 그렇다면 왜 잠을 자야 하죠?

적어도 잠이 기억에 매우 중요하다는 사실은 확실해요. 뇌세포 사이의 중요한 연결이 확고해지고 별로 중요하

지 않은 연결은 더 가늘어지거나 심지어 완전히 사라지지요. 마치 밤마다 잠이 뇌를 새로 정리하는 듯해요. 게다가 여러분은 잠을 자면서 뇌에서 쓰레기를 버려요. 낮에는 뇌가 별로 간직하고 싶지 않거나 기억해 둘 필요가 없는 정보도 많이 저장해요. 잠을 자는 동안 여러분의 뇌는 이런 쓸데없는 정보를 다 치워서 새로운 정보가 들어올 자리를 마련하지요. 왜 잠이 필요한지에 대한 설명이 어떤가요? 이 다양한 설명 모두가 왜 잠을 자야 하는지에 대한 맞는 답이랍니다. 왜 꿈을 꾸는지에 대해서도 여러 의견이 있는데 저마다 차이가 많이 나요.

왜 잠을 덜 자면 더 많이 먹을까요?

잠이 부족하면 낮에 하품을 좀 하는 걸 넘어서서 훨씬 더 많은 사고가 생길 수 있어요. 우선 똑똑한 사람들이 어처구니없는 실수를 해요. 우주 왕복선 '챌린저호', 체르노빌 원자력 발전소, 유조선 '엑손 밸디즈호' 참사가 일어난 건 모두 과로 때문이었어요. 잠을 충분히 자면 집중력, 기억력, 사고력이 나아지고 기분도 좋아져요. 창조성과 건강에도 더 좋아요. 투르 드 프랑스라는 자전거 경주에서 우승한 네덜란드인 조프 주터멜크는 늘 '승부는 침대에서 결정된다.'라고 했어요. 그는 중요한 경주를 앞두고 충분히 자는 데 신경을 썼는데 좋은 성과가 있었지요. 게다가 성장 호르몬은 잠을 자는 동안 만들어져요. 여러분 키가 하룻밤 사이에 50cm 큰다는 뜻은 아니지만 이 성장 호르몬은 뇌세포 사이를 연결해 주는 단백질을 만들어 내요. 이 단백질은 여러분 기억력과 사고력에 중요해요.

잠을 적게 자면 그렐린이 더 많이 나와요. 이 호르몬은 식욕을 자극해서 너무 많이 먹게끔 하지요. 특히 당분과 지방을 더 원해요. 그래서 수면 시간이 다섯 시간 이하인 사람들 절반은 과체중에 시달려요. 잠은 또 스트레스를 줄이는 아주 좋은 방법이에요. 스트레스는 심혈관계 질환의 주요 원인 가운데 하나예요. 잠을 더 잘 잔다면 심근 경색도 많이 줄어들 거예요. 충분히 오래 자는 건 기분뿐만 아니라 건강에도 좋아요. 여러분이 매일 밤 8시간씩 푹 잔다면 컨디션이 썩 좋아질 거예요. 에너지가 넘칠 테고 4시간짜리 지루하기 짝이 없는 다큐멘터리를 볼 때도 눈이 또랑또랑할걸요.

~ 승부는 침대에서 결정된다. ~

침대에서

왜 어떤 잠도 다른 잠이랑 똑같지 않을까요?

잠을 잘 땐 하룻밤 동안 네 단계를 통과해요. 첫 번째 단계는 '졸음 단계'. 깨어 있는 상태에서 잠든 상태로 옮겨 가는 거예요. 지루한 수업 시간에 그런 단계에 다다르기도 해요. 눈을 뜨고 있기가 힘들지만 아직 정말 잠이 들지는 않…… 쿨쿨쿨……. 앗! 깨워 줘서 고마워요. 이 단계에서는 아주 작은 소리만 들려도 깨고 말아요. 두 번째 단계에서는 잠이 그리 얕게 든 건 아니지만 중간 크기의 '우' 소리만 나도 금세 깨어나요. 그다음 단계는 깊은 잠이에요. 이제 모든 근육이 휴식을 취해요. 살금살금 동생이 다가와 얼굴에 치약을 묻히기 완벽한 순간이죠. 여러분은 이제 그리 쉽게 깨어나지 않거든요. 설령 잠이 깬다고 해도 처음엔 내가 누군지, 오늘이 어떤 날인지 몰라요. 네 번째 단계는 꿈을 꾸는 잠이에요. 렘(REM)수면이라고도 불러요. '눈의 빠른 움직임'이라는 뜻의 영어 Rapid Eye Movement의 준말이랍니다. 이 단계에서는 눈꺼풀 아래서 눈이 미친 듯 빨리 움직여요. 렘수면은 무척 중요한 단계예요. 이때 뇌 속에서 여러 가지 정보가 처리되거든요. 렘수면 단계에서 뇌는 깨어 있을 때만큼이나 활동적이지만 근육은 긴장을 완전히 풀고 있어요. 천만다행이에요. 안 그럼 다이빙대에 서 있는 꿈을 꾸다가 창문 밖으로 뛰어내릴 수 있잖아요. 꿈을 꾸는 잠이 끝나면 잠깐 깨어났다가 다시 이 네 단계를 되풀이해요. 잠을 충분히 잔다면 하룻밤 사이에 렘수면을 다섯 번쯤 경험한답니다.

왜 학교는 너무 일찍 시작할까요?

지구 위 모든 생물은 밤낮의 리듬에 적응을 했어요. 우리 인간을 비롯해 모든 동식물이요. 주위가 어두워지면 우리는 얼른 잠이 들도록 멜라토닌이란 호르몬을 만들어 내요. 그래서 눈부시게 밝은 방보다는 어두운 방에서 잠드는 게 훨씬 쉬워요. 아침에 날이 밝으면 다시 히스타민이란 물질을 만들어 내지요. 다시 활동하게끔 하는 호르몬이죠. 누구나 이런 밤낮의 리듬에 맞춰 생활한답니다. 청소년만 빼고요! 청소년들은 잠을 자는 리듬이 달라요. 아주 늦게야 피곤해지고 아침에는 침대에서 빠져나오질 못해요. 청소년들은 어린이들보다 두 시간 뒤에야 멜라토닌 생산이 최고치에 이르거든요. 그건 어쩔 수가 없어요. 그런데 청소년들은 안타깝게도 수업 시간에 적응해야만 하지요. 밤늦게 잠들었어도 아침 일찍 나가야 한다는 뜻이에요. 학교 수업 시간이 청소년의 뇌에 적응하는 게 더 낫지 않을까요? 수업을 오전 10시에 시작해서 오후 늦게까지 한다면 어떨까요? 그럼 학생들은 더 오래 자니까 컨디션이 좋아져서 성적도 나아질 텐데요, 안 그래요?

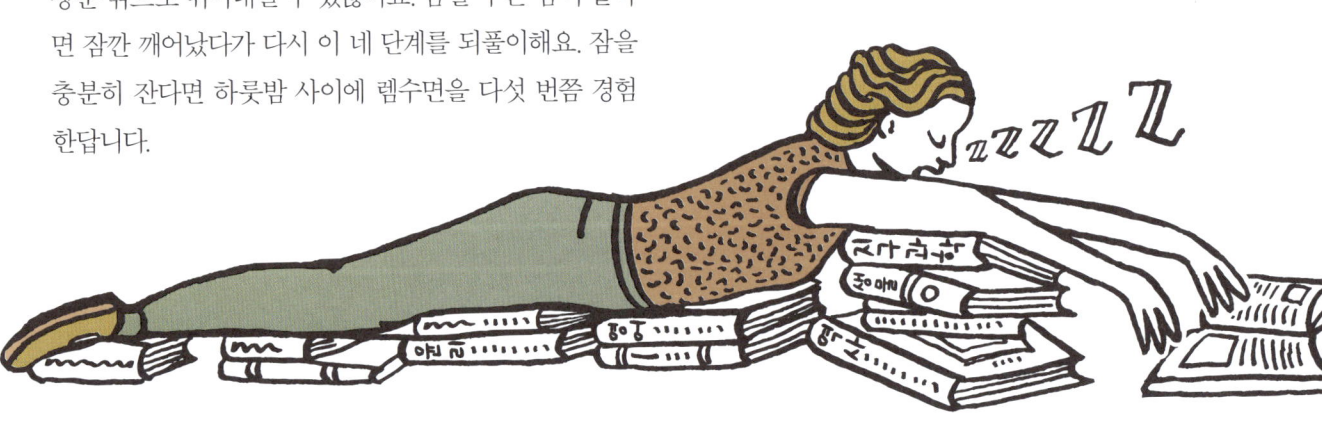

왜 주말에 늦잠을 잘 필요가 없을까요?

잠을 잘 자면 인생이 아름다워져요. 어떻게 해야 잠을 잘 잘 수 있을까요? 많은 사람이 저지르는 실수만 피하면 돼요. 어떤 사람들은 밤중에 불빛이 훤한 욕실에서 이를 닦거나 침대에 누워서 핸드폰으로 최신 뉴스를 보지요. 그러면 잠드는 데 오래 걸려요. 이런 빛 때문에 멜라토닌을 더 적게 만들어 내고 히스타민을 더 많이 만들어 내거든요. 잠자기 전에 텔레비전을 보는 것도 좋지 않아요. 불빛이 너무 밝지 않은 방에서 (아니, 눈이 부셔서가 아니에요!) 책을 읽는 게 훨씬 나아요. 마찬가지로 어두운 커튼도 도움이 돼요. 특히 늦게까지 바깥이 환한 여름에는.

주말에 늦잠을 자는 건 별 의미가 없어요. 몇 시간 더 잔다고 해서 컨디션이 좋아지지 않고 오히려 일상적인 리듬이 망가지거든요. 매일 정해진 시간에 잠자리에 들고 일어나는 게 훨씬 더 나아요. 정말 피곤해졌을 때 비로소 잠자리에 드는 것도 좋아요. 그럼 침대에 누워서 이런저런 생각을 하지 않고 금방 잠이 들거든요. 그래도 이런저런 생각이 떠나지 않거든 그걸 쪽지에 적어 봐요. 그리고 그 쪽지를 다음 날 아침 다시 살펴봐요. 침대는 잠을 자는 데만 써요. 한동안 잠이 오지 않으면 차라리 일어나서 긴장을 풀어 주는 일을 해 봐요. (그렇다고 너무 밝은 방에서 하지는 말고요!) 밤에는 컴퓨터 앞에 앉아도 안 돼요. 모니터는 너무 밝거든요. 반대로 잠에서 깨어나고 싶다면 불을 환하게 켜야 해요. 주위가 환할수록 여러분은 그만큼 더 빨리 히스타민을 만들어 내고 컨디션이 좋아지거든요. 그건 다시금 밤낮의 리듬을 강화하는 데 도움을 주지요.

그래요, 이 모든 조언을 명심한다면 잠드는 일은 애들 장난이에요. 앞으로는 눈 감고도 할 수 있을 거예요!

— 4부 —

들어 봐, 누가 문을 두드리는지

드라큘라 백작의 성에서

왜 혈액 세포가 진정한 영웅일까요?

상처에 붙이는 밴드를 만드는 공장의 공장장, 공포 영화 팬, 모기, 이 셋의 공통점은 무엇일까요? 맞아요. 모두 '피'라면 환장을 해요. 뱀파이어도 마찬가지고요. 여러분도 이 장을 읽고 난 다음엔 그렇게 됐으면 좋겠네요. 적혈구, 백혈구, 혈소판 같은 혈액 세포는 더 존중받아야 마땅해요. 그들은 진정한 영웅이거든요. 피 한 잔은 언뜻 보기엔 체리주스 한 잔이랑 비슷하지만 피는 절대 단순하지 않아요. 피는 살아 있어요. 피는 우리가 살아있게끔 만들어 줘요. 가장 단순한 적혈구조차 슈퍼맨과 제임스 본드를 합친 것보다 더 멋지다니까요.

왜 몸속에 주스 말고 피가 흘러야 할까요?

혈액 세포는 핏줄 속을 씽씽 달리는 작은 스쿠터랑 비슷하지만 사실 작은 스쿠터랑은 비교도 안되죠. 피는 살아가는데 무척 중요하거든요. 운동을 해서 근육이 데워질 때 피가 체온을 유지하도록 해 주어요. 차가운 피로 근육을 식혀서 몸이 너무 뜨거워지는 걸 막아 주거든요.

혈액 세포는 몸에 있는 모든 세포에 산소와 양분을 대줘요. 양초가 타오르려면 공기가 필요하듯 세포가 양분을 태우려면 산소가 필요해요. 세포가 어떤 일을 하든지 피가 있어야 비로소 제대로 할 수 있어요.

피는 호르몬에서 나온 정보를 온몸 구석구석까지 전해 주어요. 세포는 모든 명령을 피를 통해서 전달받지요.

피는 자기가 마주친 모든 노폐물을 쓰레기 처리장으로 옮겨서 몸 밖으로 빠져나가게 해요. 상처가 났을 때도 피가 활약하지요. 여러분이 칼에 손가락을 베이면 혈관에서 피가 흘러나와요. 그 피가 갈라진 틈을 메워 주어요! 그런 일이 어떻게 일어나는지 이 책에서 나중에 읽게 될 거예요.

마지막으로 아주 중요한 일인데, 피는 병균을 공격해요. 이 책의 첫 부분에 나오는 바이러스도 결국 백혈구가 죽였잖아요. 백혈구는 병균뿐만 아니라 박테리아, 곰팡이 등 다른 침입자도 마찬가지로 공격하지요. 드라큘라 백작이 체리주스보다 아이들의 싱싱한 피를 더 좋아한 것도 그리 놀랍지 않죠!

왜 혈액 세포가 피곤해질까요?

적혈구를 따라서 몸속을 돌아다녀 볼까요? 적혈구는 (헬멧도 쓰지 않고!) 1초에 약 30cm 속도로 심장에서 동맥으로 달려 나와요. 동맥은 심장에서 몸의 다른 부위로 흐르는 핏줄이에요. 이때 적혈구는 규칙적으로 동맥 벽에 세게 부딪히고 다른 혈액 세포에는 더 자주 부딪쳐요. 적혈구는 이어서 좁은 혈관 속으로 밀려들어 가요. 혈관은 허벅지에 이를 무렵 둘로 갈라져요. 적혈구는 종아리를 통해 발꿈치까지 간답니다. 혈관은 갈라질 때마다 점점 더 가늘어져요. 적혈구는 결국 엄지발가락에 있는 아주 가느다란 혈관에까지 이르지요.

그런 다음 피는 심장으로 다시 돌아가야 해요. 되돌아

가는 길에는 동맥이 아니라 정맥을 통해 흘러요. 동맥은 작은 근육으로 덮여 있는 반면 정맥은 그렇지 않아요. 적혈구는 세포로 가는 길에 여기저기 산소를 공급해 줬는데, 심장으로 되돌아갈 때도 '빈손'으로 가지는 않아요. 몸속에 있는 노폐물인 이산화탄소를 폐로 가지고 가서 몸 밖으로 내보내게끔 하지요.

이산화탄소는 콜라에 거품이 보글보글 일어나게 하는 탄산에 있는 가스예요. 세상에 어느 누가 몸에서 거품이 보글보글 일어나는 걸 원하겠어요. 적혈구는 엄지발가락 혈관에서부터 점점 두꺼워지는 정맥을 통해 발, 종아리, 허벅지, 골반을 지나 척추를 따라 심장으로 돌아가요. 거기서 이산화탄소를 싱싱한 산소로 바꾸는 폐로 흘러가지요.

결국 적혈구는 다음 여행을 시작할 준비를 마친 다음 심장에 다시 들어가요. 이번에도 몸을 통해 여행하겠지만 여정은 완전히 달라요. 아마 뇌나 코 왼쪽 끝으로 갈 거예요. 적혈구가 심장에서 엄지발가락까지 왔다 갔다 하는 데 여러분이 이 단락을 읽는 것과 똑같은 시간이 걸려요. 이렇게 몸 한 바퀴를 도는 데 채 1분도 걸리지 않거든요. 적혈구는 잠깐도 쉬지 않고 날이면 날마다 여러분 몸속을 돌아다녀요. 넉 달쯤 지나서 적혈구가 수명을 다하면 다른 세포가 이를 파괴해요. 그동안 적혈구는 몸의 구석구석 다 가 봤으니 그 누구보다 몸을 잘 알겠지요.

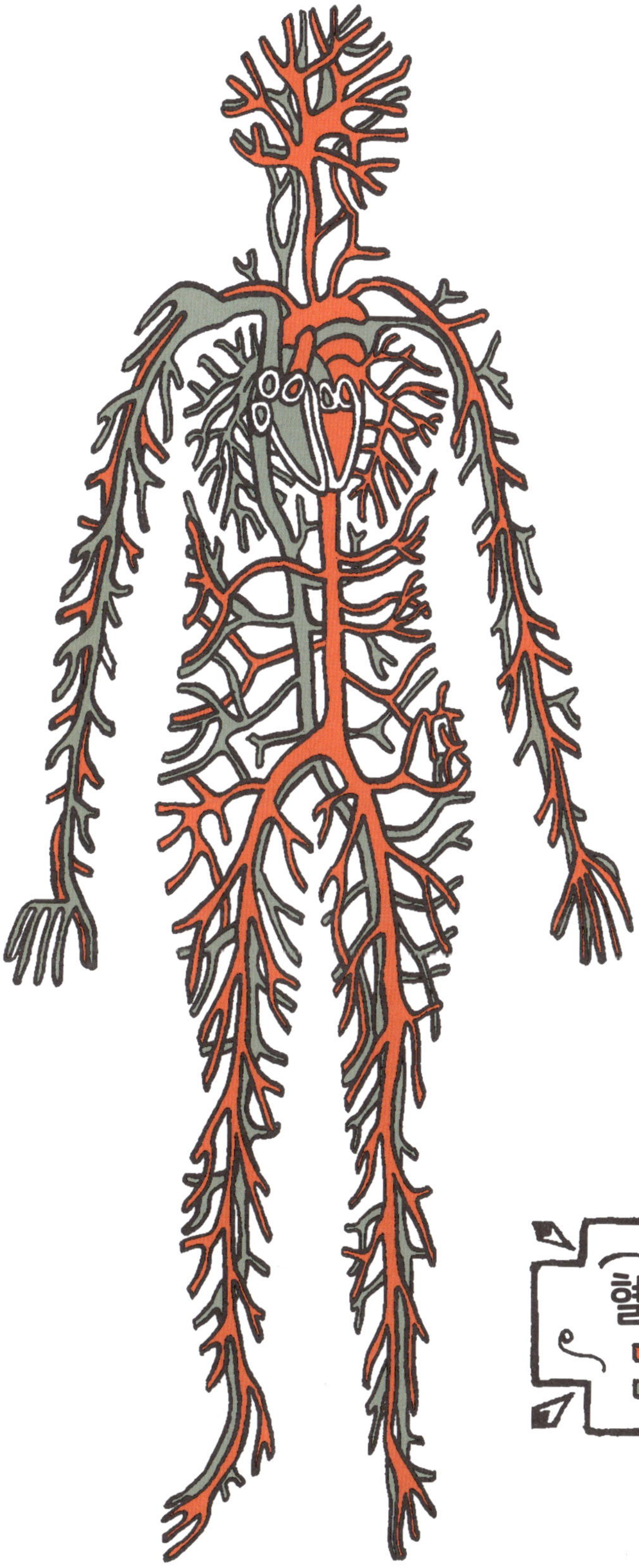

핏속에서

혈액 수프

왜 새 혈액 세포가 1초에 300만 개나 필요할까요?

이제 피가 어떤 일을 하는지 또 어떤 일을 할 수 있는지 배웠어요. 그렇지만 피가 뭔지는 아직 잘 몰라요. 피는 묽은 수프 같은 거예요. 혈장 속에 세 가지 세포가 떠 있는 수프요. 혈장이 물처럼 묽기 때문에 피가 소스나 푸딩처럼 보이지 않고 주스처럼 보이는 거예요.

혈액 세포 가운데 가장 많은 것이 적혈구예요. 적혈구는 가운데가 오목한 원반처럼 생겼어요. 이런 모양은 무척 실용적이에요. 아주 얇아서 가장 좁은 혈관도 쉽게 통과할 수 있고 가운데가 오목하니까 다른 물질과 접촉하는 면이 넓어져서 많은 물질을 받아들이고 다시 내놓을 수 있어요. 적혈구는 이 책 처음에 나온 세포와 비교해 보면 구성 성분이 훨씬 적어요. 미토콘드리아나 리보솜이 없고 핵도 없어요. 또한 분열할 수 없기 때문에 몸에서 끊임없이 새로 만들어 내야만 해요. 그것도 아주 많이, 1초에 300만 개쯤이요! 여러분한테 계속 그렇게 많은 적혈구가 더 생긴다면 다 합쳐서 얼마나 될까요? 잠깐 계산해 보자면 피 1 μl(마이크로리터. 가로와 세로, 높이가 1mm인 직육면체 크기를 가리킴*) 속에는 적혈구가 500만 개가 들어 있어요. 평균적인 성인한테는 약 5L의 피가 흐르죠. 그럼 성인 한 명의 몸속에는 적혈구가 25조 개 들어 있는 셈이에요. 여러분 몸무게가 성인의 반보다 조금 더 나간다면 적혈구는 13~15조 개쯤 있는 거랍니다.

왜 계속 피를 흘리지 않을까요?

혈장 속에는 적혈구 말고도 혈소판이 있어요. 적혈구보다 그 숫자는 훨씬 적지만 그래도 피 1 μl에 35만 개쯤 있지요. 우리는 이 혈소판으로 이 책에서 가장 무시무시한 부분에 이르렀어요. 말 그대로 여러분 혈관 속 피가 얼어붙을 정도일걸요? 혈소판은 우리한테 상처가 났을 때 피를 굳어 버리게 하거든요. 여러분이 손을 베였다고 쳐 봐요. 그게 못마땅하다면 내가 다쳤다고 할게요. 어쨌든 파괴된 세포는 몸이 뭔가 대책을 세우도록 신호를 보내요. 그러면 먼저 혈관이 오그라들어서 가늘어져요. 그럼 피가 아무래도 덜 흐르겠지요. 평소에는 가장 가는 혈관도 적혈구를 통과시킬 수 있지만 혈관이 가늘어지면 피가 더는 흐르지 못해요.

혈소판도 15초 안에 활동을 시작해요. 상처가 난 부위의 혈관 벽에 붙기 시작하죠. 그리고 서로 뭉쳐서 덩어리를 만들어요. 상처가 그리 깊지 않으면 이 덩어리가 길을 막아서 피가 멈춰요. 그렇지만 더 큰 상처를 메우려면 그것만으로는 부족하지요. 그럼 껌이랑 비슷한 단백질 실(흔히 피브린이라고 함*)로 거미줄 같은 게 만들어져요. 그 실이 굳어 버린 혈소판과 세포랑 함께 덩어리가 되어 상처가 얼른 아물도록 해 준답니다. 그 위에 반창고를 붙이면 붕대 부분에 노랗고 끈적끈적한 액체가 보일 거예요. 그게 혈장이에요. 딱 지금 한창 아물고 있는 상처의 틈을

– 들어 봐, 누가 문을 두드리는지 –

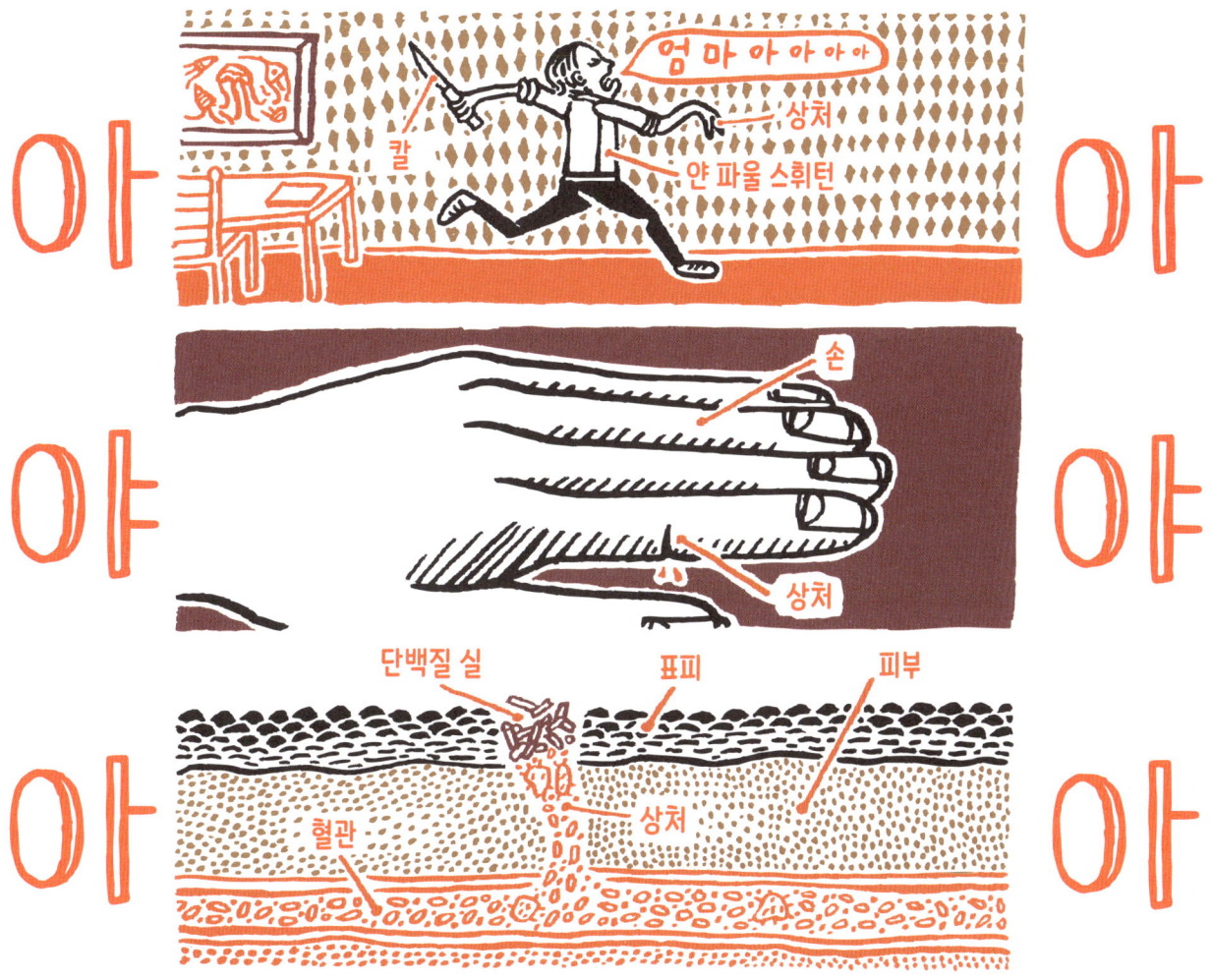

통해서 흘러나올 만큼 묽지요. 그렇지만 단백질 실이 상처를 꽉 조이면 아무것도 흘러나올 수 없어요. 치유가 시작되는 거예요.

왜 파란 멍이 파란 멍이 아닐까요?

공포 영화 팬들은 목이나 팔에 상처가 나서 피가 콸콸 쏟아지는 장면을 보고 좋아하지요. 그렇지만 실제로 늘 피가 콸콸 나진 않아요. 심지어 피부가 찢어지지 않아도 피가 날 수 있어요. 그런 경우 파란 멍이 들어요. 파랗다니…… 피는 빨간데. 사실 멍은 빨갛게 시작해요. 혈관이 터지면 피부는 붉은색이나 자주색으로 물들어요. 심지어 때로는 거의 검은색이 되기도 해요. 이때 혈소판이

나서서 상처에서 피가 흐르는 걸 멈추게 한답니다. 이 피는 산소를 더 받지 못하니까 파란색이나 보라색으로 바뀌어요. 그다음에 죽은 세포들이 다 떨어져 나가야 하는데 이때 빌리베르딘이라는 푸른색 물질이 나서서 도와요. 빌리베르딘은 나중에 황갈색 빌리루빈이 되지요. 상처가 점점 나으면서 빌리루빈이 사라지고 피부는 다시 원래 색깔을 되찾아요. 간단히 말하자면 파란 멍은 사실 처음엔 붉었다가 파란색이나 보라색이 된 다음 푸르러졌다가 노랗게 되는 거랍니다.

핏속에서 아주 많은 일이 일어나지요? 아직 세 번째 세포에 대해서는 입도 벙긋하지 않았는데요. 백혈구! 박테리아와 바이러스 같은 병균과 싸우는 작은 병정들이죠.

염증이 생긴 귓속에서

왜 편도가 목 속에 있을까요?

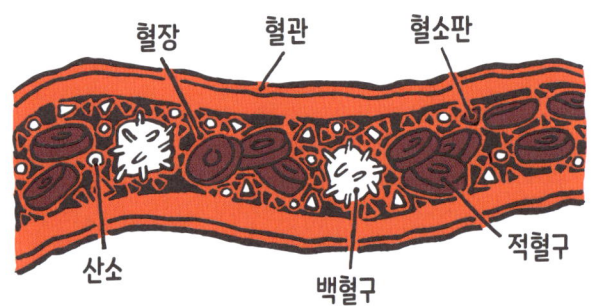

핏속에는 백혈구가 적혈구나 혈소판보다 훨씬 적어요. 피 1㎕에 6000개에서 9000개 정도 들어 있어요. 그렇지만 여러분한테는 백혈구가 셀 수도 없을 만큼 많아요. 백혈구는 대부분 피가 아니라 림프계에 들어 있거든요. 우리 몸에서 정말 과소평가된 부분이 있다면 바로 림프계예요. 마치 여러분 집에 있는 와이파이망이랑 비슷해요. 우리는 와이파이망을 보지도 못하고 알아채지도 못하고 심지어 그게 어떻게 작동하는지도 모르지만 갑자기 와이파이망이 잘못되면 무척 당황스럽잖아요. 림프계도 마찬가지예요. 림프계가 없다면 박테리아 하나도 치명적일 수 있어요. 림프계와 그 속에 있는 백혈구는 여러분이 건강하게 지낼 수 있도록 온종일 병균에 맞서서 여러분을 지켜 줘요. 그런데 신문에 기사 한 줄 안 나온다니, 사실 부끄러운 일이지요.

림프계는 혈관과 비슷한 관으로 이루어져 있어요. 다만 그 속에 피가 아니라 림프가 흐르지요. 림프는 혈장처럼 보이고 그 안에는 바이러스를 비롯한 다른 침입자한테서 여러분을 지켜 주는 세포들이 둥둥 떠다니고 있어요. 특히 비장이나 편도 같은 곳에는 이런 세포들이 수없이 많아요. 비장은 왼쪽 갈비뼈 아래에 있는데 망가진 혈액 세포를 처리해요. 편도는 입과 목 뒤편에 있는데 음식을 먹거나 숨 쉴 때 들어오는 병원균한테서 여러분을 지켜 줘요. 혹시 편도를 이미 잘라 냈다고 해도 걱정은 붙들어 매요. 우리 몸속에는 비장과 편도 말고도 다른 방어선이 많으니까요.

왜 때로 귀에 염증이 생길까요?

몸이 림프를 피처럼 계속 펌프질하며 순환시키는 것은 아니지만 그렇다고 림프가 가만있지는 않아요. 림프관은 혈관이랑 이어져 있어서 위급한 경우에는 상처나 병균 쪽으로 백혈구를 더 많이 보내 준답니다. 그들은 미처 알아차리지 못하는 사이에 여러분을 건강하게 지켜 주고 있어요. 백혈구는 지금 이 순간에도 바이러스나 곰팡이, 박테리아를 몸에서 쫓아내기 위해 일해요. 하지만 우리는 염증이 생길 때만 그걸 알아차리지요. 염증은 병균이랑 림프계가 치열한 전투를 하고 있다는 표시예요. 의사들은 염증을 감염이라고도 해요. 또 신체 부위와 연결해서 병 이름을 붙이기도 하지요. 의사 선생님이 여러분한테 중이염이나 편도선염이 있다고 하면 그냥 이렇게 생각하면 돼요. "아, 내 몸이 병균이랑 싸우고 있구나."

염증은 상처가 났을 때만 생기는 게 아니에요. 눈을 비비다가 눈가의 작은 틈을 통해 병균이 몸에 들어왔을 때도 염증이 생길 수 있어요. 화상을 입거나 몸의 일부가 동상을 겪을 때도요. 감기가 심하게 들었을 때는 바이러스가 코를 지나 귀까지 들어가서 중이염을 일으키기도 해요. 병균이 많이 들어왔을 땐 감염된 부위에서 백혈구에게 도와달라는 신호를 보내요. 그럼 백혈구는 싸움터로 달려 나가지요.

왜 아침이면 눈이 달라붙을까요?

감염된 부위에선 혈관이 확장돼서 그곳으로 피가 더 많이 흘러가요. 백혈구는 적혈구보다 커서 그 안에 들어가려면 혈관이 더 굵어야 하거든요. 이렇게 피가 더 많아지면 염증이 생긴 부위는 더 붉어지고 화끈거려요. 상처 부위에는 액체가 늘어나서 조금 더 부어오르고 그럼 통증에 더 민감해지지요. 그러는 사이에 백혈구는 우리가 이 책에서 읽었듯 침입자를 공격해요. 백혈구에는 여러 가지 종류가 있는데 각각 전문 분야가 달라요. 또 백혈구는 잘 분화하기 때문에 필요한 만큼 늘어날 수 있어요. 그래서 여러분의 몸은 거의 언제나 침입자에 대해 우세를 유지해요. 혹시 그렇지 못하더라도 림프계를 조금 도와줄 수 있는 약이 있답니다.

그렇다면 림프계는 언제나 좋은 것일까요? 아니, 오히려 그 반대일 수도 있어요. 림프계는 종종 꽃가루처럼 아무 해도 없는 물질을 위험한 침입자로 여긴답니다. 달걀이나 고양이 털, 그 밖의 다른 물질에도 그럴 때가 있어요. 그럴 때 림프계는 알레르기 반응을 일으키지요. 림프의 나쁜 특성이 하나 더 있어요. 림프는 심장이란 모터로 돌리지 않기에 몸을 눕혔을 때는 여기저기 아무 데나 흘러간답니다. 특히 여러분이 잠을 자는 밤에 그래요. 그래서 아침에 일어났을 때 눈이 퉁퉁 붓는 거예요. 한동안 똑바로 앉아 있어야 액체가 다 흘러가고 비로소 제대로 보이지요.

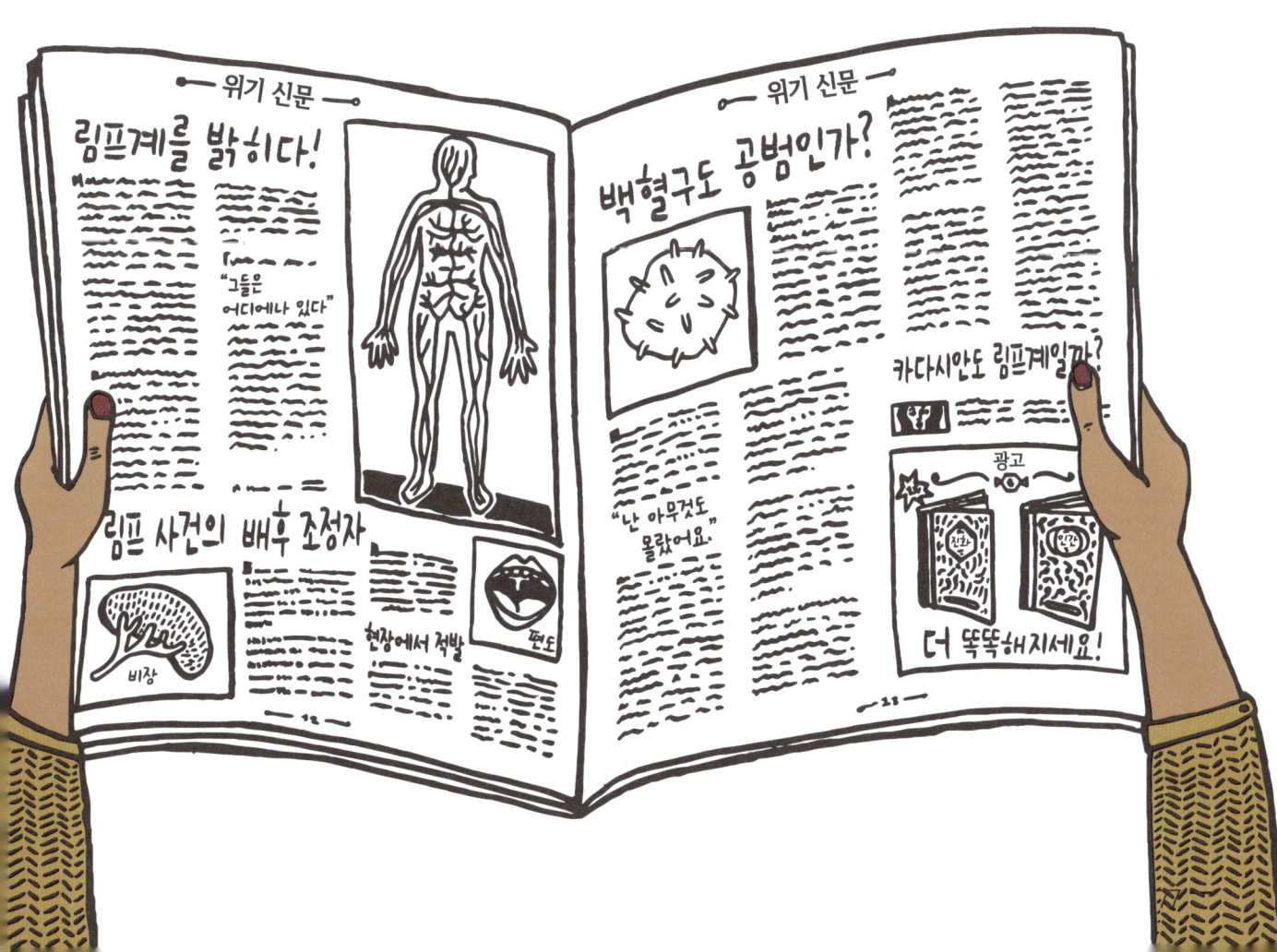

- 4부 -

당황스러운 상태에서

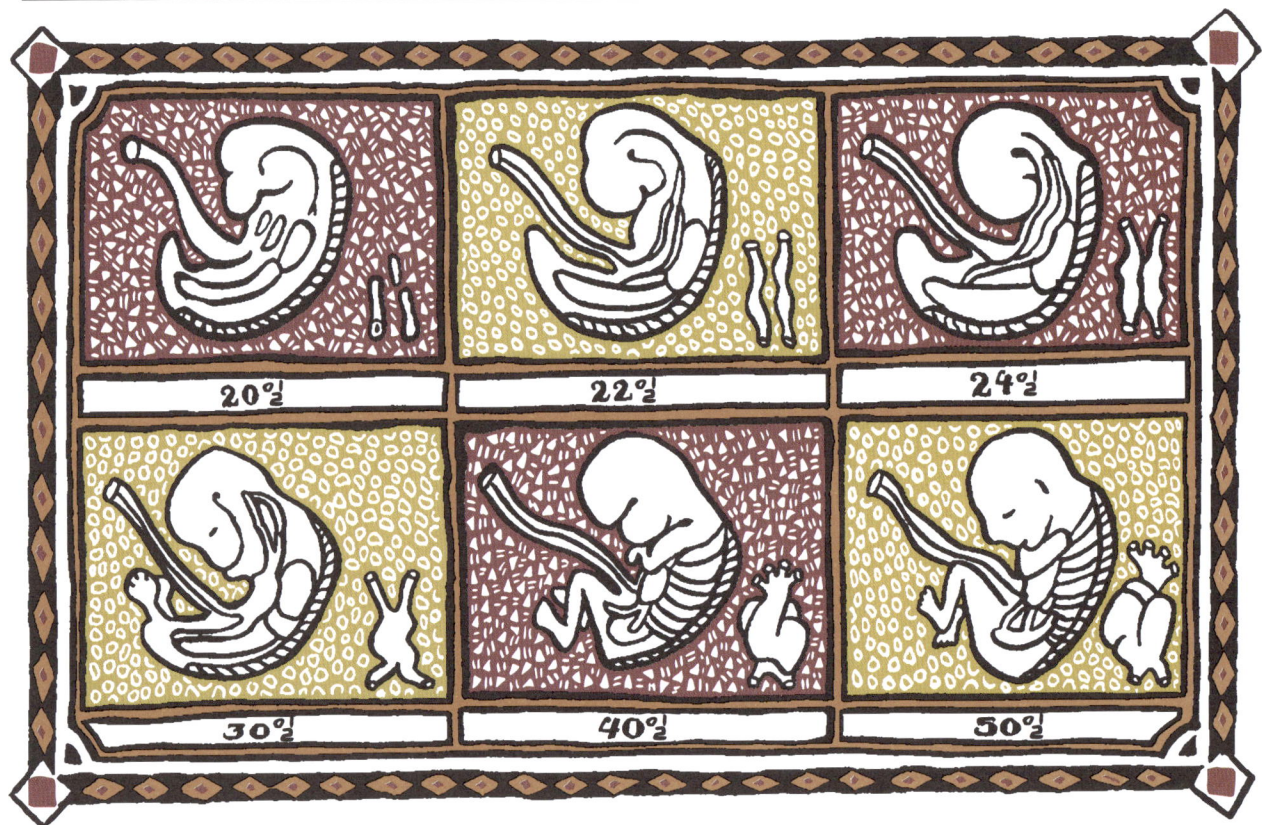

왜 심장이 특별한 기계일까요?

인간은 많은 일을 할 수 있어요. 우리는 우주 탐사선을 쏘아서 64억 km 거리를 날아간 다음 4×3.5×3.5km 면적의 작은 혜성에 착륙하게 했어요. 시계보다 크지 않은 기계로 아주 선명한 사진을 지구 한편에서 반대편으로 보내지요. 그렇지만 모든 일을 다 하지는 못해요. 부속품 하나 교체하지 않고도 120년 동안 온종일 작동하는 복잡한 기계를 만드는 건 아직 해내지 못했어요. 그것도 배터리 없이 일하고 필요한 경우에는 자기 스스로 조절하는 기계 말이에요. 우리는 바로 이런 기계를 몸속에 갖고 있어요. 바로 심장이에요. 심장은 하루에 10만 번쯤 뛰는데 거의 망가지지 않아요. 쉴 새 없이 움직이면서 하루에 8000L쯤 피를 통과시키지요.

심장은 우리가 엄마 배 속에서 고작 3주쯤 됐을 때 생겨요. 정확히 말하자면 22일 뒤에요. 그 무렵 우리는 쌀알보다 작아요. 모든 게 달달 떨리기 시작하는 세포 하나로 시작하지요. 그러다가 세포 하나가 더 떨리기 시작해요. 그리고 또 하나. 그리고 또 하나 더. 그게 심장 자율박동세포예요. 이 세포가 심장 근육에 쪼그라들라는 전기 신호를 보내요. 이렇게 여러분의 심장이 뛰기 시작해요. 자율박동세포는 절대 바뀌지 않아요. 여러분은 맨 처음에 있었던 세포를 아직도 몸속에 지니고 있는 거예요! 게다가 그 세포는 여전히 작동한다니까요. 자율박동세포는 여러분이 살아 있는 한 필요한 만큼 뛰어요. 긴장을 풀고 소파에 늘어져 있을 때는 1분에 60번에서 70번, 사나운 호랑이가 쫓아올 땐 200번까지요.

왜 사랑에 빠지면 배 속 나비가 파닥일까요?

맹수가 쫓아오거나 중요한 시험을 앞두었을 때 심장은 이런 스트레스 상황에서 어떤 일을 해야 하는지 알고 있어요. 더 빨리 뛰는 거지요. 그렇게 해야 핏속에 산소가 더 많이 들어와요. 그럼 뇌는 더 잘 생각할 수 있고 근육은 일하는 데 필요한 산소를 충분히 받을 수 있거든요. 그런데 자율박동세포는 더 빨리 뛰어야 한다는 사실을 어떻게 알까요? 여러 신체 부위가 서로 도와서 일하기 때문이지요.

여러분이 짝사랑하던 사람을 우연히 슈퍼에서 만난다고 상상해 봐요. 일단 그 사람을 보면 여러분은 뇌에다 뭔가 중요한 일이 일어났다고 알려요. 뇌는 이 정보를 받아서 부신(좌우 콩팥 위쪽에 있는 내분비샘*)에 신호를 보내요. 부신은 아드레날린이랑 코르티솔 같은 스트레스 호르몬을 만들어 내지요. 스트레스 호르몬은 자율박동세포한테 심장이 더 빨리 뛰게 만들어야 한다고 일러둬요. 이런 상황에서는 정신을 똑바로 차려야 멍청한 짓을 하거나 멍청한 말을 하지 않거든요. 뇌는 산소와 에너지가 더 많이 필요해요. 그래서 숨이 가빠지는 거예요. 심지어 소화계도 같이 일해요. 스트레스를 처리하는 것은 영양분을 처리하는 것보다 훨씬 더 중요한 일이에요.

뇌에 피가 더 많이 흐를 수 있도록 장은 잠깐 활동을 멈춰요. 이때 소화 장애를 겪기도 해요. 위장이 답답하고 울렁거리고 요동치기도 하죠. 그때 '배 속에 나비'가 날아다니는 것 같은 느낌이 들어요. 정말 거기 나비가 파닥거리는 듯한 기분이 든다니까요. 하지만 그런 반응이 너무 심해지면 속이 나빠지거나 장에 문제가 생기기도 해요. 사랑에 빠졌을 때뿐만 아니라 스트레스를 받을 때면 늘 그렇지요. 도둑들은 남의 집에 몰래 침입하면서 신경이 너무 곤두서서 얼른 화장실에 다녀와야 할 지경이 되곤 한답니다. 어떤 예술가들은 중요한 음악회 전에 너무 떨린 나머지 속이 메슥거릴 정도고요.

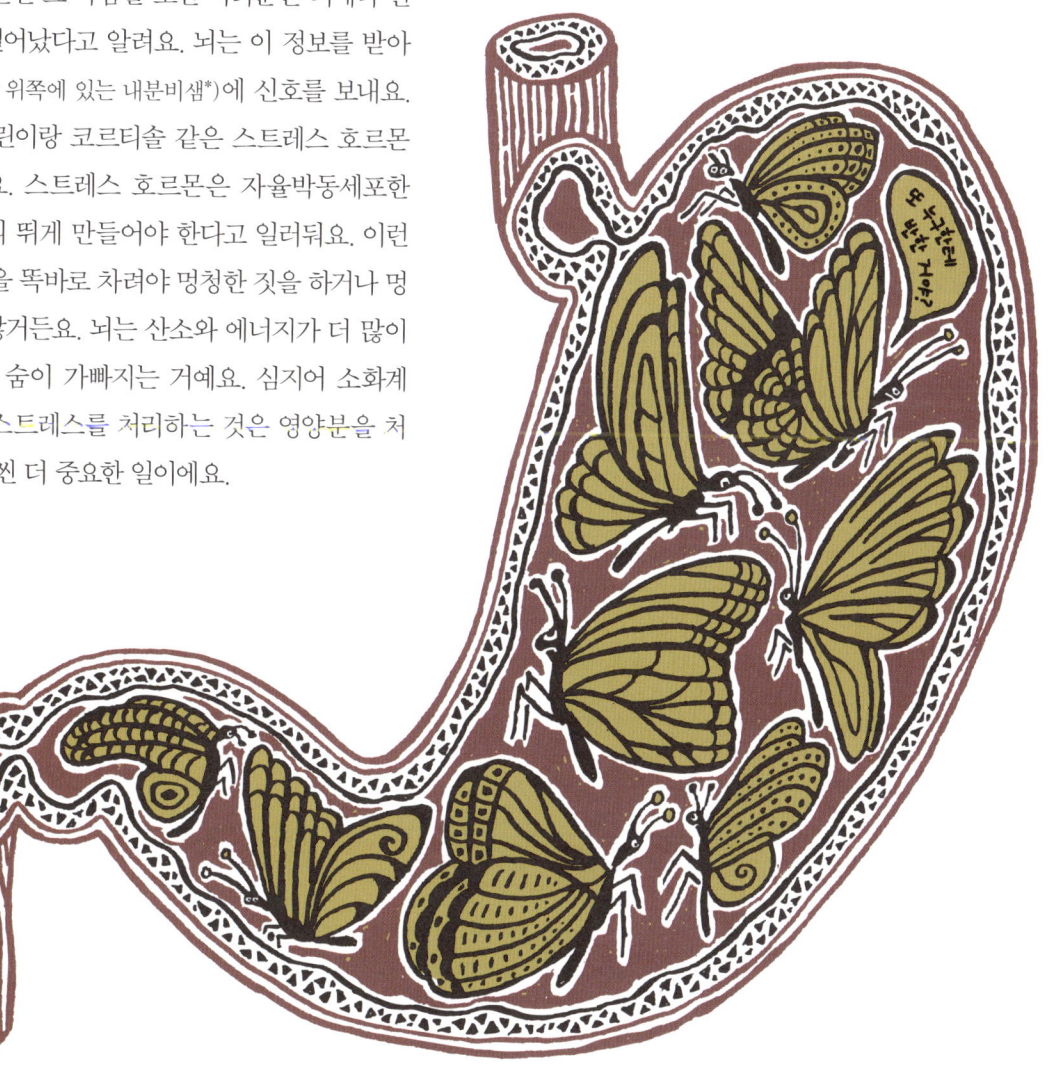

- 4부 -

심장 속에서

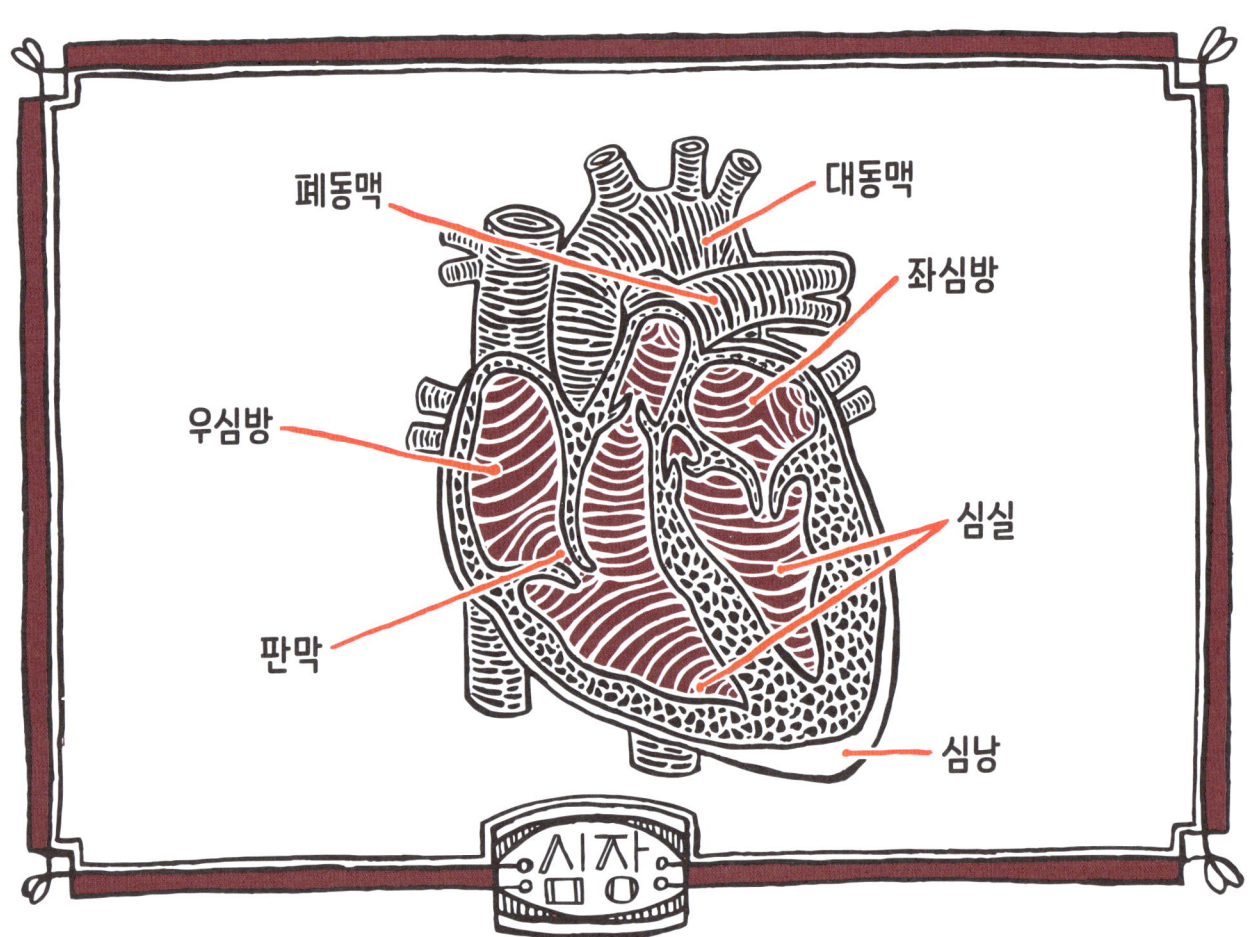

왜 여러분한테는 생각보다 근육이 많을까요?

우리는 어떤 사람에게 반했을 때 심장이 평소보다 빨리 뛰어요. 그래서 옛날에는 사랑이 심장에서 샘솟는다고 생각했지요. 하지만 우리가 사랑의 상징으로 이상한 모양의 심장, 즉 하트를 그리는 이유는 설명이 되지 않아요. 하트는 진짜 심장이랑 전혀 닮지 않았잖아요.

물론 여러분은 사진이나 삽화가 아니고는 완전한 심장을 절대 보지 못해요. 심장은 그걸 감싸 주는 덮개, 심낭 속에 둥둥 떠 있거든요. 심장이 흉곽에 세차게 부딪친다고 해도 망가지는 일은 절대 없어요. 이 심낭 속에서 하트 모양을 보려면 상상력을 아주 많이 발휘해야 해요. 어쩌면 하트를 그릴 때 심장의 아래쪽만 봤을지도 몰라요. 심실이 두 개로 나누어져 있어서 하트 모양이랑 더 비슷하거든요. 어쨌든 그건 심장의 절반일 뿐이에요. 심방 두 개도 심장에 속해요. 심방은 피가 심실에 들어갈 수 있도록 피를 모아 주지요.

심장이 이토록 중요한데 어떻게 생겼는지 아는 사람이 아주 적다니 이상한 일이지요. 그렇지만 적어도 여러분은 이제 곧 심장이 어떻게 생겼는지 알게 될 거예요.

왜 명령을 해도 심장이 멈추지 않을까요?

일단 심장이 근육으로 이루어졌다는 사실을 알아 두도록 해요. 정확하게 말하자면 민무늬근이지요. 민무늬근은 우리가 통제할 수 없는 종류의 근육이에요. 팔에 있는 근육은 힘을 주거나 빼서 움직일 수 있어요. 그렇지만 아무리 애를 써도 심장이 뛰는 걸 멈출 수는 없지요. 민무늬근은 장에도 있어요. 비록 우리는 의식하지 못하지만 장에서도 많은 근육이 활동하고 있어요. 동맥도 마찬가지로 민무늬근으로 둘러싸여 있어요. 이 근육은 피를 짜내는 것을 돕고 여러분이 다치거나 날씨가 추울 때 핏줄이 그에 맞춰 두꺼워지거나 가늘어지게끔 조절해 줘요. 이 민무늬근에 대해서는 별다른 생각을 할 필요가 없어요. 민무늬근의 장점이 또 하나 있다면 절대 지치지 않는다는 거예요. 여러분 심장이 느닷없이 30분 동안 쉬어야 한다고 상상해 봐요. 여러분은 살아남지 못할 거예요. 심장의 근육은 빈 공간 네 개를 둘러싸고 있어요. 심방 두 개와 심실 두 개지요. 이 네 개의 비어 있는 공간은 꼭 정해진 순서에 따라 수축돼야 해요. 안 그럼 서로 맞서서 일하다가 피가 사방팔방으로 흐를 거예요.

심방 두 개는 서로 비슷하게 생겼어요. 그렇지만 심실 두 개는 눈에 딱 보이게 서로 달라요. 오른쪽 심실이 왼쪽 심실보다 더 크고 근육층이 더 얇아요. 피가 오른쪽 심실에서 폐로 들어가기 때문이에요. 심장은 폐 바로 옆에 있어서 피를 그곳으로 보내는 데 그리 큰 힘이 들지는 않아요. 왼쪽 심실한테는 더 중요한 과제가 있어요. 1분에 피 5L를 몸 전체로 보내는 일이에요. 그러려면 힘이 많이 필요하니까 크기가 작아도 근육층이 훨씬 두껍지요. 심장은 몸에 산소와 양분을 공급해 주는데 심장 근육한테도 당연히 그게 필요하겠죠. 그래서 심장 근육에 끊임없이 신선한 피를 공급해 주는 심장 동맥이 따로 있답니다.

왜 쥐의 심장은 기관총처럼 팔딱거릴까요?

매 순간 많은 피가 심장을 통해 흘러요. 우선 심방 근육이 심실에 피를 보내요. 판막이 열리고 심실에 피가 들어가죠. 그다음 심실 주위의 근육이 수축되면 이 판막은 닫혀 버려요. 그래서 피가 심실로 돌아가지는 않아요. 심실에서 나온 피는 곧이어 동맥으로 흘러가요. 그러고 나서 심장은 이완되지요. 다시금 피가 심방으로 몰려들고 거기서 심실로 흘러가요. 다시 시작점에 선 거예요. 심방의 근육이 수축해서 심실로 피를 또 짜내고, 그렇게 계속 이어지지요.

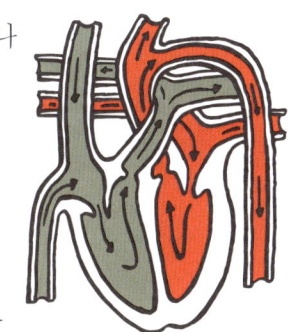

이 모든 일이 1초 안에 일어나요. 빠르면 심지어 1초에 두세 번씩 일어나기도 해요. 여러분이 아주 작았을 때도 그랬어요! 엄마 배 속에 있는 아기는 가만히 있을 때도 1분에 120번에서 160번까지 심장이 뛰어요. 갓 태어난 아기는 심장이 70번에서 190번까지 뛰지요. 심장이 뛰는 횟수는 열 살쯤 될 때까지 해마다 조금씩 줄어들어요. 그러다가 가만히 있을 때 60번에서 100번쯤 뛰는 정도에서 변하지 않아요. 여러분이 뛰어난 운동선수가 아니라면요. 그런 사람들은 심장이 1분에 40번에서 60번 정도 뛰거든요. 이런 차이가 크고 작은 동물들 사이에도 있어요. 커다란 동물은 심장 뛰는 횟수가 적고 작은 동물은 심장이 무척 빨리 뛰어요. 예를 들어 대왕고래의 심장은 1분에 3번에서 8번밖에 뛰지 않는 반면 쥐의 심장은 기관총처럼 콩콩콩 끊임없이 달가닥거리죠. 1분에 500번까지 뛴다니까요. 커다란 동물의 심장 뛰는 횟수가 적은 건 그들의 심장이 작은 동물의 심장보다 효과적으로 일하기 때문이에요. 고래 심장은 몇 번만 뛰어도 쥐의 심장이 백 번 뛰는 것만큼 일을 할 수 있어요. 뛰어난 운동선수도 마찬가지예요. 그들의 심장은 단번에 더 많은 피를 몸으로 보낼 수 있답니다.

- 4부 -

혈관 속에서

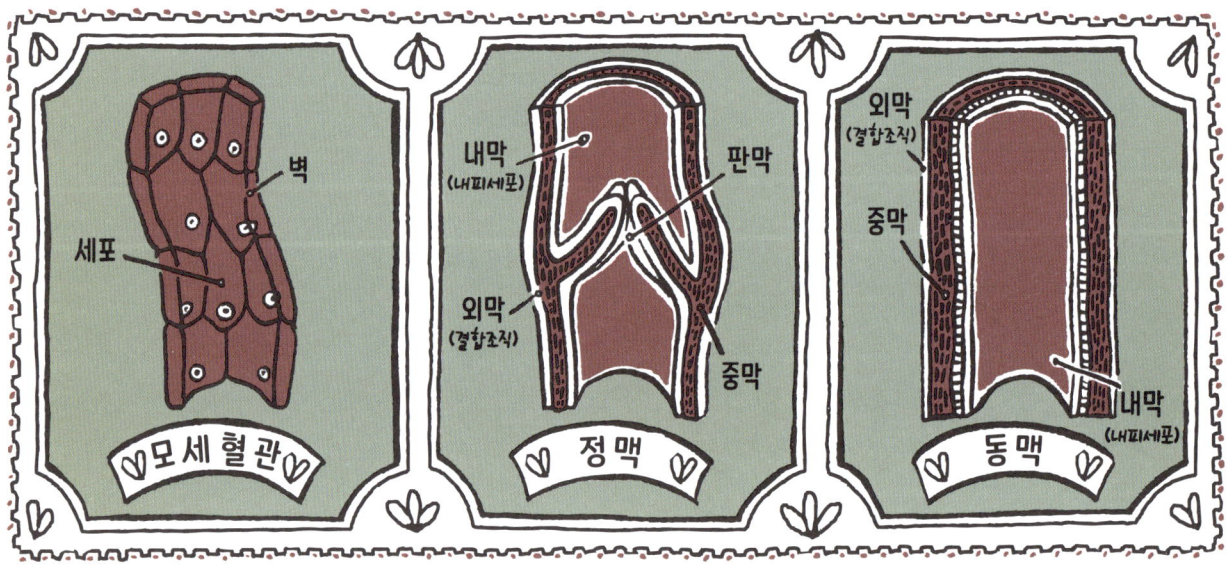

왜 외과 의사는 이상한 양말을 신을까요?

이제 여러분은 피와 심장에 대해서 꽤 많은 것을 알고 있지만 그 피가 흐르는 혈관에 대해서는 아직 아는 게 별로 없어요. 혈관은 수많은 통과 관으로 이루어진 놀라운 네트워크예요. 심장에서 나오는 2.5cm 지름의 대동맥으로 시작하지요. 대동맥은 계속 가지를 쳐서 수억 개의 작은 동맥으로 나누어지고 이게 다시 가지를 쳐서 더 가느다란 10억 개의 모세 혈관이 돼요. 모세 혈관은 어찌나 가는지 혈구 하나가 간신히 비집고 들어갈 정도예요. 지름이 5000분의 1mm에서 10000분의 1mm쯤 돼요. 이 핏줄을 하나로 죽 이으면 지구를 한 바퀴 가뿐히 돌 수 있을 만큼 길어요. 어쩌면 두 바퀴 돌 수 있을지도 모르죠. 모세 혈관 벽은 아주 얇아서 산소, 이산화탄소 등등 다른 분자들이 통과할 수 있어요. 그래서 몸속의 아주 작은 부분도 놓치지 않지요.

심장이 피를 꽤 잘 돌리고 있지만 그래도 근육이랑 동맥이 도와줘야 해요. 치약을 튜브에서 짜내는 거랑 비슷해요. 다만 조금 더 빠를 뿐이죠. 피는 몸 여기저기로 갔다가 심장으로 돌아오는 길에 앞서 말했듯이 근육으로 둘러싸이지 않은 핏줄을 통해 흘러요. 게다가 위로 올라가야 할 때도 자주 있어요. 예를 들어 다리에서 심장으로 돌아갈 때처럼요. 그럼 아래에서 위로 올라가니까 피가 다시 흘러내려야 마땅하지만, 우리 몸에는 다 대책이 있어요. 혈관의 곳곳에 판막이 있어서 거길 지나면 피가 더 흘러내리지 않아요. 판막이 한쪽 방향으로만 설계돼 피가 아래쪽으로 흐르지 않도록 하죠. 피는 판막에서 반복적인 근육 운동으로 계속해서 밀려 올라가요. 그렇지만 여러분이 오래 서 있어야 한다면 이런 판막은 망가질 수도 있어요. 그럼 혈관은 산소가 부족한 파란 피를 머금은 채 부어올라요. 그걸 정맥류라고 부르죠. 외과 의사는 몇 시간 동안 서서 일해야 하는 직업이에요. 그래서 외과 의사는 허벅지까지 올라오는 팽팽한 양말을 신어요. 그런 보호 양말은 피가 거꾸로 흐르는 걸 막는데 도움이 된답니다.

– 들어 봐, 누가 문을 두드리는지 –

병원에서

왜 올림픽에서 나이 든 선수를 볼 수 없을까요?

동물의 심장은 평생 10억 번쯤 뛰어요. 심장 박동이 느린, 커다란 고래나 코끼리는 심장 박동이 기관총처럼 빠른 생쥐나 기니피그보다 훨씬 오래 살지요. 우리 인간은 심장이 평균적으로 25억 번 정도 뛸 정도로 오래 살아요. 하지만 옛날에는 인간도 심장이 10억 번쯤 뛰는 일이 드물지 않았어요. 그때 인간은 무척 애를 써야 먹을 것을 구했고 스스로 맹수의 저녁 식사가 되지 않으려면 매우 조심해야 했어요. 게다가 의학에 대해서는 아무것도 몰랐지요. 그 무렵 인간은 대개 40살을 넘기지 못했고 우리 몸도 그에 맞춰져 있어요. 사실 우리는 80살까지 살도록 만들어지지 않았답니다. 그렇지 않다면 분명 노인들도 올림픽에 더 많이 참여했을 텐데요.

나이가 들수록 어려운 게 더 많아져요. 특히 심장과 혈관이 자주 문제를 일으키지요. 우리한테 매우 중요한 장기인데 말이에요. 때로는 자율박동세포가 제대로 박자에 따라 뛰지 않아요. 이런 일이 자꾸 일어나면 심장이 일정하게 뛰지 않고 심지어 심장 박동 정지 상태까지 와요. 텔레비전 연속극에서 의사들이 다리미처럼 생긴 기구 두 개로 환자의 가슴을 누르는 모습을 종종 봤지요. 그런 기구는 이른바 '심장 제세동기'에 이어져 있어서 자율박동세포가 다시 리듬에 맞춰 뛰게끔 전류를 흘려보내요. 심장 마사지도 도움이 되지요. 결국 환자는 수술을 해서 자율박동세포를 지원하는 심장 박동 조율기를 몸속에 집어넣어요.

왜 물로 마요네즈를 만들 수 없을까요?

또 다른 문제가 있다면 혈관이 막힐 수 있다는 사실이에요. 심장 박동 이상보다 훨씬 더 큰 문제지요. 나이가 많아질수록 혈관이 막힐 가능성은 더 높아져요. 특히 담배를 피거나 몸무게가 많이 나가거나 건강하지 않게 먹거나 운동이 부족할 때는 더더욱……. 물론 운이 나빠서 가족 중에 심장 혈관계 질환 유전 인자가 있을 때도 그렇고요. 혈관 하나에만 피가 충분히 통하지 않아도 당장 심각한 문제가 나타나요. 심장 동맥에 피가 잘 통하지 않으면 심장 근육에 산소가 부족해져요. 그럼 심장은 일을 잘 못하는 데 그치지 않고 심지어 일을 완전히 그만둘 수도 있어요. 머릿속에서 이런 일이 일어나면 뇌졸중 발작이 와요. 그 결과 뇌의 일부가 제대로 작동하지 않을 수도 있지요. 이런 폐색은 몸의 다른 부위에서도 위험해요. 그래서 그것이 어떻게 일어나고 이를 어떻게 피할 수 있는지 아는 게 중요해요.

심장 문제를 피하는 데 도움이 된다는 버터와 기름에 대한 광고에서는 콜레스테롤이 어쩌고저쩌고 운운해요. 그래서 많은 사람이 콜레스테롤이 심장 문제를 일으킨다고 생각하지만 사실은 그렇지 않아요. 콜레스테롤은 몸에 아주 중요한 지방이에요. 콜레스테롤이 없다면 세포막도 없을 테고 특정한 호르몬을 만들어 내지 못할 테고 비타민 D 같은 중요한 물질도 포기해야만 해요. 그러니까 콜레스테롤 만세! 그렇다면 문제가 뭘까요?

물이 든 잔에 기름을 뚝뚝 떨어뜨린 다음 잘 저어 봐요. 어떤 일이 일어날까요? 기름과 물은 섞이지 않아요. 그럼 이제 달걀노른자를 힘껏 저으면서 거기 기름 몇 방울을 천천히 떨어뜨려 봐요. 어떤 일이 일어나지요? 달걀과 기름이 섞여요. 단백질이 들어 있는 달걀노른자 덕분이에요. 기름이 그 안에서 잘 녹지요. 콜레스테롤은 기름이랑 비슷해서 단백질이 있어야 피에 받아들여져요. 이제 달걀노른자와 기름을 섞은 것에다 겨자 한 숟가락과 레몬즙 한 찻숟가락을 넣고 계속 저으면서 기름 한 컵을 더 넣어요. 그리고 맛을 봐요! 이건 콜레스테롤 실험이랑은 상관이 없어요. 맛있는 마요네즈가 만들어졌네요.

왜 운동이 심장 질환을 예방하는 데 도움이 될까요?

우리 몸속에는 콜레스테롤을 녹이는 걸 도와주는 단백질이 두 가지 있어요. 이름이 어찌나 복잡한지 의사들도 알파벳 몇 자로 줄여서 LDL과 HDL이라고 적지요. LDL은 흔히 나쁜 콜레스테롤이라고 불러요. 핏속에 LDL이 너무 많으면 혈관의 안쪽에 쌓일 수 있어요. 면역체계는 LDL을 원치 않은 침입자로 보고 백혈구의 도움을 받아 떼어 내려고 해요. 일부는 성공하지만 어떤 백혈구는 LDL과 함께 혈관 벽에 남아요. 거기서 그들은 '플라크'라고 불리는 일종의 곤죽을 만들어요. 혈관에 플라크가 많을수록 피가 덜 흐르고 그러면 문제가 생길 가능성이 더 커져요. 좋은 소식이 있다면 HDL이 그에 맞서 활약한다는 거예요. HDL은 혈관에 남은 콜레스테롤을 치워서 여러분을 건강하게 지켜 주지요.

더 좋은 소식은 여러분이 핏속의 LDL과 HDL의 양에 영향을 미칠 수 있다는 거예요. 우선 담배를 피우지 않는 게 중요해요. 담배를 피우지 않는 것은 많은 질병을 예방하는 방법이에요. 운동과 움직임도 도움이 돼요. 많이 움직일수록 더 많은 지방을 태우고 그럼 심장 문제가 생길 가능성이 줄어들어요. 건강에 좋은 음식을 먹는 것도 중요해요. 당과 지방을 많이 먹으면 금세 뚱뚱해지는데 뚱뚱한 사람들은 적정 체중을 유지하는 사람들보다 LDL이 많아요. 그밖에도 '좋은' 지방을 먹는 것이 아주 중요해요. 어떤 지방은 심장 질환이 생길 가능성을 높이지만 그걸 낮춰 주는 지방도 있어요. 일상 기온에서 액체가 되는 지방이나 기름은 건강을 유지하도록 도와주지요. 몸속의 LDL 양을 줄여 주거든요. 고기나 치즈에 들어 있는 지방은 건강에 별로 좋지 않아요. 그런 지방은 너무 많이 먹지 말고 반드시 '좋은' 지방으로 바꿔야 해요. 그러니까 여러분이 무엇을 먹는지는 아주 중요해요. 여러분이 어떻게 숨을 쉬는지도 중요하고요.

— 5부 —

숨쉬기의 달인, 폐

들이쉬고 내쉬고 들이쉬고 내쉬고 들이쉬고 내쉬고

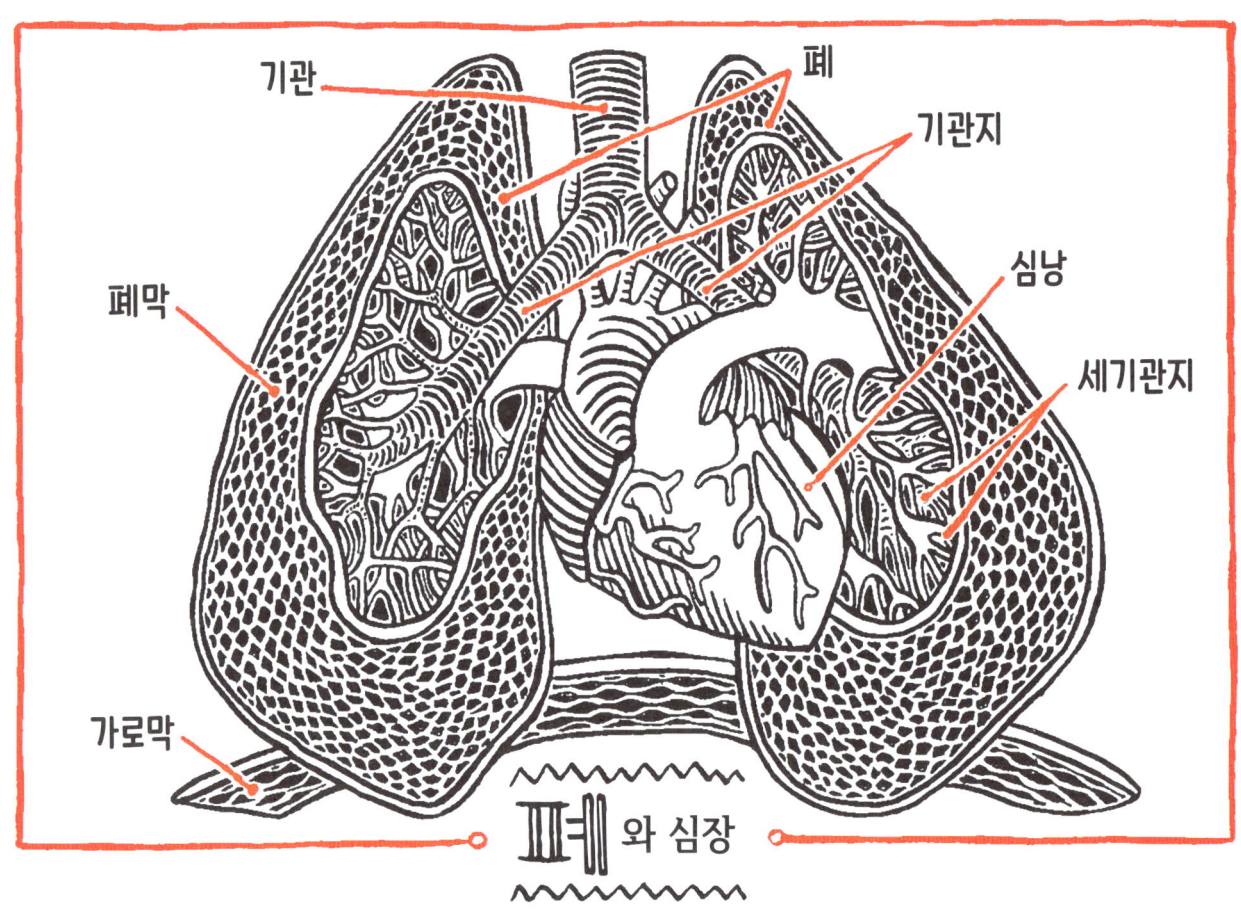

폐와 심장

왜 폐를 조심스럽게 다뤄야 할까요?

숨을 멈춘 다음 더 참을 수 없을 때까지 책을 계속 읽어 봐요……. 조금만 더요……. 계속 해 봐요……. 더 참을 수 없어요? 그래도 조금만 더 숨을 멈춰 봐요. 자, 폐가 얼마나 중요한지 이제 알겠지요? 얼른 숨을 쉬어요! 여러분은 공기를 계속 받아들일 수 없기도 했지만 독성이 있는 이산화탄소로 몸이 채워졌기 때문에 거의 질식할 뻔했어요.

폐는 아주 중요한 기관이지만 꽤 약한 편이에요. 쉽게 상처를 받지요. 그래서 아주 조심스럽게 다루어야 해요. 바른 호흡법을 다룬 책들이 많이 있어요. 숨을 올바로 쉬는 것은 폐뿐만 아니라 몸 전체에 좋으니까요. 방금 숨을 멈췄다가 다시 쉴 때처럼 심호흡을 하면 여러분은 몸에 더 많은 산소를 받아들일 수 있어요.

게다가 심호흡을 하면 마음이 가라앉아서 스트레스에 맞서는 데 도움이 돼요. 심장 박동과 혈압이 내려가고 더 편안하다고 느끼죠. 병에 대한 저항력도 나아져요. 자기 전에 몇 분 동안 호흡 훈련을 하고 나면 잠을 훨씬 더 잘 잔답니다.

호흡 훈련을 하는 데는 다양한 방법이 있어요. 대부분은 다음과 같아요. 코로 2초쯤 숨을 들이마셔요. 그때 배가 가슴보다 더 높이 부풀어 올라야 해요. 다시 천천히 숨을 내쉬어요. 6초쯤이요. 그런 다음 계속 하기 전에 잠깐 쉬어요. 처음엔 좀 힘들지만 이렇게 10분쯤 훈련을 하고 난 다음에는 저절로 더 건강하게 숨을 쉬게 마련이에요. 우리는 보통 1분에 12번에서 15번쯤 숨을 쉬어요. 우리가 숨을 쉬는 이유는 공기를 얻기 위해서만은 아니에요. 여러분이 오디션 대회에서 우승하고 싶다면, 다른 사람에게 재미난 이야기를 해 주고 싶다면, 샤워할 때가 됐는지 알기 위해 겨드랑이 냄새를 맡고 싶다면 호흡 기관을 절대 포기하면 안 돼요. 노래하기, 말하기, 냄새 맡기는 모두 폐와 관련이 있어요. 폐를 조심스럽게 다뤄야 하는 또 하나의 이유지요.

왜 입은 기타와 닮았을까요?

여러분은 태어날 때부터 숨을 쉬어요. 정확하게 어떻게 숨을 쉬는 걸까요? 폐는 할 일이 그렇게 많지 않아요. 마치 아코디언 그 자체는 연주자가 바람통을 펴거나 접지 않는 한 아무 소리도 내지 않는 거랑 비슷해요. 숨을 쉬는 데 가장 중요한 신체 부위는 가로막이에요. 폐와 위 사이에 있는 활 모양의 근육이지요. 대개 저절로 알아서 움직이지만 여러분이 의식적으로 조절할 수도 있어요. 가로막은 긴장하면 쭉 늘어나요. 그럼 폐가 저절로 펴져서 산소가 쏟아져 들어와요. 나중에 근육이 긴장을 풀면 공기가 다시 빠져나가죠.

호흡에서 재미난 게 뭔지 알아요? 보통은 숨을 올바르게 쉬고 있지만 이걸 의식하자마자 잘못되기 쉽다는 거예요. 가로막으로 숨을 쉬어야 하는데 가슴을 쭉 펴기도 해요. 가슴을 쭉 펴는 건 말이나 노래를 할 때만 좋아요. 내뱉는 숨을 성대를 통해 후두로 내보내면 성대가 쩌렁쩌렁 울리거든요. 노래를 부를 때 목에 손을 대 보면 진동을 느낄 수 있어요. 심지어 높은 음과 낮은 음의 차이도 느낄 수 있을 거예요. 성대를 팽팽하게 잡아당기면 높은 소리가 나요. 낮은 음을 낼 때는 성대가 두꺼워지지요. 성인 남자는 어린아이나 여자보다 성대가 두꺼워요. 그래서 남자들 목소리가 낮은 거예요. 아름다운 목소리는 성대에만 달려 있지 않아요. 기타나 바이올린처럼 울림통도 중요한 역할을 해요. 사람의 경우 울림통의 역할을 하는 건 목이랑 입이랑 코예요. 코를 꽉 막은 채 노래를 불러 봐요. 아주 이상하게 들릴걸요?

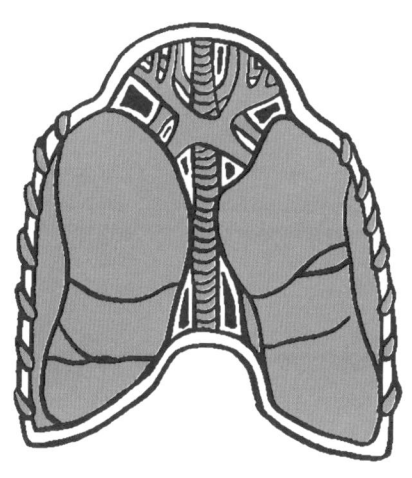
들이쉬기

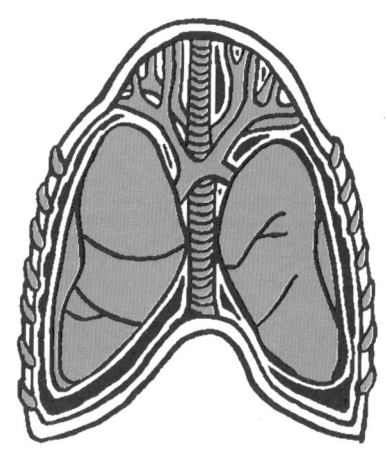
멈추기

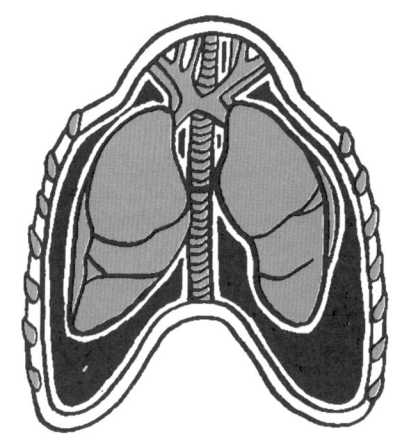
내쉬기

– 5부 –

폐 속에서

왜 여러분은 생각보다 가벼울까요?

자기 몸무게가 많이 나간다고 생각하는 사람들에게 좋은 소식이 하나 있어요. 우리는 대부분 공기로 이루어져 있어요. 더 정확하게 말하자면 산소로요. 여러분도 마찬가지예요! 우리가 들이마신 공기는 후두를 통해 기관에 이르고 기관은 다시금 점점 더 가는 기관지로 나뉘어져요. 기관지 끝에는 아주 작은 폐포가 송이송이 달려 있어요. 여러분 핏속에 있던 이산화탄소는 가느다란 핏줄과 접촉할 때 공기에 있던 산소와 자리를 바꾸어요. 여러분 몸은 산소가 많이 필요하기에 이런 교환은 아주 빨리 일어나야 해요. 여러분이 달릴 때 몸에는 산소가 더 많이 필요해요. 그래서 숨을 빨리 쉬려고 헉헉거리는 거예요. 그럼 피가 더 빨리 흘러서 산소를 충분히 공급하지요. 공기는 입이나 코에서 폐까지 꽤 먼 거리를 지나며 따뜻해져 너무 건조하지 않은 채 폐 깊숙이 도착해요.

왜 코털이 아주 실용적일까요?

공기 속에는 수많은 박테리아와 바이러스가 떠다녀요. 숨을 쉴 때마다 우리는 그걸 들이마시지요. 이런 병균으로부터 폐를 잘 지켜야만 해요. 코는 첫 번째 방어선이에요. 코털은 그리 멋져 보이지는 않지만 박테리아를 많이 잡아 주어요. 편도도 백혈구를 만들어서 이 침입자들을 없애는 데 도움을 줘요. 그렇지만 훨씬 더 중요한 건 코에서 폐 깊숙이 늘어져 있는 점액층이에요. 박테리아와 바이러스가 거기 걸리면 혼자서는 앞으로 나가지도 뒤로 돌아가지도 못해요. 코에서 나온 점액은 저 아래 기관지에 흐르는 점액이랑 똑같이 입으로 들어가요. 기관지에 있는 가느다란 섬모가 그 점액을 마치 컨베이어 벨트처럼 위로 날라 줘요. 그래도 뭔가 거기 있으면 안 되는 것이 폐에 다다른다면 여러분은 느닷없이 기침을 하기 시작해요. 기침은 폐에서 공기를 힘껏 짜내서 초대받지 않은 손님이 기관에 돌아가도록 하는 거예요. 병균들은 거기서 식도를 통해 위로 들어가지요. 그들에게는 어떤 살인자의 희생자들과 똑같은 운명이 기다리고 있어요. 염산 욕실에서 끝을 맺는 거지요.

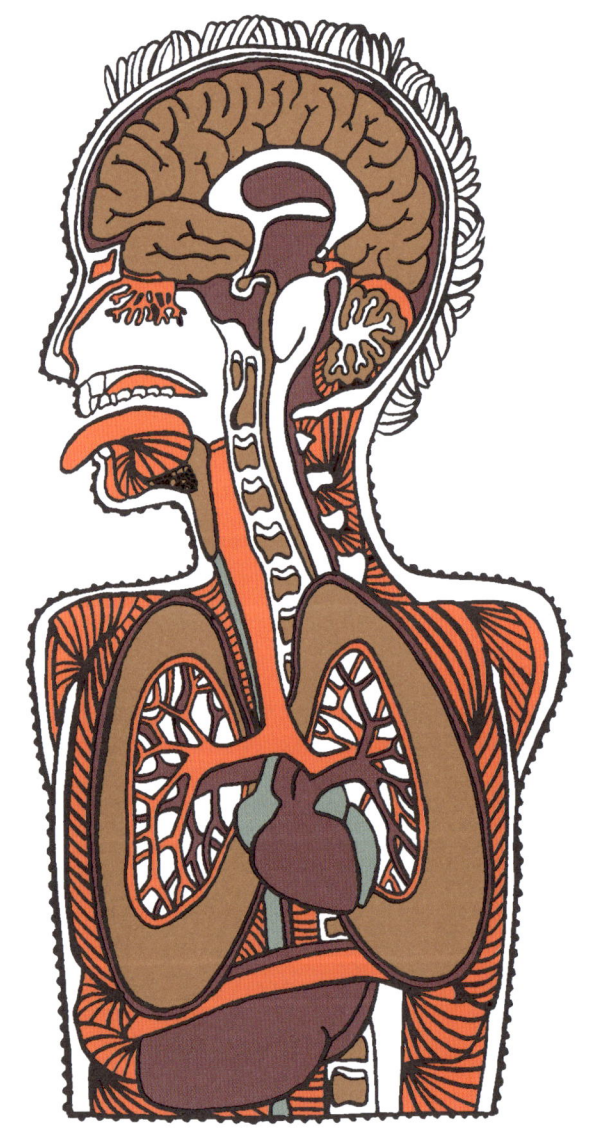

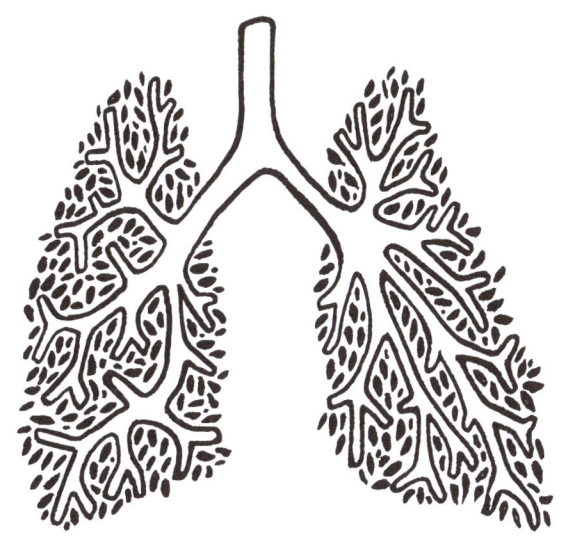

비흡연자의 폐

왜 흡연자가 멋지기보다는 불쌍할까요?

이 책을 읽는 여러분은 똑똑한 사람들이에요. 그래서 이번 단락은 여러분을 생각해서 쓴 건 아니에요. 세상에는 여러분보다 훨씬 더 멍청한 사람들이 있어요. 담배를 피우는 사람들이요. 그들의 몸속에서는 다음과 같은 일이 일어나요.

폐포의 껍질은 아주 얇아서 상하기 쉬워요. 담배에서 나오는 타르와 니코틴은 폐 속 얇은 폐포에 남아서 커다란 해를 끼쳐요. 니코틴은 섬모를 뻣뻣하게 만들어서 섬모가 점액과 협조해 폐에 있는 먼지를 잘 나르지 못하게 만들어요. 타르도 점액에 남아서 인후염을 일으켜요. 그래도 폐에서 먼지를 꺼내려면 기침을 할 수밖에 없어요. 그런데 기침을 많이 하게 되면 폐포가 완전히 망가져요. 그래서 담배를 피우는 사람들은 숨이 점점 더 가빠지지요. 담배를 피우는 게 얼마나 나쁜지는 첫 한 대만 피워도 알 수 있어요. 온몸이 반란을 일으켜요. 기침을 하고 입에선 텁텁한 맛이 나요. 담배에 해로운 물질이 많이 들어 있다는 신호지요.

자기는 처음 담배를 피울 때부터 좋았다고 주장하는 사람들은 마치 바지에다 오줌을 싸 놓고 이웃집 애가 그랬다고 주장하는 꼬마만큼이나 믿음이 가지 않아요. 사실 담배를 피우기 시작하는 이유는 딱 한 가지예요. 담배를 피우지 않으면 자신이 멋지지도 흥미롭지도 않아 보일 거라는 착각 말이에요. 그러니까 담배를 피우는 건 멋지기보다는 불쌍하게 여길 일이에요. 담배는 폐와 심장, 혈관에만 해로운 게 아니라 온갖 신체 부위에 암을 비롯해 많은 병을 일으켜요. 흡연자의 절반은 그로 인해 생긴 병으로 죽어요.

담배에는 단점이 많아요. 그렇지만 장점도 있지요. 그 목록을 살펴볼까요?
1. 담배 생산자와 판매자의 통장 잔고를 늘리는 데 아주 좋아요.
2. 사실 이게 전부랍니다.

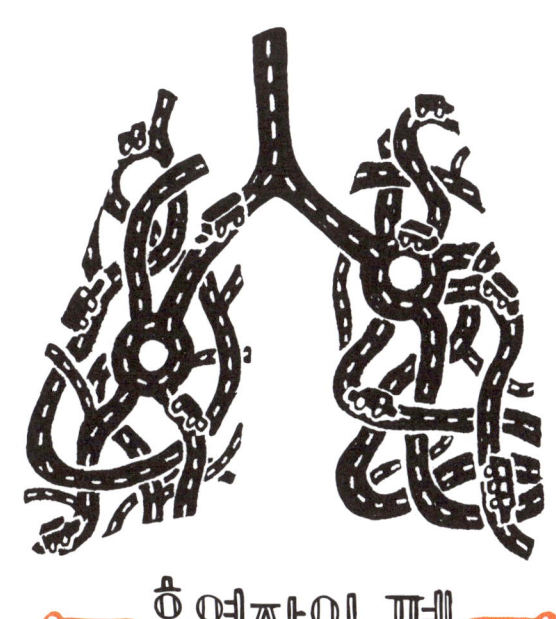

흡연자의 폐

― 6부 ―

배와 그 속에 사는 생명체들

망제투 씨의 배 속에서

왜 식도가 경비행기를 먹는 데 도움이 될까요?

이제 위와 장에 대해서 이야기해 볼까요. 그러니까 음식 찌꺼기와 똥에 대해서요. 사실 우리가 그것에 대해 생각을 거의 하지 않는 건 적절치 않아요. 더 나쁜 건 심지어 그걸 부끄러워한다는 사실이지요. 화장실 칸마다 잠금장치가 괜히 달려 있는 게 아니에요. 우리는 음식 찌꺼기가 냄새가 고약할 뿐더러 밥맛 떨어져 보인다고 생각해요. 하지만 소화에 대해 더 알아보는 건 퍽 재미난 일이에요. 혹시 많은 사람들이 너무 멍청해서 똥도 제대로 싸지 못한다는 사실을 알고 있어요? 아, 정말이에요! 왜 그런지는 앞으로 읽게 될 거예요.

별명이 망제투 씨인 미셸 로티토를 예로 들어 볼게요. (망제투는 프랑스어로 '모든 것을 다 먹는다'는 뜻이에요.) 이 사람은 이미 죽었지만 정말 잘 어울리는 별명이었어요. 그는 살아 있을 때 자전거 열여덟 대, 쇼핑 카트 열다섯 대, 텔레비전 여덟 대, 변기 세 개를 먹었거든요.

아, 게다가 경비행기 한 대까지 먹었어요. 비록 2년이 걸렸지만, 어쨌든 다 먹었어요! 그는 삶은 달걀이나 바나나 같은 건 좋아하지 않으면서 총 9000kg에 이르는 금속을 게걸스레 먹어 치웠어요. 그것도 아주 쉽게. 그의 몸은 이런 금속을 다 소화할 수 있었거든요. 여러분 위장에 이제는 조금이나마 존경심이 생기나요?

그나저나 위장만 소화를 담당하는 건 아니에요. 우리한테는 식도도 있어요. 식도 덕분에 작은 경비행기까지 위 속으로 매끄럽게 들어가는 거예요. 그밖에도 간, 췌장, 담낭이 여러분을 위해 온갖 일들을 조절해 줘요. 게다가 아주 똑똑한 괄약근이 항문 근처에 있는 모든 것을 원하는 만큼 거기 잡아 두지요. 소화 기관은 간단히 말해 모든 중요한 양분을 필요한 곳에 딱딱 갖다 주는, 아주 잘 만들어진 체계랍니다.

왜 여러분이 먹는 것이 여러분일까요?

 여러분이 먹는 것이 여러분이라는 말은 그냥 괜히 하는 말이 아니에요. 여러분의 몸 어딘가에는 여러분이 예전에 먹은 오이에서 나온 분자가 들어 있어요. 어쩌면 여러분 뼛속에서 먹은 지 1년이나 지난 브로콜리에서 나온 칼슘의 흔적을 발견할 수도 있어요. 근육 속에는 3주 전부터 바른 빵에서 나온 단백질이 보일 수도 있고요. 심지어 심장에는 여러분이 아직 엄마 배 속에 있을 때 엄마가 먹은 치즈가 있고, 핏속에서는 여러분이 방금 마신 과일 주스의 당분이 나올 수도 있답니다. 왜 올바른 음식을 먹고 마시는 게 중요한지 여러분도 이제 이해하겠지요.

 그런데 우리는 지금까지 우리 위와 장에 사는 이들에 대해서는 입도 벙긋하지 않았어요. 그곳에 사는 수많은 박테리아들은 그 자체로 하나의 세계를 이루지요. 그들에게는 우리 몸이 일종의 행성이에요. 그 안에서 살고 그 위에서도 살지요. 박테리아들은 우리 몸에 조금은 감사할 만해요. 그렇지만 우리도 그 박테리아들한테 감사할 만하지요. 우리가 대부분의 박테리아들이 병을 일으킨다고 알고 있는 것과 달리 박테리아가 없다면 우리도 오래 견디지 못할 테니까요. 박테리아는 우리가 얼마나 건강한지, 몸무게가 얼마나 나가는지, 심지어 얼마나 즐거운지도 부분적으로 결정한답니다.

 소화에 대해서는 정말 할 이야기가 많아요. 처음부터 시작할게요. 입에서부터요.

− 6부 −

입속에서

*'남의 호의를 트집 잡지 말라'는 뜻의 서양 속담

왜 독일 스파이는 'Scheveningen'을 말해야 할까요?

　한번 입이 없다고 상상해 봐요. 그럼 아이스크림도 먹지 못할 테고 우스운 얘기도 못할 테고 케이크 반죽을 슬쩍 집어먹을 수도 없겠지요. 좋아하는 노래를 휘파람으로 불지도 못할 테고 손톱을 물어뜯을 수도 없을 테고 키스도 못하겠죠. 사는 게 무척이나 비참하네요. 게다가 무엇을 먹거나 말을 할 때면 근육을 정교하게 움직이려 엄청나게 애써야 할 거예요. 외국어를 할 때 그렇잖아요. 외국인들은 sch로 시작하는 네덜란드어 단어를 발음하는 게 무척 어렵다고 해요. 우선 S를 발음한 다음 이어 ch를 덧붙이는 것 말이에요. 그래서 네덜란드 사람이라고 주장하는 독일 스파이들은 모두 'Scheveningen(네덜란드 지명으로 '스케브닝언'이라 읽음*)'이라는 단어를 발음해 봐야 했어요. 그 발음을 해 보면 독일 사람인 게 당장 들통이 나거든요. 네덜란드 사람들 역시 어려운 독일어 발음으로 이루어진 문장을 말하는 게 거의 불가능하지요.

왜 바닥에 침을 뱉는 게 멍청한 짓일까요?

　말을 할 때 입속에서는 아주 많은 일이 일어나요. 하지만 음식을 먹는 것이야말로 정말 예술에 가까운 기술이에요. 꼭 쇼핑 카트를 먹지 않아도요. 만약 입에서 침이 만들어지지 않으면 어떤 문제가 생길지 상상해 봐요. 그럼 바삭바삭한 빵이나 과자는 아예 먹을 수가 없어요. 그걸 씹는 동안 여러분은 7mL의 침을 만들어 내지요. 15분 동안 음식을 씹는다면 물 잔 하나가 꽉 찰 만큼 침이 모일 거예요. 침은 음식을 쉽게 소화하도록 도와줘요. 음식을 먹지 않을 때도 입속엔 침이 고여 있어요. 입은 하루에 포도주 병 하나를 꽉 채울 만큼 침을 만들어 내요. 잠을 잘 때만 이 일을 멈춰요. 안 그러면 우리는 흠뻑

젖은 베개 위에서 침을 질질 흘리면서 깨어나겠죠.

침은 음식을 쉽게 삼킬 수 있도록 해 줘요. 게다가 아주 뛰어난 치약이기도 해요. 해로운 박테리아를 죽여서 입속을 싱싱하고 건강하게 지켜 주지요. 입뿐만 아니라 몸의 다른 부위도요. 심지어 입이 건강하면 심혈관계 질환도 예방할 수 있어요. 치석과 플라크를 만드는 박테리아는 핏줄 속 플라크에도 나타나거든요. 하지만 그게 전부는 아니에요. 만약 여러분이 혀나 입술을 데거나 이가 아파 본 적이 있다면 입이 너무나 민감하다는 사실을 잘 알 거예요. 입에는 통증을 전달할 수 있는 말초 신경이 많이 있어요. 통증이 아주 심한 환자들은 가장 강한 진통제인 모르핀을 병원에서 받지요. 그런데 침 속에 들어 있는 오피오르핀이란 물질은 모르핀보다 여섯 배나 강해요! 게다가 히스타틴이라고 하는 치료 물질도 들어 있어요. 그래서 입속에 난 상처는 몸에 난 다른 상처보다 더 빨리 나아요. 동물들이 다쳤을 때 그냥 재미로 자기 상처를 핥는 게 아니에요. 우리도 그러는 게 바람직하답니다. 길에 침을 찍찍 뱉어 내는 역겨운 버릇이 있는 사람들도 있지요. 그들은 침이 주는 이점을 전혀 누리지 못하는 거예요. 그런 짓을 하니까 그래도 싸요.

왜 식사 전에 이를 닦아야 할까요?

여러분은 치과 의사가 무엇보다 이에 신경을 쓴다고 생각하겠지요. 사실은 구강 위생 전반을 책임져요. 플라크는 여러분이 스스로 없앨 수 있어요. 하지만 플라크가 조금씩 계속 남다 보면 치석으로 굳어지는데 그건 여러분이 없앨 수가 없어요. 치과 의사들은 치석을 제거하고 잇몸을 관리해서 염증을 예방해요. 이런 염증은 이에 구멍을 낼 뿐만 아니라 많은 문제를 일으키거든요. 박테리아는 상상할 수도 없을 만큼 작아서 아주 좁은 틈도 비집고 들어가요. 그래서 잇몸은 그 사이로 균이 들어가지 못하게끔 이 주위에 팽팽하게 자리 잡아야 해요. 안 그럼 박테리아가 이 주위의 뼈와 시멘트질, 턱 속의 이(젖니가 빠진 후 날 영구치*)가 들어 있는 곳에 다다를 수 있고 그

럼 염증이 생겨요. 물론 치아 자체도 중요하지요. 여러분의 체세포들이 대부분 새로워지는 반면 이는 평생 사용해야 하거든요. 물론 여러분한테 아직 젖니가 남아 있다면 다르지만요. 치아는 세포가 아니라 상아질이라는 뼈와 비슷한 조직으로 이루어져 있어요. 상아질을 둘러싼 법랑질은 우리 몸에서 가장 단단한 물질이에요. 법랑질은 이가 닳는 것을 막아 주고 박테리아로부터 지켜 줘요. 잇속 깊이 치근관이 있는데, 치근관 안에는 신경 세포처럼 살아 있는 세포가 들어 있어요. 치과에서 마취하지 않은 채 치료를 받는다면 치근관의 존재를 너무나 잘 알아차릴 수 있지요.

설탕이 이에 얼마나 나쁜지는 누구나 다 알아요. 하지만 설탕이 어디 숨어 있는지 누구나 다 아는 건 아니랍니다. 설탕은 빵에도 있고 감자나 스파게티에도 들어 있어요. 우유에는 유당이 들어 있지요. 즉석 조리 식품 포장의 영양 정보란을 살펴봐요. 설탕은 정말 어디에나 있다니까요! 치아에 해로운 적이 하나 더 있다면 산이에요. 간단한 실험을 통해서 아주 잘 볼 수 있어요. 달걀을 식초가 든 냄비에 넣어 봐요. 하루가 지나면 껍데기가 다 녹아 있을 거예요. 달걀 껍데기는 석회로 되어 있거든요. 여러분의 이에도 똑같은 일이 일어날 수 있어요. 특히 과일주스나 청량음료를 마셨을 때요. 그 안에는 산이 많이 들어 있거든요. 그런데 신 것을 먹거나 마신 다음 바로 이를 닦으면 상황은 더 나빠진답니다. 산 때문에 부드러워진 법랑질이 치약에 있는 물질과 칫솔질로 닳아 버리거든요. 한 시간쯤 기다렸다가 이를 닦는 게 더 나아요. 치약에는 플루오르화물이란 게 들어 있어서 법랑질을 다시 단단하게 만들어 줘요. 그래서 점점 더 많은 치과 의사들이 식사를 하기 전에 이를 닦으라고 권해요. 그럼 치약에 있는 플루오르화물이 법랑질 위에 남아서 음식에 있는 해로운 물질로부터 이를 지켜 준대요. 게다가 이도 그리 빨리 닳지 않는다나요. 그래도 식사를 한 다음 음식 찌꺼기를 물로 헹궈 내긴 해야 하지요.

– 6부 –

위에서

왜 달릴 때 위 속의 수프가 다시 올라오지 않을까요?

여러분이 음식을 삼키면 식도를 통해 위 속으로 들어가요. 식도는 미끄러운 점액층으로 덮여 있어서 음식이 어딘가에 미적거리며 남아 있지 못하게 하죠. 식도 주위에는 음식을 아래로 계속 밀어 보내는 근육이 있어요. 이 근육 덕분에 나뭇가지에 거꾸로 매달린 채로도 바나나를 먹을 수 있으니 아주 실용적이지요. 언제 그런 일을 하게 될지 사람 일은 모르는 거잖아요!

여러분이 똑바로 서 있을 때 식도는 처음엔 가파르게 내려갔다가 평평하게 끝나는 미끄럼틀 같아요. 음식을 한 입 먹으면 6초 안에 아래로 미끄러져요. 여러분이 먹은 음식은 마지막 평평한 부분을 지나서 위 속으로 들어가요. 음식이 위 속에 들어오자마자 근육 하나가 닫혀서 음식은 이제 왔던 길로 되돌아갈 수 없어요. 설사 이 근육이 완전히 닫히지 않더라도 식도의 가파른 부분이 여전히 여러분이 달릴 때 완두콩 수프가 다시 올라오지 않도록 해 줘요. 우리 몸은 생각보다 더 합리적으로 만들어졌어요.

위가 있는 곳에 손을 올려 봐요. 손이 어디 놓여 있어요? 배꼽 위에 있다고요? 그럼 너무 내려간 거예요. 위는 갈비뼈 바로 아래 있어요. 그렇지만 그걸 아는 사람은 그리 많지 않아요. 사실 사람들은 장이 아플 때 위가 아프다고 말하지요. 여러분이 먹은 게 별로 없을 때 위는 작은 주머니 같아요. 그렇지만 피자 한 판이랑 커다란 콜라 한 잔을 마시고 나면 확 늘어나요. 위의 모양도 식도만큼이나 실용적이에요. 위는 J 자 모양의 주머니처럼 생겼어요. 빨리 지나가야 할 내용물을 얼른 내보내고 오래 남겨야 할 것들만 위에 보관해요. 물은 분해를 할 필요가 없

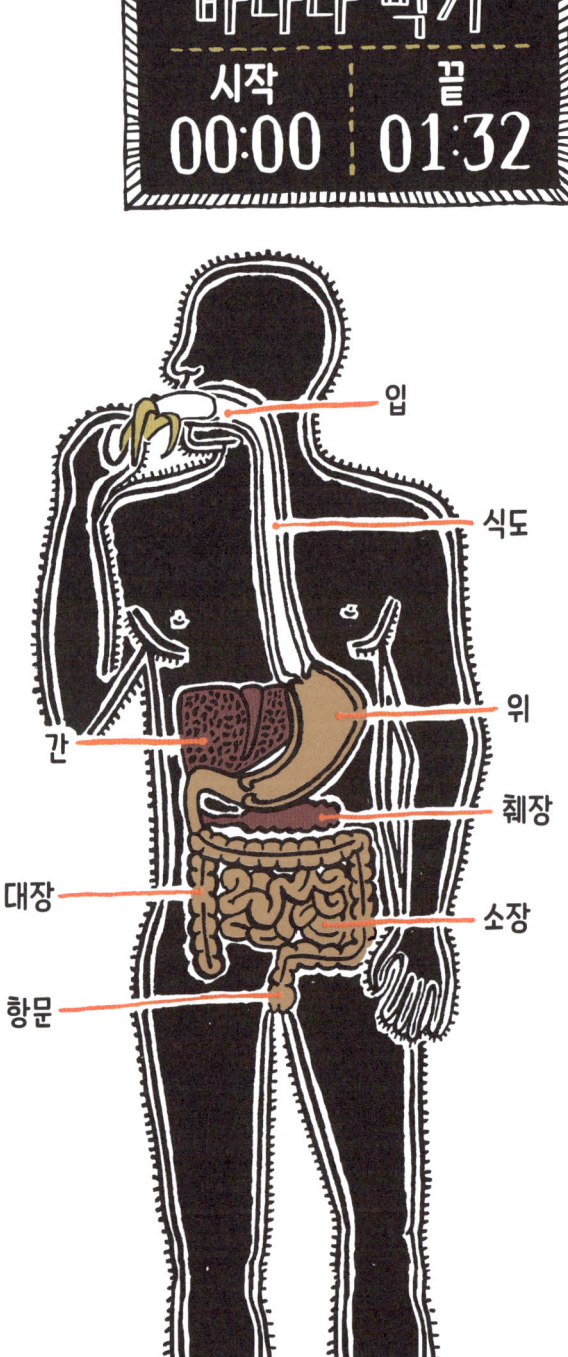

98

어요. 그래서 물은 위의 아주 짧은 쪽을 통해서 재빠르게 출구로 보내져요. 그렇지만 피자는 위에 좀 더 오래 머물러야 해요. 그래서 저절로 그걸 분해할 시간이 많은 긴 쪽에 떨어져 버려요.

여러분도 음식을 씹어서 작게 만들었지만 위는 그런 일을 더 효과적으로 처리해요. 위 주위의 근육들이 음식이 위산이랑 잘 섞이게끔 이리저리 주물러요. 음식은 세탁기 속에 든 빨래처럼 빙글빙글 돌아서 위 속에 있는 무시무시한 산이 자기 일을 잘 처리할 수 있게끔 해 줘요.

왜 위가 어떤 면에선 살인자와 비슷할까요?

살인자 얘기에 놀랐어요? 여러분이 잘못 읽은 게 아니에요. 하필이면 위 속의 음식이 도달하는 자리에 무시무시한 산이 기다리고 있어요. 위벽에 있는 여러 위샘에서 나온 거죠. 때로 살인자들이 증거를 없애려고 염산에다 시체를 녹인다는 이야기는 이미 여러 번 했지요. 위에 있는 산도 이 염산만큼이나 독해요. 왜냐하면…… 위산도 염산이거든! 그래도 위는 그런 살인자보다 더 똑똑해서 음식이 빨리 분해되도록 해 주는 단백질의 지원을 받아요. 그래서 망제투 씨가 먹었던 비행기 부품도 위에 들어간 다음 다시 나오지 않았어요. 일부는 정말 소화가 됐지요.

이제 여러분은 아주 급하게 묻고 싶을 거예요. 염산이 시체도 녹일 만큼 독한데 왜 위는 녹지 않아요? 그건 위벽이 산에 의해 부식되지 않는 두꺼운 점액층으로 보호되고 있기 때문이에요. 이 점액층이 없다면 정말 심각한 문제가 생길 거예요. 여러분이 먹은 음식이 몇 시간 뒤에 위산 속에서 어떻게 되는지 보면 알 수 있지요. 오래지 않아 뭐가 뭔지 하나도 알아볼 수 없잖아요. 식사 한 끼가 얼마나 오래 위 속에 머무르는지는 무엇을 먹었는지에 따라 달라요. 단것과 과자는 두 시간이면 벌써 밖으로 나오지만 쇠고기 스테이크는 그보다 세 배는 더 오래 걸려요. 당은 빨리 분해되기에 우리는 오래 지나지 않아 다시 배고픔을 느껴요. 단백질과 지방은 분해되는 데 훨씬 더 오래 걸려요. 그래서 다음 음식을 먹을 때까지 한참 더 기다릴 수 있지요.

왜 장이 37℃부터 깨끗해질까요?

음식은 위를 떠나 머잖아 소장에 닿아요. 소장은 다시금 진정한 기적이라고 할 수 있어요. 신문지 한 장을 가져다 구겨서 가능한 작게 공 모양으로 만들어 봐요. 이번에는 여러분한테 테니스장 크기만 한 커다란 종이가 있다고 상상해 봐요. 그걸 구겨서 여러분 배 속에 집어넣어야 해요. 그게 가능할까요? 물론 안 되겠지요. 종이가 아무리 얇아도 말이에요. 그런데 여러분 소장의 내부는 표면 면적이 250m², 그러니까 테니스장 크기예요. 우아! 그게 여러분 배 속에 가뿐하게 들어가 있다니까요. 우리 몸은 정말이지 걸작이에요!

소장의 비밀은 구김과 주름이 아주 많다는 거예요. 게다가 소장에 있는 온갖 굴곡과 융털로 그 표면적은 더 커져요. 융털 위에 융털이 있고 또 그 위에 융털이 있고…… 실제로는 몇 m 길이지만 주름을 다 평평하게 편다면 거의 7km에 이르지요. 소장은 소화 운동을 하면서 영양분을 소화, 흡수하는 중요한 부분이에요. 우리가 먹은 음식은 소장에서 장액이랑 섞여요. 소화의 다음 과정을 담당하는 액체지요. 효소라고 불리는 물질도 여기서 소화에 같이 영향을 미쳐요. 아마 세제 광고에서 들어봤을지도 모르겠어요. 효소는 특정한 물질의 분해 속도를 빠르게 하는 단백질이에요. 세제에 있는 효소는 더러움과 얼룩을 분해하지요. 소장에 있는 효소도 똑같은 일을 해요. 다만 여러분이 먹은 음식을 분해하지요. 그것도 37℃에서요!

- 6부 -

올바른 자세

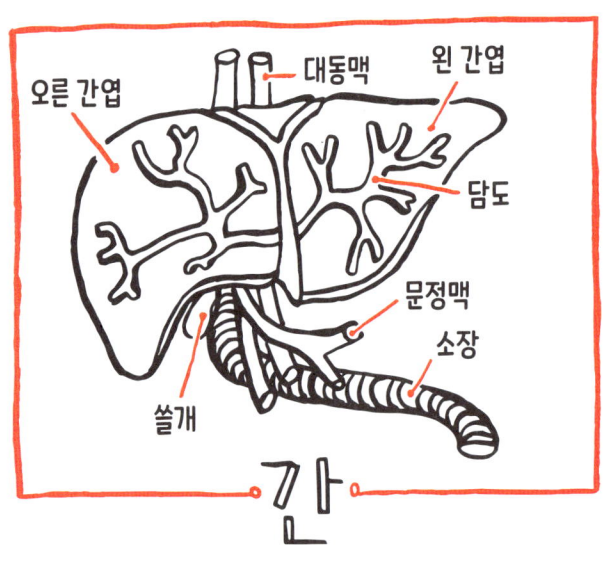

이제 여러분도 우리 몸에는 여러 가지 일을 동시에 할 수 있는 신체 부위들이 있다는 사실을 알 거예요. 뭐니 뭐니 해도 간이 그 가운데 으뜸이랍니다. 다 합쳐서 200개가 넘는 중요한 과제를 처리하지요. 여기 다 적기에는 너무 많지만 그래도 몇 가지 예를 들어 볼게요. 간은 콜레스테롤의 저장과 분배를 맡아요. 핏속에서 유용한 물질과 해로운 물질을 찾아내요. 망가지거나 죽은 혈구를 정리해요. 지방과 당이 핏속에 너무 많이 들어가지 않고 나중에 쓸 수 있도록 저장해요. 비타민을 보존하고요. 쓸개즙도 챙긴답니다. 쓸개즙은 몸이 위산을 중화시키고 지방 소화를 돕기 위해 이용하는 기름진 물질이에요.

왜 엉덩이가 염산에 녹지 않을까요?

샐러드 소스를 직접 만들어 본 적 있나요? 식초나 레몬즙이 너무 많으면 기름을 더 넣어서 맛을 맞출 수 있잖아요. 쓸개즙도 그렇게 작동해요. 먼저 간이 쓸개즙을 만들어 쓸개로 보내요. 쓸개는 간 아래에 있는 작은 저장소로 소장이랑 잇닿아 있어요. 그렇지만 염산이 어찌나 신지 쓸개에 있는 지방만으로는 충분하지 않아요. 그래서 여러분한테는 염산을 누그러뜨리는 데 도움을 주는 기관이 하나 더 있어요. 췌장이에요. 정말 다행이지요. 안 그럼 똥이 너무 독한 나머지 변기를 다 녹여 버릴 테니까요. 여러분 엉덩이는 말할 것도 없고요!

왜 간이 그토록 중요할까요?

소장은 정원에서 쓰는 고무호스처럼 그냥 입구와 출구가 있는 관이 아니에요. 우리가 먹은 음식에서 가장 중요한 성분은 출구가 아니라 벽을 통해서 소장을 떠나요. 그 원리는 다음과 같아요. 우리가 먹은 음식은 대부분 소장에서 영양분이 많은 분자로 가득한 묽은 국처럼 바뀌어요. 이 분자는 아주 작아서 소장 벽에서 흡수될 수 있어요. 그래서 소장의 표면이 그렇게 넓은 거예요. 우리가 테니스장만 한 소장을 사용할 수 없다면 버터 바른 빵에서 영양분을 흡수하는 데 일주일은 족히 걸릴 거예요. 영양분이 소장 벽에서 흡수되면 핏속으로 빨리 들어갈 수 있어요. 소장 벽의 외부에 작은 혈관들이 아주 많기 때문이지요. 영양분은 피와 함께 간으로 흘러가요. 간은 이 영양분에 독성은 없는지 검사한 다음 독성이 있으면 독성을 없애 버려요. 양분으로 이용할 만한 모든 성분은 피로 다시 들어가서 심장을 향해 가요. 거기서 몸의 다른 부분에 펌프질 될 수 있도록 말이에요.

하지만 아직도 다 끝난 게 아니에요. 여러분이 먹은 음식이 마지막으로 대장에 이르거든요. 벌써 열여섯 시간 동안 몸속을 돌아다녔지만 여전히 몸이 이용할 수 있는 영양분이 남아 있어요. 온갖 비타민과 미네랄이랍니다. 심지어 어떤 비타민은 대장에서만 흡수되어요. 그 비타민은 대장 벽을 통해 작은 혈관을 거쳐 간으로 들어가지

― 배와 그 속에 사는 생명체들 ―

요. 대장의 마지막 부분에 있는 좋은 영양소만 직접 핏속으로 들어가는 거예요. 왜 좌약이 있는지 여러분도 이제 알겠지요? 좌약을 항문에 집어넣으면 약 성분이 혈관으로 직접 들어가요. 게다가 위액으로 분해되지도 않아요. 그래서 좌약은 위를 통해 몸에 들어가는 내복약(먹어서 치료하는 약*)보다 효과가 훨씬 더 빨리 나타나지요.

이제 우리는 장 출구에 있는 질퍽질퍽한 것을 음식이라고 부르지 않고 똥이라고 불러요. 일부는 여러분이 먹은 음식에서 마지막으로 남은 것들, 특히 빵이나 채소에서 나온 식이 섬유로 이루어져 있어요. 그렇지만 75%쯤은 분해된 (혈액) 세포, 쓸개즙, 많은 양의 박테리아와 많은 물로 이루어져 있지요.

왜 많은 이들이 너무 멍청해서 그걸……

좋아요. 마침내 목적지에 이르렀어요. 어제 먹은 음식이랑 헤어질 때예요. 그런데 우리는 대개 그걸 잘…… 못 하고 있어요. 우리는 도우 시키로우 박사 덕에 이 문제에 도움이 될 방법을 찾아냈어요. 그는 사람들이 어떤 자세에서 큰 볼일을 가장 잘 볼 수 있는지 점검했답니다. 세상 곳곳에서 사람들은 쪼그리고 앉아서 볼일을 봐요. 우리는 변기 위에 걸터앉지요. 시키로우 박사는 실험 대상

자들이 여러 가지 방법으로 볼일을 보게 했어요. 결과는 어떻게 나왔을까요? 쪼그리고 앉는 게 훨씬 나았답니다! 그럼 1분 안에 일은 다 끝나고 장은 더 잘 비워지고 기분도 훨씬 더 좋아졌어요. 그건 변기에 앉아 있을 때 장이 약간 꺾이기 때문이에요. 쪼그리고 앉아 있을 때는 장이 활짝 열려요. 어떤 사람들은 10분 이상 변기에 앉아 있어야 쌀 수 있어요. 사람들이 제대로 싸지 못할 만큼 멍청해서 귀한 시간이 얼마나 헛되이 흘러가는 걸까요?

물론 나도 바닥에 쪼그리고 앉는 것보다 변기 위에 앉고 싶은 심정을 이해할 수는 있어요. 그렇다고 변기 좌대 위에 쪼그리고 앉기도 좀……. 다행히 작가 기울리아 엔더스가 거의 정상적으로 변기에 앉아 있으면서도 마치 쪼그려 앉은 듯 일을 볼 수 있는 방법을 고안해 냈어요. 등받이 없는 의자 위에 발을 올려놓으면 저절로 쪼그리고 앉은 듯한 자세가 나와요. 비록 나에게는 맞지 않지만요. 키가 큰 사람들은 굳이 의자를 갖다 놓을 필요도 없이 발꿈치를 조금만 들어 올리면 이상적인 자세가 나올 것 같아요. 심지어 화장실에 가는 것도 생각보다 더 복잡하다는 사실을 여러분은 여기서 알 수 있어요!

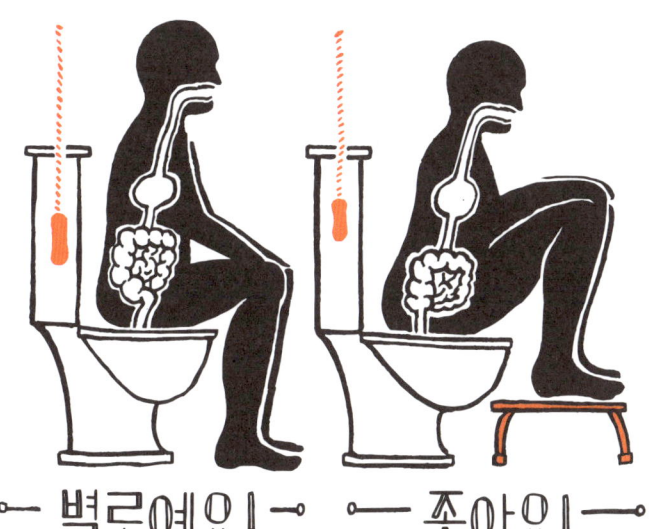

– 6부 –

열대의 섬에 있는 멋진 저택에서

왜 몸은 생존 기계일까요?

여러분 혹시 이 책에서 어떻게 건강을 유지할지 조언을 얻고 싶나요? 그렇지만 여기에선 어떻게 쉽고 빠르게 부자가 될 수 있는지를 다룰 거예요. 그건 생각보다 더 간단하거든요. 이제 곧 설명할 테지만 우선 몸의 비밀을 알고 있어야 해요. 지방 세포의 비밀이요.

여러분이 지금까지 몸에 대해 공부를 잘 해 왔다면 몸이 생존을 위한 기계라는 사실을 알게 됐을 거예요. 이 기계는 수만 년 동안 변하지 않았어요. 그렇지만 우리 생활 방식은 달라졌지요. 우리 조상들은 음식을 충분히 구하기 위해서 온종일 애를 써야만 했어요. 조상들은 에너지를 얻기 위해 에너지를 믿을 수 없을 만큼 많이 소비했답니다. 우리 몸은 이에 맞춰졌지만 이제 우리 생활은 그렇지 않아요. 오늘날 우리는 자판기에 동전만 집어넣으면 대충 하루에 필요한 에너지의 10%를 가볍게 손에 쥘 수 있지요.

우리 조상들에게 가장 큰 과제는 굶주려 죽지 않는 것이었어요. 그래서 우리 몸은 에너지를 가능한 절약하도록 발전해 왔어요. 어떤 때는 음식이 충분했지만 그렇지 않은 때가 더 많았어요. 좋은 시절에 생존 기계는 양분을 지방의 형태로 저장했어요. 그래서 먹을 게 너무 적은 시기가 닥쳐와도 당장 굶어 죽지는 않았지요. 일단 몸은 그동안 저장해 놓은 지방을 소비했거든요. 우리 몸이라는 생존 기계는 여전히 약 4만 년 전 생활 환경에 맞춰져 있어요. 자판기, 2L짜리 콜라병, '30% 특별 추가 용량'이라고 적힌 과자 봉지에 익숙하지 않아요.

왜 살을 빼는 게 이토록 어려울까요?

여러분이 소비하는 것보다 더 많은 에너지를 계속 몸 속에 집어넣는다면 몸은 이 남는 에너지를 지방 세포 속에 저장해요. 지방 세포는 어느 정도까지 버티지만 언젠가는 꽉 차 버리지요. 그런 경우 지방 세포는 분열을 해요. 지방 세포 수가 늘어나는 거예요. 그래서 체중이 많이 나가는 사람들은 건강한 체중을 지닌 사람보다 지방 세포가 세 배나 많을 수도 있어요. 몸이라는 생존 기계는 세포가 특별히 더 생겼다고 기뻐하면서 그들이 절대 사라지지 않도록 신경을 많이 써요. 뚱뚱한 사람들이 살을 잠깐 뺀다고 해도 늘어난 지방 세포는 여전히 그대로죠. 그저 가득 차지 않았을 뿐. 게다가 맛있는 것의 유혹은 어찌나 많은지. 우리는 초코바 하나로 단 1분 만에, 그걸 소비하려면 반 시간 동안은 격렬하게 움직여야 하는 에너지를 섭취할 수 있어요. 움직이면 피곤해지니까 모두 다 움직이는 걸 좋아하지는 않지요. 바로 이 점을 이용하면 쉽고 빠르게 돈을 벌 수 있어요!

부자가 되고 싶다면 다이어트 책을 쓰면 돼요. 다이어트에 대해서 아는 게 하나도 없는데 어떻게 책을 쓰냐고요? 걱정 마요. 다이어트 책을 쓴 많은 작가들도 다이어트에 대해선 아는 게 별로 없어요. 중요한 건 그 책에 어떤 종류의 음식을 더 먹어선 절대 안 된다고 쓰는 거예요. 예를 들어 지방, 아니면 빵이나 과자 같은 거요. 그게 아니면 특정한 음식을 같이 먹어선 안 된다고 써도 좋아요. 이제부터 고기, 생선, 달걀을 빵, 감자, 국수랑 같이 먹어선 안 된다고요. 뭔가 그럴 듯하게 지어내 봐요! 안 그럼 모든 것을 다 먹어도 된다고 써요. 그럼 그 책이 더 잘 팔릴 테니까요. 특히 '날씬하게 먹는 법', '3개월 안에 힘들이지 않고 살 빼기' 같은 제목이 달려 있다면요.

왜 다이어트 책으로 부자가 될 수 있을까요?

그럼 어떤 일이 일어날까요? 어떤 음식을 먹으면 안 된다는 조언을 따르면 사람들은 아무래도 덜 먹게 마련이에요. 빵이나 국수 같은 음식을 다른 맛있는 음식이랑 같이 먹어선 안 된다고 인지하면 이전처럼 몇 kg씩이나 먹지는 않잖아요. 그래서 살이 좀 빠져요. 그런 사람들은 여러분 다이어트 책의 걸어 다니는 광고판이 되지요. "너 살이 좀 빠진 것 같은데!", "응, 다이어트 책을 한 권 샀는데……." 그렇게 여러분 책은 베스트셀러가 돼요. 한동안 그런 다이어트를 하면서 버티는 건 그리 큰 문제가 아니거든요. 심지어 몇 달도 견딜 수 있지요. 아쉽게도 여기에는 딱 한 가지 함정이 있어요. 언젠가는 지방 세포가 텅텅 비어서 음식을 달라고 외치게 되거든요. "나에게 피자를 달라! 피자를 달라!" 지방 세포는 뇌에 위기 신호를 보내요. 그러면 다시 일이 잘못돼요. 이런 지방 세포는 수십억 개거든요. 다이어트를 잘 하던 사람들도 배고픔을 느끼고 예전과 같은 음식을 먹어서 다시 살이 찌게 돼요.

더 나쁜 일은 예전보다 몸무게가 더 는다는 거예요! 우리 몸이라는 생존 기계는 이제 비어 있는 지방 세포를 건드릴 수밖에 없거든요. 몸은 한번 경고를 받았으니까 앞으로는 지방을 더 잘 저장하는 한편 새로운 지방 세포까지 만들어내요. 그걸 요요 현상이라고 하지요. 그래서 다이어트로 살을 빼고 새로운 다이어트를 자주 시도해 볼수록 결국 살이 더 많이 찌게 돼 있어요. 그래서 아무리 똑같은 음식을 똑같이 먹어도 다이어트를 자주 해 본 사람들은 안 해 본 사람들보다 살이 더 찌게 마련이에요.

그렇지만 여러분은 아무 걱정도 할 필요가 없어요. 그 때쯤이면 벌써 부자가 돼서 열대의 섬에 있는 멋진 저택에서 살고 있을 테니까요. 그렇지만 여러분도 이제는 이해할 수 있을 거예요. 왜 대부분의 다이어트가 몇 년 동안 모든 사람들 입에 오르내리다가 어느 순간 더는 듣지 못하게 되는지. 살을 빼고 싶다면 평생 지킬 수 있는 다이어트를 통해서 아주 천천히 살을 빼야 해요. 아주 조금씩, 적게 먹고 무엇보다 많이 움직여야 하지요. 물론 가장 좋은 건 아예 지방 세포가 나누어지지 않게 조심하는 거예요. 누구나 태어날 때부터 지방 세포는 충분하거든요.

과체중은 점점 더 큰 문제가 되고 있어요. 점점 더 흔해지는 데다 심장병, 당뇨병, 심지어 암에 걸릴 가능성까지 높이거든요. 정말 쉽게 지킬 수 있으면서도 효과가 오래 가는 다이어트가 있다면 의사들은 너도나도 그 다이어트 사업에 뛰어들 테고 그 다이어트를 알아낸 사람은 노벨상을 받을 거예요. 아쉽게도 이런 일은 아직 일어나지 않았지만요.

– 6부 –

많은 숫자로

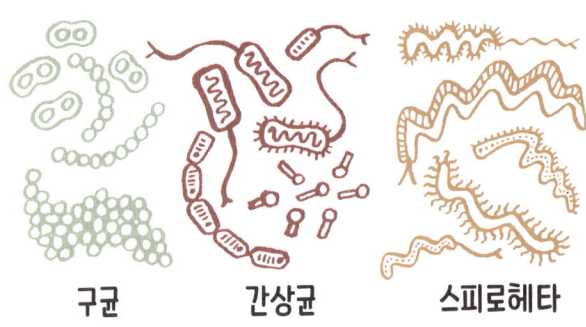

구균　　　간상균　　　스피로헤타

왜 여러분이 절대 혼자가 아닐까요?

이 책을 본 동생이 어렵다고 투덜대면 여러분은 아마도 작가인 나에게 "내 동생이 이 책이 어렵대요. 좀 쉽게 써 줘요."라고 말하고 싶어지겠죠. 혹은 "우리 동생이 이 책이 어렵대요." 하고 말할 수도 있어요. '내 동생'을 '우리 동생'으로, '내 집'을 '우리 집'이라고 하기도 하죠. 이렇게 여러분이 자신을 복수형으로 지칭한다고 해도 별로 이상한 일이 아니에요. 여러분 몸속에 살아 있는 생명체의 무게는 몇 kg은 돼요. 손가락 끝에만 해도 수백만 개의 박테리아가 앉아 있어요. 배 속에는 박테리아가 1kg이나 들어 있지요. 우유 1L의 무게랑 거의 같아요.

여러분 몸속에는 박테리아만 사는 게 아니에요. 사상균(실처럼 생긴 균*)과 아메바와 다른 작은 단세포 생물들도 살아요. 지구에 사는 생명체 가운데 박테리아처럼 맨눈으로는 볼 수 없는 모든 것을 다 합하면 곤충, 고래, 나무, 인간 등 볼 수 있는 것보다 무게가 더 많이 나가요. 박테리아는 단세포 생물 가운데 우리한테 가장 중요해요. 우리가 살아남는 데 간이나 췌장, 대장만큼이나 필수적이지요. 이 책에서 박테리아는 지금까지 병이나 염증을 일으키는 원인으로 등장했어요. 그렇지만 그건 박테리아의 일면일 뿐 우리에겐 박테리아가 반드시 필요해요!

왜 다른 사람의 박테리아에 반할까요?

박테리아가 우리한테 어떤 영향을 미치는지 얼른 박테리아학 단기 강의를 해 보죠. 우리 몸속에는 박테리아가 세포보다 열 배나 더 많답니다! 세포보다 크기가 훨씬 더 작은 약 만 가지 종류의 박테리아가 몸속에 그리고 몸 위에 있어요. 신체 부위에 따라 서식하는 박테리아의 종류가 다르답니다. 겨드랑이에 있는 박테리아는 발가락 사이에 있는 것과는 종류가 달라요. 또 혀 밑에는 혀 위에 있는 것과는 다른 박테리아가 살아요.

이 박테리아들이 어떻게 섞여 있는지는 사람에 따라 다 달라요. 지문만큼이나 독창적이지요. 비록 박테리아를 볼 수는 없지만 냄새를 맡을 수는 있어요! 몸에 있는 모든 박테리아가 합쳐져서 그 사람의 냄새를 결정하거든요. 누구나 박테리아 구성이 다르기 때문에 다 다른 냄새가 나요. 어떤 사람한테서 좋은 냄새가 난다면 사실 그 사람의 미생물이 좋은 냄새를 풍긴다는 뜻이에요. 누군가와 사랑에 빠질 때 냄새는 아주 중요한 역할을 해요! 박테리아의 향기가 가장 비싼 향수보다 더 많은 영향을 미쳐요. 그러니까 사랑도 이 자그마한 생명체에 의해 결정되는 셈이에요. 다만 "자기, 자기 박테리아 혼합 비율이 얼마나 멋진지 알아?"라고 말하면 그리 낭만적으로 들리지는 않겠지요.

입 냄새도 박테리아에 의해 결정돼요.(때때로 마늘이나 박하도 영향을 미치지요.) 입을 다문 채 하룻밤이 지나면 산소가 필요 없는 박테리아가 아주 많이 늘어나고 그 냄새가 나요. 입을 자주 여는 낮 동안에는 산소를 좋아하는 박테리아가 더 많아져요. 그 박테리아들은 냄새가 별로 나지 않아요.

— 배와 그 속에 사는 생명체들 —

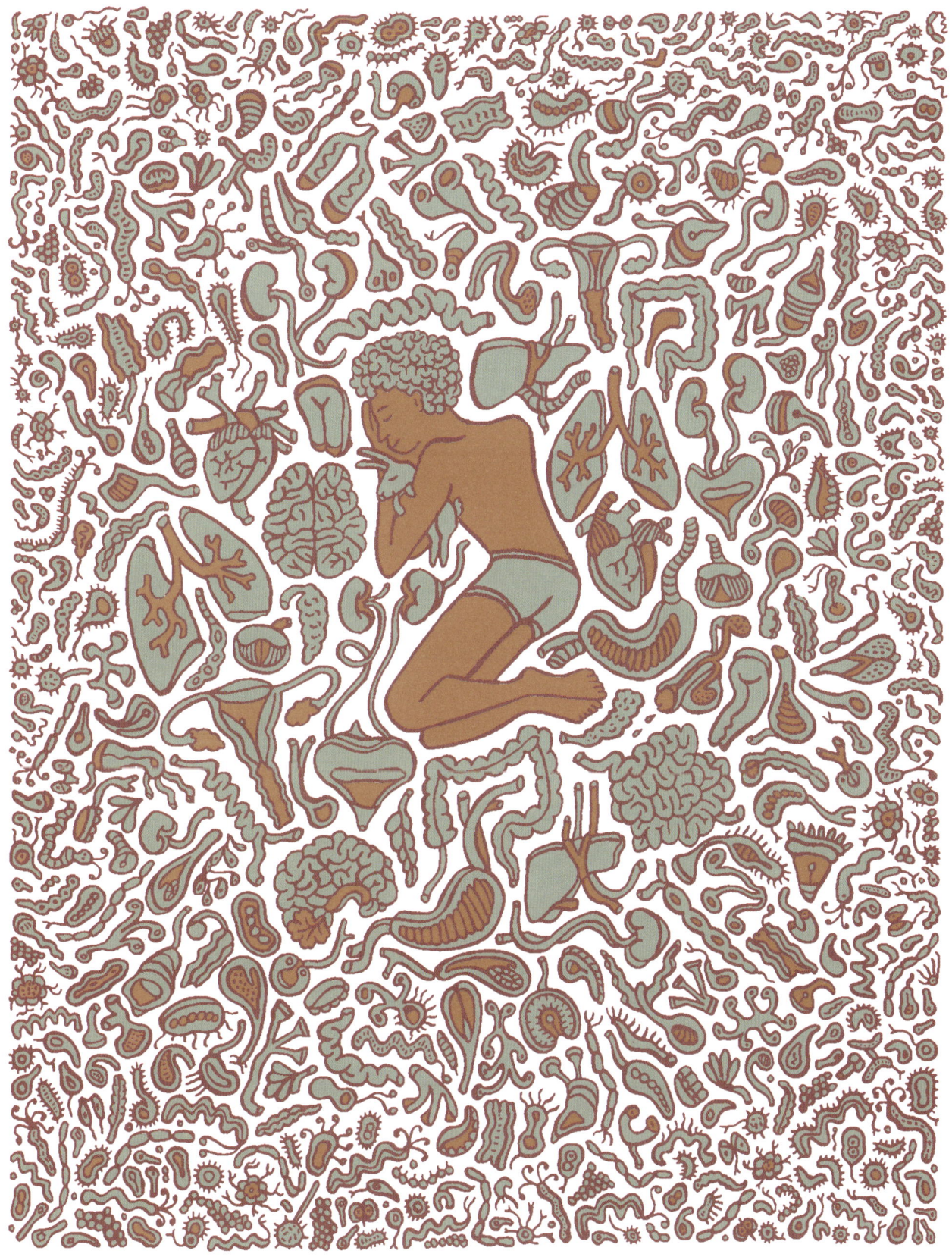

– 6부 –

너를 위해서

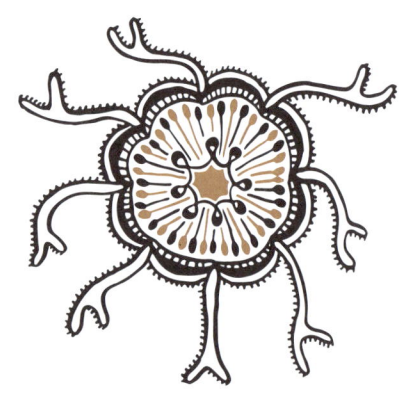

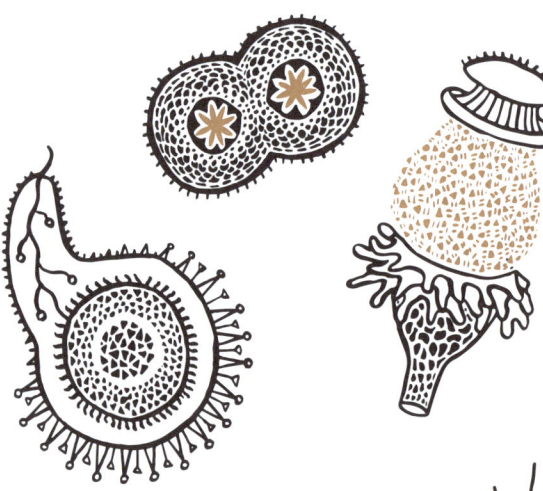

왜 박테리아를 포기할 수 없을까요?

우리는 박테리아 없이는 살 수 없어요. 도대체 박테리아가 실제로 우리한테 무엇을 해 주길래요? 우선 박테리아는 소화에 중요한 역할을 한답니다. 여러분 입속에는 온종일 박테리아가 득실거려요. 이를 닦고 난 다음에는 조금 줄어들지만 그래도 여전히 많아요. 여러분이 피자 한 쪽을 먹으면 입속의 박테리아가 그걸 함께 씹어요. 박테리아는 이렇게 처음부터 음식을 분해하는 것을 도와주지요. 박테리아는 위에도 있어요. 독한 염산 속에서 살아남는 게 불가능할 것 같지만 위에 있는 미생물 가운데 용감한 몇몇 녀석들은 마치 그곳이 햇빛 쨍쨍한 휴가지라도 되는 양 머무르면서 염산 소스를 끼얹은 피자가 맛있다고 하지요. 대장은 박테리아의 진정한 천국이에요. 대장이 시작되는 머리 부분 즉 맹장에 붙어 있는 충수(속이 비어 있는 관 모양의 돌기*)에만 지구상 인구 수보다 더 많은 미생물이 들어가 살아요.

여러분 소장에 있는 미생물은 음식에 있는 섬유질을 분해하고 몸이 아직 분해할 수 없었던 녹말을 소화시켜요. 그렇게 아직 음식에 남아 있는 양분을 끌어내지요. 이 박테리아 덕분에 몸이 소비하는 양분의 약 15%를 얻어요. 한 가지 덧붙이자면 우리는 이 박테리아 덕분에 비타민 K를 충분히 얻을 수 있어요. 피를 응고시키는 혈액 응고 인자를 만드는 데 빠질 수 없는 요소지요. 박테리아는 그밖에도 몸속에 있는 유용한 물질을 많이 담당하고 있어요.

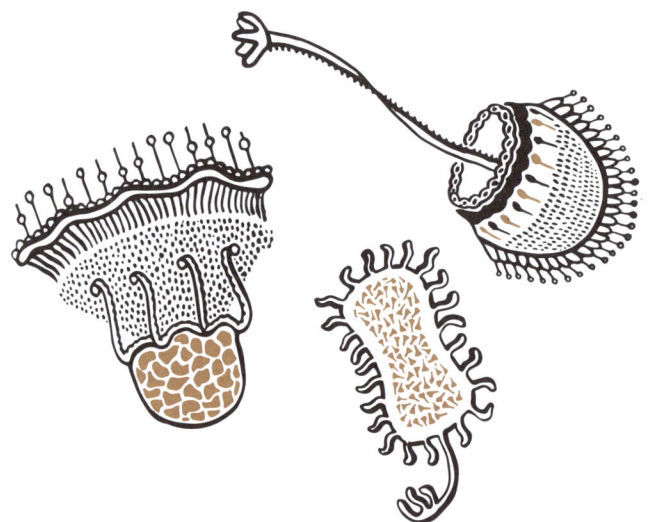

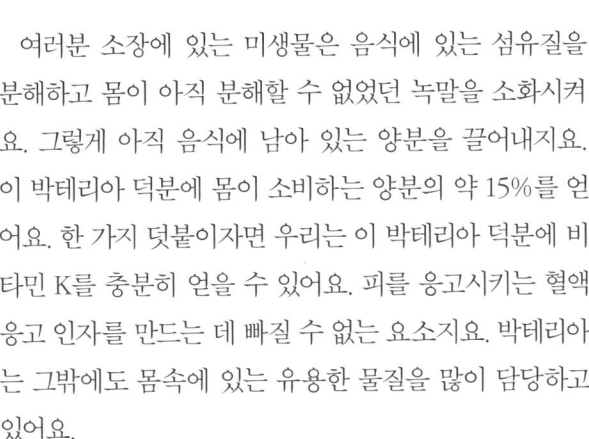

왜 박테리아가 건강 유지에 도움이 될까요?

박테리아를 아낄 만한 더 좋은 이유가 있어요. 박테리아는 여러분이 아프게 되는 걸 막아 줘요. 우리 림프 조직만큼이나 중요하지요. 몸속에 사는 박테리아 가운데 많은 것들이 우리한테 해가 없을 뿐더러 유용하기까지 해요. 박테리아가 몸속에 살면서 해로운 방문자들이 자리를 잡지 못하게 막아주는 거예요. 박테리아만 살기에도 자리가 빠듯하거든요. 어떤 박테리아는 여러분이 태어날 때부터 이미 거기 살고 있었어요. 엄마 배 속에 있을 때는 거의 없었지만 세상에 나온 지 몇 시간 지나지 않아서 벌써 수십만 개로 늘어나요. 그들은 여러분 몸속이나 그 위에 천막을 치고 절대 다시는 떠나지 않아요. 박테리아는 여러분 몸이라는 환경에 완전히 적응을 했죠. 거기서 다짜고짜 데리고 나올 수는 없어요.

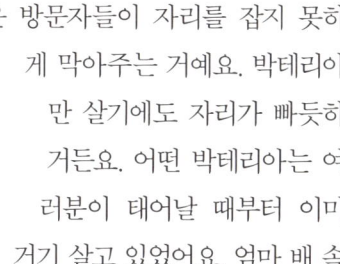

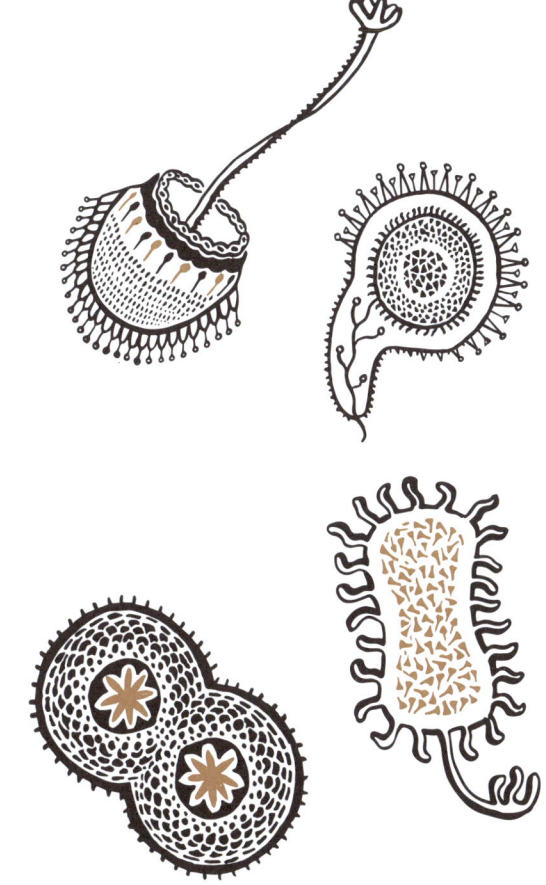

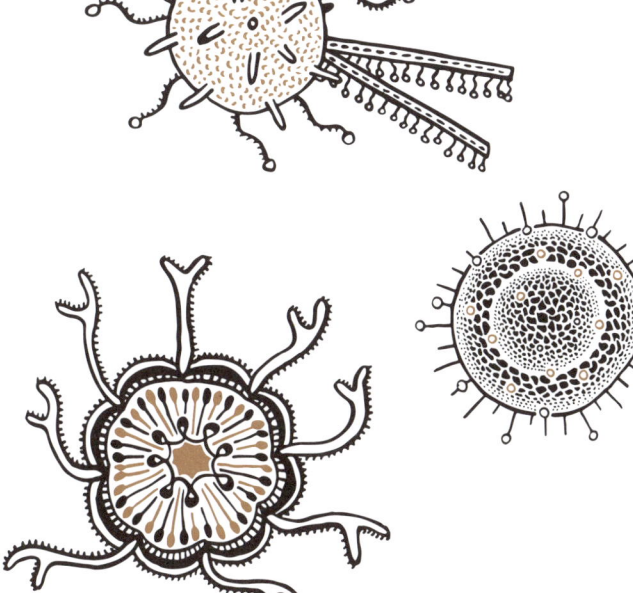

이제 여러분은 이렇게 생각하겠지요. "와, 박테리아 만세! 다시는 식사 전에 손을 씻지 않을 거야!" 그렇지만 이게 또 그렇게 간단한 일이 아니에요. 좋은 박테리아가 있는 반면 나쁜 박테리아가 있으니까요. 날달걀 위에는 때로 나쁜 박테리아가 있어요. 살모넬라 식중독이라고 들어 봤어요? 달걀 표면에 묻은 닭똥 속 박테리아 때문에 생기죠. 이 살모넬라균은 여러분을 보통 하룻밤쯤 토하고 설사하게 만들어요. 허약한 사람이나 노인한테는 더 치명적이에요. 비슷한 이유로 채소와 과일을 언제나 깨끗이 씻어 먹어야 하고 특히 날고기를 조심해야 해요. 심지어 어떤 박테리아는 좋으면서도 동시에 나빠요. 이 박테리아는 어떤 병은 막아 주지만 다른 병에 걸리게 한다니까요. 우리 몸속 박테리아는 아주 웃기지요?

- 6부 -

DNA 속에서

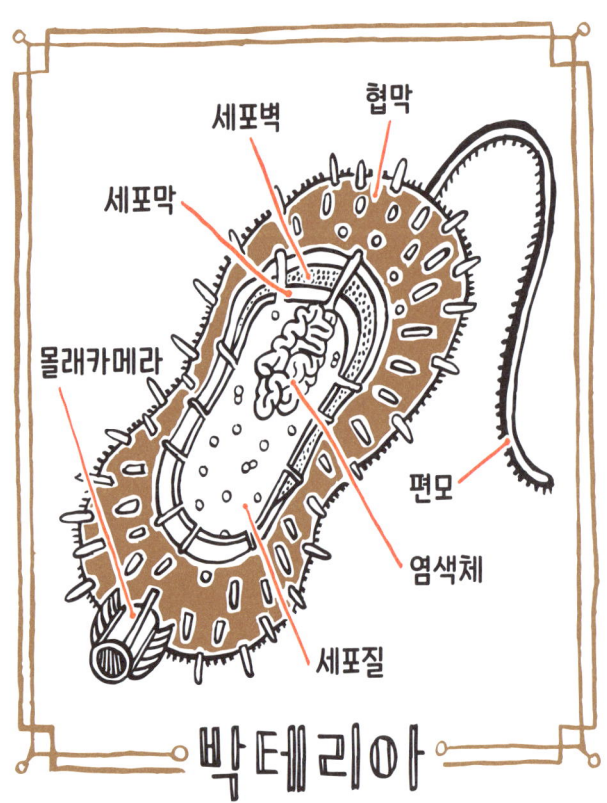

왜 박테리아가 제임스 본드의 가젯보다 유용할까요?

예전에는 박테리아가 병을 일으킨다고만 생각하고 우리 몸에 얼마나 중요한지를 몰랐어요. 지난 몇 년 동안 사람들은 미생물의 역할에 대해서 연구를 많이 했고 놀라운 결과에 이르렀답니다. 박테리아는 건강한 체중을 유지하고 핏속의 콜레스테롤 양을 적절하게 조절하는 데 중요한 역할을 해요. 기분을 좋게 만드는 도파민이나 세로토닌 같은 호르몬을 만드는 데도 힘을 발휘하죠. 더 나아가 공황 발작이나 우울증을 방지해요. 심지어 뇌도 박테리아의 도움을 받으면 잘 작동해요. 아직 더 있어요. 이런 것들도 박테리아가 하는 역할의 극히 일부일 뿐이에요…….

박테리아는 사실 간이나 신장 같은 장기가 하는 일을 해요. 몸속에서 훨씬 더 적은 자리만 차지하면서도. 박테리아는 꼭 필요한 경우에만 동원되지요. 아기일 때는 모유를 소화하게끔 도와주는 박테리아가 필요하지만 좀 더 자라면 그렇지 않아요. 미역국을 많이 먹는다면 미역을 소화하게 해 주는 박테리아가 필요하지만 미역국을 싫어하면 그렇지 않고요. 빵을 많이 먹는다면 전혀 다른 박테리아가 필요하죠. 이 모든 과제를 담당할 장기가 다 따로 있기엔 우리 배 속은 너무 작아요. 박테리아는 제임스 본드의 작고 똑똑한 가젯(제임스 본드 영화에서 주인공이 쓰던 첨단 도구들*), 그러니까 Q박사의 기술이 듬뿍 발휘된 장난감이랑 비슷한 거예요. 여러분의 소화계에 있는 가젯 상자는 가장 우수한 발명가가 고안해 낸 것보다 상상력이 풍부하다니까요. 박테리아는 유전자와 관련이 있어요. 그러니까 우선 유전자에 대해 이야기해 볼까요.

왜 우리는 벼보다 더 단순하게 구성됐을까요?

이 책의 첫 부분에서 염색체와 DNA를 언급했고 DNA 분자의 길이는 거의 2m에 이른다는 말을 했어요. 우리 DNA가 지시 사항으로 가득한 책과 같다고도 했고요. DNA 조각마다 어떤 규정이 하나씩 숨어 있어요. 사람을 만들어 내려면 여러 지시 사항이 필요하거든요. 예를 들어 눈을 갈색으로 만들라거나 코를 크게 만들라거나 등등. 사람을 하나 만들기 위해서는 총 2만 1000개의 지시 사항이 필요하답니다. 초파리를 만들기 위해서는 1만 7000개, 생쥐를 만들기 위해서는 2만 3000개, 그러니까 생쥐는 인간보다 더 많은 지시 사항이 필요해요! 벼는 그 가운데 으뜸이에요. 이런 지시 상황이 5만 개를 넘어야 한다니까요! 그러고 보니 이제 유전자 이야기를 한다고 했었죠? 그래요. 바로 이게 그 이야기예요. 이 지시 사항

108

을 부르는 다른 이름이 '유전자'거든요. 예를 들어 여러분은 갈색 눈이나 검은 눈의 유전자를 갖고 있어요.

살아 있는 모든 생물은 자기가 어떻게 생겼는지 결정하는 유전자를 갖고 있어요. 박테리아도 마찬가지예요. 박테리아에게는 수백에서 수천에 이르는 유전자 또는 지시 사항이 있어요. 우리 장 속에 다양한 종류의 박테리아가 있기 때문에 우리 몸속 규정의 대부분이 박테리아한테서 비롯돼요. 몸속 규정의 딱 1%만 순수하게 인간적이라고 할 수 있을 거예요. '브로콜리 섬유소에서 양분을 흡수하라.', '비타민 K를 만들어라.', '식도에 있는 치명적인 박테리아를 없애라.' 같은 대부분의 지시 사항은 소화계 속에 있어요. 박테리아에서 나온 약 300만 개의 지시 사항 덕분에 우리 몸은 온갖 기술을 구비하고 있죠. 몸속에서 그리 큰 자리를 차지하지 않고도 나중에 쓸 수 있게 모든 기술이 저장돼요.

어쨌든 벼가 우리보다 유전자가 더 많다고 해서 부끄러워할 필요는 없어요. 숫자가 아니라 그걸로 무엇을 하느냐가 중요하잖아요!

왜 약을 먹는 게 항상 똑똑한 일은 아닐까요?

박테리아는 우리한테 유용하지만 여전히 위험해요. 심각한 병을 일으킬 수도 있어요. 다행히 우리 림프 조직은 그런 일에 대비해요. 그럴 경우 우리 몸은 얼마 지나지 않아 박테리아를 통제해 버리거든요. 그래도 그렇게 통제될 때까지 너무 오래 걸리면 약을 먹어요. 의사들은 박테리아가 일으킨 염증에 맞설 항생제를 처방해 주지요. 안타깝게도 항생제는 병을 일으키는 박테리아뿐만 아니라 유용한 박테리아까지 공격해요. 보통은 큰 문제가 아니에요. 주요 박테리아들은 무척이나 끈질겨서 몸에서 쉽게 몰아낼 수 없거든요. 그들은 얼마 지나지 않아 예전처럼 다시 몸속에 퍼지지요. 그렇지만 우리 몸속에 워낙 적었던 유용한 박테리아는 항생제 때문에 완전히 없어질 수 있어요. 박테리아가 없어지면 그 유전자와 지시 사항도

영원히 사라져요. 그래서 때로는 림프 조직이 조용히 자기 일을 하게끔 항생제를 먹지 않는 게 더 나을 수도 있어요. 그럼 여러분은 더 오래 병을 앓지만 장기적으로는 더 건강해져요. 또한 '배설물 이식'을 시도할 수도 있어요. 그건 코나 식도나 위에 가느다란 관을 넣어서 유용한 박테리아가 들어 있는 건강한 사람의 배설물을 여러분 장 속에 집어넣는 거예요. 이 방식은 아주 잘 작동해요. 뚱뚱한 사람이 날씬한 사람의 배설물을 몸에 집어넣으면 저절로 살이 빠져요. 정말 훌륭한 다이어트라니까요!

– 6부 –

변기 위에서

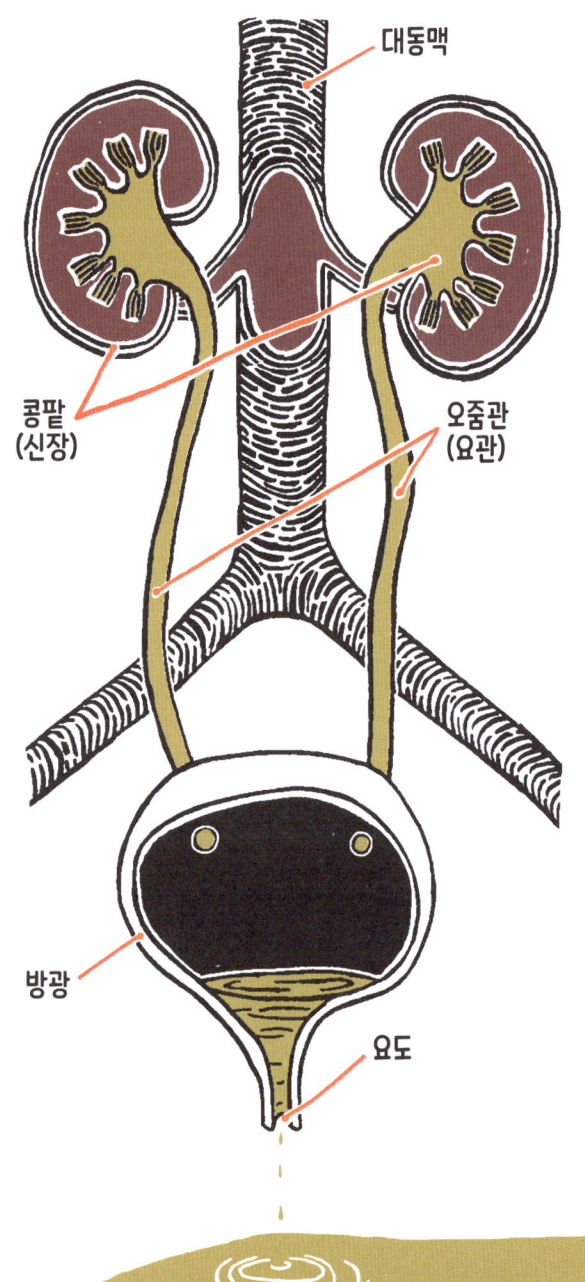

왜 화장실에선 똥 냄새만 나는 게 아닐까요?

소화와 관련해서 지금까지는 똥 얘기만 했어요. 그렇지만 여러분은 오줌도 누지요. 오줌도 똥과 마찬가지로 노폐물을 처리하는 거예요. 다만 오줌은 위장이 아닌 다른 길로 돌아가요. 위장은 이미 피에 중요한 양분을 다 내주었어요. 양분은 피에서 여러분 몸의 모든 세포로 가지요. 세포에는 각각 나름대로 작은 화학 공장이 있고 쓰레기가 나와요. 그중에서도 근육이 가장 많이 만들어 내요. 근육을 건강하게 유지하려면 단백질이 많이 필요하거든요. 단백질 속에는 근육을 만드는 데 이용하는 질소가 있어요. 그런데 질소에는 독성이 있기 때문에 남은 질소는 가능한 빨리 치워 버려야 해요. 질소는 일단 간으로 갔다가 이어서 (간의 뒤, 척추 양쪽에 자리 잡은) 콩팥으로 가요. 핏속에 있는 다른 노폐물도 콩팥에 들어와서 결국 오줌으로 몸을 떠나요. 그런 노폐물 가운데 하나가 암모니아예요. 바로 이 암모니아 때문에 더러운 화장실에서 고약한 냄새가 나는 거예요.

즉 오줌은 여러분 피에서 걸러진 노폐물이에요. 그게 그렇게 단순하지만은 않아요. 핏속에는 우리가 사는 데 중요한 좋은 물질이 많이 들어 있거든요. 그래서 콩팥은 좋은 물질과 독성이 있는 물질을 구별할 수 있어야만 하지요. 그것도 꽤 빠른 속도로 분류해야 해요. 몸을 더럽히는 일은 하루 24시간 끊임없이 계속되니까요. 여러분 콩팥은 주먹만 하지만 1분에 피 1L는 가뿐하게 거른답니다.

왜 빌렘 콜프는 자동차랑 소시지 껍질이랑 폭격기가 필요했을까요?

옛날에는 콩팥이 망가지면 죽음을 선고받은 거나 다름없었어요. 그런데 네덜란드 의사 빌렘 콜프에게 아이디어가 떠올랐어요. 그는 콩팥의 과제를 넘겨받을 수 있는 기구를 만들고 싶어 했지요. 하필 전쟁이 한창일 때라서 필요한 물건을 구하기가 그리 녹록지 않았어요. 빌렘 콜프는 에나멜 공장에서 광택제를 가져오고 자동차의 물 펌프를 떼어 냈어요. 또 푸줏간에서 소시지 껍질을 얻어 오고 독일 폭격기의 잔해도 이용했어요. 1943년 콩팥을 대체할 인공 신장이 첫 번째 실험을 할 준비를 마쳤어요. 처음부터 완벽하게 작동하지는 않았지만 콜프는 방향을 제대로 잡았답니다. 1945년 콩팥이 망가진 환자가 인공 신장 덕분에 처음으로 살아남았어요. 그때 인공 신장은 욕조만큼이나 커다랬어요. 오늘날 인공 신장은 그때보다 훨씬 더 작아지고 좋아졌어요. 그래도 진짜 콩팥만큼 작고 좋아지려면 아직 멀었지요.

콩팥은 끊임없이 오줌을 만들어 내는데 그걸 당분간 놔둘 수 있는 저장소가 없다면 여러분은 하루 종일 오줌만 누면서 시간을 보내야 할 거예요. 이런 저장소가 방광이에요. 콩팥에서 오줌이 만들어지면 두 개의 가느다란 관을 통해서 방광으로 가지요. 방광도 위처럼 쭉쭉 늘어날 수 있어요. 최대한 1L 정도가 들어갈 수 있지만 한 잔 정도만 모여도 여러분은 화장실에 가고 싶을 거예요.

왜 오줌을 그냥 흘려보내는 게 낭비일까요?

오줌은 왜 노란색일까요? 여러분도 이미 알다시피 콩팥은 여러분의 피를 걸러 줘요. 유용한 물질은 몸속에 남고 그 나머지가 방광으로 가지요. 핏속에 있는 유용한 물질 가운데 하나가 헤모글로빈이에요. 우리 피가 붉은 건 바로 이 색소 때문이에요. 헤모글로빈이 없다면 피도 노란색일 거예요. 그나저나 오줌이 늘 노란색인 건 아니에요. 오랫동안 물을 마시지 못하고 견뎌야 했던 사람은 오줌이 짙은 색이에요. 비트주스를 마시면 오줌이 붉은색으로 물들어요. 당근을 아주 많이 먹으면 주황색이 된대요. 적어도 그렇다고들 하더라고요.

예전에는 오줌이 아주 귀했어요. 상처에 약으로, 색소로, 세정제로, 화약 원료로 쓰였어요. 심지어 오줌이 빵의 재료로 쓰였다는 말도 있어요. 효소가 포함돼 있어서 그렇다나요. 요즘은 오줌을 그냥 변기에서 흘려보내지요. 그런데 앞으로는 어떨지 모르겠어요. 스코틀랜드 화학자들이 오줌에서 전기를 만드는 방법을 알아냈거든요. 미국에서는 오줌에서 수소를 추출하길 바라고 있어요. 아무 생각 없이 그냥 흘려보내기엔 너무 아깝지 않아요?

— 7부 —

피부와 머리카락

- 7부 -

홀딱 벗은 채

왜 우리는 피부를 함부로 다룰까요?

이제 모든 신체 부위를 다 다룬 셈인가요? 아, 아니죠! 아직 멀었군요. 가장 커다란 조직에 대해서는 시작조차 하지 않았네요. 피부 말이에요. 우리는 피부를 아주 이상하게 다루어요. 피부색이 옅은 사람들은 피부를 구릿빛으로 만들려고 갖은 수를 써요. 햇빛이 나지 않으면 태닝 샵으로 달려가요. 피부색이 짙은 사람들은 그걸 옅게 만들려고 갖은 화장품과 약에 돈을 써요. 그뿐인가요? 문신도 새겨요. 피부에서 나는 냄새는 향수로 덮고요. 게다가 여자들뿐만 아니라 남자들도 피부 위에 이것저것 화장품을 발라요. 누구든 부모에게서 물려받은 피부에 만족하지 않는 것처럼 보여요.

하지만 우리는 피부에 감사해야 마땅해요. 피부는 정말로 갑옷이자 냉난방 장치인 동시에 약국이자 경보 장치거든요. 대체 세상 어떤 상점에서 이런 물건을 팔겠어요? 피부는 우리가 원치 않는 박테리아나 다른 병균에 대항하도록 도와줘요. 열을 간직하거나 땀으로 몸을 식혀서 체온을 조절해요. 햇빛을 받으면 비타민 D를 만들어 내요. 난로에 너무 가까이 다가가면 경고를 해 주고 마사지를 받으면 기분이 좋아지게 해 줘요. 게다가 땀, 피지, 각질 등 더 필요하지 않은 온갖 물질을 배출해 줘요. 머리카락이나 털, 손톱과 발톱은 어떨까요? 그것들은 표피인 동시에 표피를 튼튼하게 만드는 물질로 이루어져 있어요. 손톱이 없다면 어떻게 몸을 긁고 꼬인 신발 끈을 풀 수 있겠어요? 속눈썹이 없다면 눈에 더러운 게 얼마나 많이 들어가겠어요?

왜 인종 차별이 멍청한 짓일까요?

피부 표면을 현미경으로 관찰하면 마치 황무지처럼 보여요. 울퉁불퉁 암석에 가지는 없이 키만 훌쩍 자란 나무(바로 여러분 털이에요.)들이 있지요. 여러분이 보는 건 모두 죽은 세포예요. 피부 표면은 머리카락이나 털처럼 죽어 있어요. 하지만 그 아래엔 생명이 득시글거려요. 혈관, 신경, 세포, 그리고 땀과 피지를 외부로 내보내는 땀샘과 피지샘이 거기 자리 잡고 있어요. 땀은 염분 등의 성분 1%를 빼면 나머지 99%가 물로 이루어져 있어요. 피지는 피부를 부드럽게 만들어 주고 물이 들어가지 못하게 하는 기름진 물질이에요. 비싼 크림보다 효과가 훨씬 더 좋아요. 사춘기 청소년들의 경우 때로 피부의 가장 바깥에 있는 층이 피지샘의 입구를 닫아 버려요. 청소년들은 특히 많은 피지를 만들어 내는데 이게 밖으로 나가지 못하면 작은 옹이가 생기고 거기 염증이 일어날 수 있어요. 의사들한테는 분명 어쩌고저쩌고 하는 어려운 이름이 있겠지만 우리는 그냥 여드름이라고 불러요.

피부가 얼마나 두꺼운지 맞혀 봐요. 틀렸어요! 더 얇아요. 다시 짐작해 봐요. 또 틀렸어요. 더 얇다니까요! 네, 피부는 일회용 비닐봉지만큼이나 얇아요. 지방을 비롯한 다른 조직이 그 아래 있기 때문에 두껍게 느껴질 뿐 피부 자체는 아주아주 얇아요. 그런데 그 얇은 게 네 가지 층으로 이루어져 있답니다. 손이랑 발바닥 안쪽에만 피부를 더 잘 지키기 위해서 층이 하나 더 있어요. 그 부위의 피부는 키친타월만큼 두꺼워요. 사람을 피부색에 따라 평가하는 이들이 있어요. 세포의 아주 얇은 층이 어떤 색이냐에 따라 사람을 평가하는 셈이죠. 그건 사람의 성격이나 지성에는 아무 영향을 미칠 수 없는데 말이에요. 정말 오죽이나 멍청하면 그러겠어요? 피부색은 우리가 태양의 해로운 광선을 얼마나 잘 막을 수 있는지 결정할 뿐이에요. 피부색이 짙을수록 더 잘 막아주지요. 지구의를 보면 알겠지만, 합리적이게도 피부색이 짙은 사람들은 대개 햇볕이 쨍쨍한 지역에 살아요.

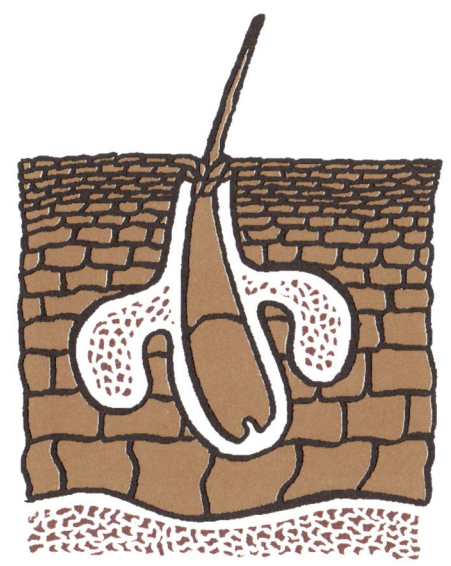

모공이 막힘

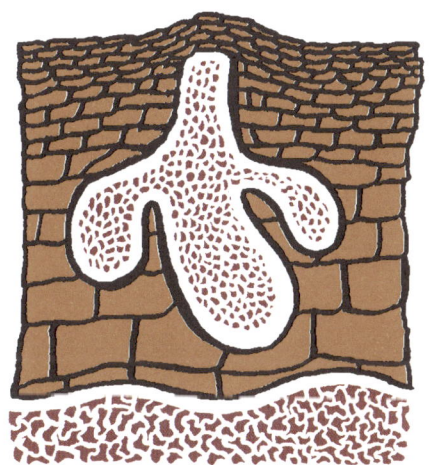

여드름이 생김

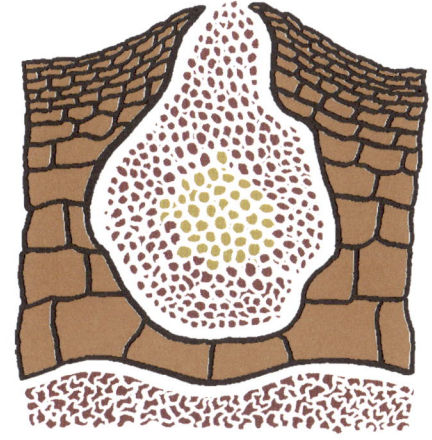

염증이 생긴 여드름

- 7부 -

피부 속에서

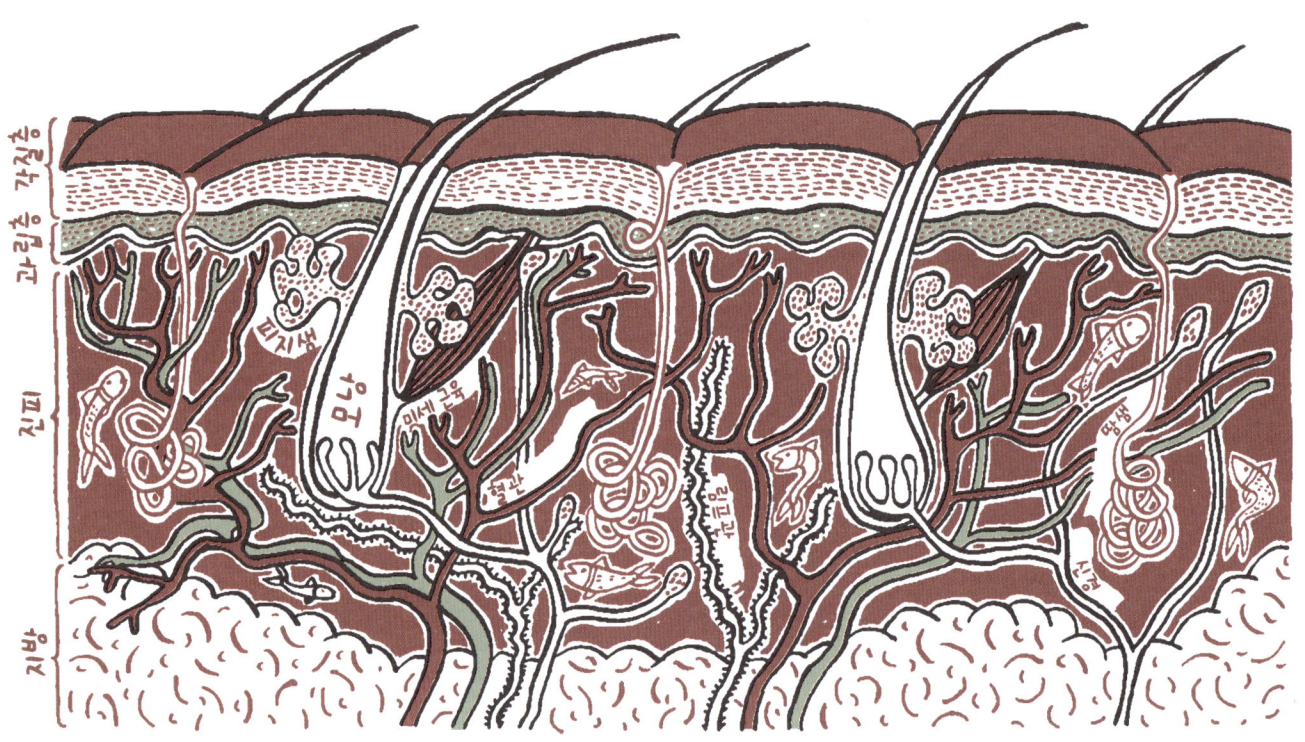

왜 여러분이 청소기 속에 들어 있을까요?

　피부는 보온과 방수 기능이 있는 여러 겹의 겨울 외투처럼 똑똑하게 구성되어 있어요. 피부는 계속 다시 자라는 반면 외투는 그렇지 않다는 것만 다르지요. 피부 아래 가장 두꺼운 층을 진피라고 해요. 진피 덕분에 피부는 견고하면서도 신축성이 있어요. 혈관이나 림프관, 신경도 여기 자리해요. 그다음은 기저층이에요. 혈관이 따로 없어서 필요한 물질은 모두 진피에서 받아서 쓰죠. 기저층에 있는 세포가 우리 피부색을 결정해요. 또 세포는 이 기저층에서 분열해요. 새로 생긴 세포는 언제나 바깥쪽, 피부 표면으로 올라가지요. 그다음 울퉁불퉁한 과립층에서는 세포가 더 나누어지지 않지만 케라틴이라는 단백질을 만들어 내요. 피부 가장 바깥에 있는 각질층은 피부가 아무리 만져도 닳지 않고 물에 젖지 않도록 해 줘요.

손바닥과 발바닥에는 투명한 층이 하나 더 있어요. 이 층에는 케라틴이 많이 들어 있어요. 마지막으로 피부는 두꺼운 각질층으로 끝나요. 각질층은 15개에서 30개에 이르는 죽은 세포의 층으로 이루어져 있어요. 이 세포들은 밖으로 나오는 길에 케라틴까지 받아들였어요. 이 죽은 세포는 1분에 3만 개에서 4만 개까지 우리 몸에서 떨어져요! 우리 방이란 방은 죄다 이 죽은 세포들로 가득하지요. 매일 청소기를 돌린다고 해도요.

왜 목욕물에 들어가면 손가락이 쪼글쪼글해질까요?

　피부의 가장 바깥에 있는 각질층이 죽었다고는 하지만 거기 살아 있는 게 아무것도 없다는 뜻은 아니에요. 각질층에는 박테리아가 우글거리고 있어요. 냄새가 지독할수록 박테리아가 많은 거죠. 땀 자체는 냄새가 나지 않아요. 그냥 소금이 좀 들어간 물일 뿐인걸요. 땀을 흘린 자리에서 박테리아가 빨리 늘어나기 때문에 냄새가 나는 거예요. 아, 땀 얘기가 나왔으니 말인데, 손을 핥은 다음 입으로 그 자리에 바람을 불어 봐요. 어떤 느낌이 드나요? 선뜩하지요. 손에 있는 물기가 증발하면서 주위의 온기를 가져가서 그래요. 우리는 땀을 흘리면서 수분을 많이 잃어버려요. 활활 불타는 건물에서 불을 끄느라 움직이는 소방대원들은 시간당 땀을 4L나 잃을 수 있대요.

재미난 실험을 하나 더 해 볼까요? 집에서 설거지를 맡아서 해 봐요. 꼭 해 봐요. 과학을 위해서니까! 설거지 하느라 손을 물에 오래 담그면 주름이 생겨요. 혈관이 오그라들면서 손바닥도 같이 쪼그라들거든요. 그럼 팽팽하던 손가락 주위 피부도 쪼글쪼글해지지요. 따뜻한 목욕물에 오래 들어가 있는 것도 과학을 위해서 해야 할 일이에요. 똑같은 효과가 있거든요.

왜 생각을 많이 하면 털이 더 수북해질까요?

털은 대부분 피부 단백질 케라틴으로 이루어져 있어요. 그래서 피부의 거의 모든 부위에 털이 나지요. 털이 나지 않는 부위는 입술이랑 손바닥, 발바닥, 발의 옆 부분뿐이에요. 어떤 부위에 난 털은 어찌나 가는지 눈에 보이지 않을 때도 있어요. 우리가 머리카락이라고 하는, 머리에 난 털은 아주 잘 보이지요. 거기 난 털이 50만 개쯤, 그 밖에 다른 부위에 난 털은 200만 개쯤 돼요. 비록 털이 아주 천천히 자라지만 그래도 우리 몸의 털을 다 합치면 1년에 10km쯤 자란다고 하네요. 머리카락은 여러분을 햇볕에서 지켜 주고 추울 때 따뜻하게 해 줘요. 코털은 우리가 숨 쉴 때 공기가 지나는 길에 먼지나 박테리아가 들어오지 못하게 하고 속눈썹도 눈을 위해 똑같은 일을 해 줘요. 여러분의 소중한 부위에 난 털인 음모가 어떤 일을 하는지는 아직 정확하게 밝혀지지 않았어요. 어쨌든 우리한테는 털이 아주 빽빽해요. 심지어 대머리인 사람들도 머리카락이 아예 없는 것은 아니에요. 예전의 두꺼웠던 머리카락이 눈에 잘 보이지 않는 부드러운 솜털로 바뀌었을 뿐이지요.

털은 진피와 진피 아래 피하 조직에서 자라나요. 그곳에는 피부 세포를 계속 만들어 내는 샘도 있지요. 이 샘이 수명을 다하면 탄탄한 단백질 케라틴으로 채워져요. 그 자리에 케라틴으로 켜켜이 덮인 작은 돌기 같은 게 튀어나와서 자라는 거죠. 그래서 털이 빳빳하면서도 부드러운 거예요. 털뿌리에는 아주 작은 근육도 있어요. 우리가 소름 돋는다고 할 때는 이 근육이 털을 곤두서게 만드는 거예요. 털에도 여러 구성 요소가 있어요. 피부과 의사들은 그걸 부를 때 모낭, 모근 등 온갖 용어를 다 쓰겠지만 나는 그냥 건너뛸게요. 나쁘게 생각하지 마요.

왜 손이 실용적일까요?

미국의 리 레드몬드란 사람은 어느 날 갑자기 손톱을 자르지 않기로 마음먹었어요. 손톱은 매달 2~3mm쯤 계속 자랐지만 2009년 교통사고가 나서 부러지고 말았지요. 그전에 마지막으로 손톱 길이를 공식적으로 쟀을 때 그 여자의 손톱은 모두 합해 8.65m에 이르렀어요. 그러니까 손톱 하나에 평균 86.5cm였어요! 그 정도면 기네스북에 오르기에 충분하지요. 보통은 손이 닿지 않는 등까지 긁을 수도 있었대요. 어쨌든 이 8.65m 가운데 살아 있는 건 고작 몇 mm 뿐이에요. 손톱이 시작하는 부위, 즉 손톱 뿌리에만 살아서 나눠지는 세포가 있거든요. 다른 세포들은 다 죽어서 케라틴으로 가득 차 있어요. 그래서 손톱이 아주 딱딱하지만 깎아도 그리 아프지 않은 거예요. 손톱은 손가락을 안정적으로 만들지요. 만약 손톱이 없다면 손가락 끝은 너무 연약하고 부드러워서 뭐든지 손에서 줄줄 미끄러질 거예요.

— 8부 —

내가 듣는 것의 냄새를 맡아 봐요

- 8부 -

최고라고 여겨지기 위해서

왜 헤드폰을 끼면 과자가 더 맛있을까요?

상상해 봐요. 바삭바삭한 초콜릿으로 둘러싸인 촉촉한 하드를 먹는다고요. 여러분은 우선 입술에 이어 혀에서 차가운 초콜릿 맛을 느껴요. 입 안이 차가워요. 한 입 깨물면 바사삭, 초콜릿 덮개가 부서지는 소리가 나요. 하드의 신선하고도 달콤한 크림 향기가 콧속으로 올라와요. 혀로는 크림의 달콤함을 맛보지요. 방금 베어 먹은 자국을 보면 당장 한 입 더 먹고 싶어져요.

좋은 요리사는 우리가 입뿐만 아니라 모든 감각 기관으로 먹는다는 사실을 알아요. 그러니까 아이스크림 공장장이 좋은 요리사를 채용하는 것도 이해할 만해요! 영양학자들은 우리가 먹는 음식에 대해서 아주 흥미진진한 이야기를 해 줄 수 있어요. 정말이지 몇 가지 속임수로 누구든 바보로 만들어 버릴 수 있다고요. 오래돼서 눅눅해진 과자를 헤드폰으로 바삭바삭 씹는 소리를 들으면서 먹으면 바삭바삭한 느낌이 되살아나요. 바다 냄새를 맡으면서 먹는 굴은 더 신선한 것 같고 사이다에 갈색 색소를 집어넣으면 갑자기 콜라 맛이 난다니까요. 요리사들은 요리의 맛뿐만 아니라 식감에 대해서도 이야기를 해요. 그래서 바삭바삭한 빵 조각으로 샐러드를 장식하거나 핸드 믹서로 수프를 걸쭉하게 만들지요. 코는 귀처럼 생기지 않았고 혀도 눈처럼 생기지 않았지만 그들은 생각보다 공통점이 많아요. 모두 다 뇌가 없다면 아무 쓸모가 없어요. 여러분한테 사냥개의 코와 매의 눈이 있을 수도 있어요. 그래 봤자 코나 눈이 얻은 정보를 뇌가 처리할 수 없다면 무슨 소용이 있겠어요.

왜 일단 믿고 보는 게 언제나 바람직한 것은 아닐까요?

음식에 통하는 원칙은 다른 일에도 통해요. 경험 많은 의사는 주사를 놓을 때 아이들의 관심을 돌려 다른 방향을 보게 해요. 그때는 주사를 한 대 맞는다고 해도 별다른 느낌이 들지 않아요. 그렇지만 주삿바늘이 자기 팔뚝을 찌르는 걸 보면 상황이 달라져요. 아이들은 바늘이 닿기도 전에 벌써 울음을 터뜨리지요. 심지어 우리는 다른 사람의 다리가 부러지는 것을 보면 그 고통을 같이 느껴요. 똑같이 아픈 표정을 짓게 되지요. 뼈가 부러지는 소리까지 들린다면 어떨지는 아예 말을 하지 않을게요. 어쩌면 여러분은 생각만 하고도 벌써 얼굴을 찌푸리고 있을지도 모르겠네요. 그건 여러분이 뇌로 보고 느끼고 듣는다는 증거예요.

우리가 감지하는 모든 것이 머릿속에서 처리되기 때문에 별의별 게 다 잘못될 수 있어요. 우리는 실제로 존재하지 않는 것을 볼 수 있거든요. 예를 들어 눈을 비비면 갑자기 형상이나 색깔들이 보여요. 또 실제로 나지 않는 소리를 들을 수도 있지요. 아주 시끄러운 콘서트에 갔다 온 사람은 한동안 귓속에서 윙윙거리는 소리가 들려요. 팔이나 다리를 절단한 사람도 이미 잘라 낸 팔이나 다리의 고통을 한동안 느낀다고 해요. 우리의 감각 기관이 100% 믿을 만하지는 않지만 어쨌든 우리는 그것으로 살아가야 해요. 다른 게 없으니까요. 그나저나 다른 감각 기관이 있기는 할까요? 당연히 있죠. 새나 돌고래는 자석이 당기는 힘을 느낄 수 있어요. 귀상어한테는 전류를 느끼는 감각 기관이 있고요. 박쥐는 머릿속에 마치 전파 탐지기가 든 것처럼 초음파를 감지해요. 그래서 칠흑 같은 어둠 속에서도 서로 부딪히지 않아요. 그럼 어두운 굴 속에서 정말 편리하겠지요.

자성

초음파

전류

꼭 껴안고

왜 어루만지는 게 건강에 좋을까요?

약 90년 전 미국 심리학자 존 왓슨은 부모들에게 자녀의 몸을 건드리지 말라고 권했어요. 입을 맞추지 말고 안아 주지 말고 특히 무릎에 앉히지 말라고요. 아침에 손을 내밀 수는 있지만 특별히 좋은 성과를 거뒀을 때만 잠깐 머리를 쓰다듬어 주라고 했지요. 자녀를 그렇게 기르면 금방 성숙해지고 아주 똑똑해져서 슈퍼 어린이가 될 거라나요. 아무도 그 충고를 따르지 않았길 바랄 뿐이에요. 실제로는 그 반대거든요. 쓰다듬거나 안아 주지 않은 아이들한테는 온갖 문제가 생겨요. 고아원에서 자란 아이들을 대상으로 한 끔찍한 실험이나 이야기에서 이런 사실이 분명해지지요. 그런 아이들은 다른 이들과 접촉하길 싫어하고 두려워하며 자꾸 이상 행동을 해요. 다행히 대부분의 부모는 자녀들을 자주 쓰다듬어 주어요. 그래서 아이들이 훨씬 더 잘 자라고요.

접촉은 아이들한테만 중요한 게 아니에요. 사람들은 다른 이들을 살짝살짝 만지는 어른들에게 호감을 더 품고 그래서 그들은 더 성공하지요. 미국 전 대통령 오바마는 그런 일을 아주 잘해요. 아마 그런 걸 알고 있었기 때문에 표를 많이 얻었던 것 같아요. 사진을 보면 그는 낯선 이들이랑 마치 친한 친구인 양 자세를 잡고 있어요.

왜 진통제가 몸 여기저기에서 효과가 있을까요?

우리는 종종 다른 사람이 만지는 걸 느끼길 좋아해요. 하지만 뭔가 느끼는 게 늘 달갑지만은 않아요. 바로 통증이죠. 그렇지만 통증이 아무리 불쾌해도 그건 몸 어딘가가 잘못됐다는 경고이기 때문에 주의해야 해요. 그런데 통증을 느끼지 못하게 하는 병도 있어요. 온종일 다리가 부러진 채 돌아다니면서도 그걸 눈치 채지 못한답니다. 그러다 보면 생명이 위험해질 수도 있지요. 그래서 우리한테는 세 가지나 되는 통증 감지 장치가 있어요. 극한 기온, 부상, (쐐기풀의 독처럼) 화학 물질에 대한 통증 감지 장치랍니다. 이 세 가지 감지 장치가 모두 번개처럼 빨리 일을 하죠. 더 나쁜 일이 일어나는 걸 막아야 하니까요. 뭔가 잘못된 부위에서 통증 신호가 포뮬러1 경주용 자동차의 속도로 뇌를 향해 달려가요.

여러분의 피부 1cm²당 백 개가 넘는 감각 기관이 있어요. 입술과 손에는 더 많아요. 그곳의 피부는 아주 예민하지요. 마치 음, 여러분 거기…… 음, 마지막 장에서 기술할 부위와 똑같이요. 몸의 가장 예민한 곳에서 가장 심한 통증이 느껴지죠.

우리 몸은 통증을 잠시 차단할 수 있어요. 그런 다음 고통을 느끼지 못할 정도로 엔도르핀을 많이 만들어 내요. 축구 경기가 끝났을 때 그런 걸 자주 볼 수 있어요. 90분 동안 축구장을 힘껏 달렸던 선수들이 종료 호각이 울린 뒤에야 부상당한 것을 알아채고 그 자리에서 절뚝거려요. 위급한 상황에 딱 맞는 일이지요. 일단 안전하게 된 다음 몸을 살펴보는 거예요.

남자와 여자 가운데 누가 강력하고 지속적인 통증을 더 잘 참아 낼까요? 하나마나한 질문이에요. 축구 경기를 딱 한 번만 봐도 남자들이 여자들보다 엄살이 심하다는 사실을 알게 될 거예요. 남자가 아니라 여자가 아기를 낳는 게 천만다행이지요.

왜 통증과 가려움이 서로 관계가 없을까요?

통증이 있으면 언제든지 진통제를 먹으면 돼요. 그런데 그 알약은 몸 어디에서 약효를 발휘해야 할지 어떻게 아는 걸까요? 간단해요. 알약은 아무것도 몰라요. 진통제는 엔도르핀처럼 작용해요. 아픈 부위로 가는 게 아니라 뇌의 통증을 담당하는 부위로 가는 거예요. 뇌는 우리가 통증을 느끼는 데 책임이 있거든요.

그렇다면 가려움은 어떨까요? 글쎄요, 아무도 그건 정확하게 몰라요. 많은 과학자들이 그런 질문을 받으면 난감해져서 머리를 긁적거릴 거예요. 예전에는 가려움도 약한 통증이라고 생각했지만 그렇지 않아요. 하지만 가려운 부위를 긁는 것은 통증이랑 관련이 있어요. 이런 방식으로 약간의 통증을 일으켜서 우리는 한동안 가려움에서 주의를 돌리지요. 하지만 그것만 빼면 통증과 가려움은 별로 관계가 없어요. 가려울 때는 아플 때랑 다른 신경이 쓰이거든요.

모기에 물리거나 까슬까슬한 스웨터를 입었다가 참지 못할 만큼 가려워질 때가 있어요. 많은 의사들의 짐작에 따르면 그건 분자 딱 하나의 책임이래요. 이 까칠한 녀석은 무슨 범죄자처럼 알파벳으로 줄인 이름을 얻었어요. 폴리펩티드 B랍니다. 의사들이 이 분자에 반응하는 신경을 차단해서 더는 가렵지 않게 만들 수 있대요. 그렇지만 그런 일은 대개 꼭 필요하지도 않고 더 나아가 별로 실용적이지도 않아요. 가려움증 덕분에 우리는 위험한 곤충이나 자극적인 물질에 대해 경고를 받으니까요. 하지만 세상에는 도저히 가려운 걸 못 참아서 신경을 끊고 싶은 사람도 있을 법하지요.

– 8부 –

고약한 냄새 속에서

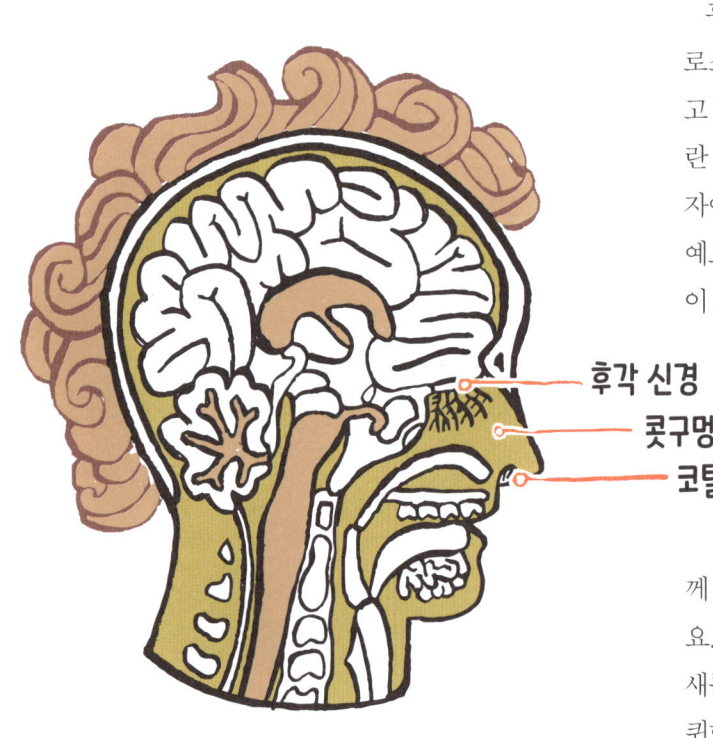

후각 신경
콧구멍
코털

후각이 정확하게 어떻게 작동하는지는 얼마 전에야 비로소 알려졌어요. 우리는 콧물이 어떤 분자를 받아들이고 난 다음에야 냄새를 맡아요. 콧물은 그 냄새를 가느다란 섬모가 있는 후각 세포로 보내요. 후각 세포가 이 분자에 반응을 하면서 뇌에 섬모를 통해 신호를 보내는 거예요. 우리한테는 약 1000가지의 냄새 수용체가 있는데, 이 가운데 250가지만 작동해요. 그렇지만 250가지가 다양한 조합으로 작동하기 때문에 약 1만 가지의 냄새를 구분할 수 있어요. 콧속에 유황 분자가 들어오면 그 분자를 감지할 수 있는 세포가 반응을 하지요. 그래도 우리 코는 동시에 다른 냄새도 맡을 수 있어요. 유황 분자랑 인 분자가 콧속에 함께 들어오면 인 분자를 담당하는 세포도 반응을 하거든요. 그럼 여러분은 이 두 가지 냄새를 결합해서 성냥 냄새를 맡는 거지요. 이렇게 우리는 전나무 숲 향기에서 퀴퀴한 다락방 냄새까지 약 1만 가지에 이르는 서로 다른 냄새를 구분할 수 있어요.

왜 코를 자랑스러워할 필요가 없을까요?

이제 별로 좋지 않은 소식이 나올 차례예요. 몸에는 우리가 자랑스러워할 만한 부위가 많지만 코는 잘 모르겠어요. 상어는 피 한 방울 냄새만 맡아도 먹이를 향해서 헤엄쳐 가요. 경찰견은 범죄 용의자가 사람이 많은 번화가를 걸어간 지 하루가 지난 다음에도 그 흔적을 찾을 수 있어요. 많은 나방이 1km 떨어진 곳에서도 다른 나방의 냄새를 맡을 수 있어요! 그런데 우리는 어떻죠? 장미 향기를 맡으려면 코를 깊숙이 집어넣고는 온갖 애를 써야 하죠. 어쨌든 우리한테는 600만 개의 후각 세포가 있어요. 그렇지만…… 개들한테는 후각 세포가 3억 개쯤 있답니다! 만약 동물들이 우리가 냄새를 얼마나 못 맡는지 안다면 우리를 중증 장애인으로 여길 거예요.

왜 트러플 오일을 만드는 사람이 여러분을 속일 수 있나요?

그런데 흥미로운 건 서로 아무 관계도 없는 물질에서 똑같은 냄새가 날 수 있다는 사실이에요. 그건 분자가 흔들리는 속도와 관련이 있어요. 모든 분자는 피아노의 현처럼 조금씩 흔들려요. 어떤 분자는 다른 분자보다 조금 빨리, 또 어떤 분자는 조금 더 천천히 흔들리지요. 흔들리는 속도가 똑같은 분자에서는 모두 똑같은 냄새가 나요. 예를 들어 석유에는 꽃 냄새가 나는 물질도 들어 있고 트러플(유럽산 송로버섯으로 유럽의 3대 진미에 속하는 귀한 식재료*) 냄새가 나는 물질도 들어 있어요. 싸구려 트러플 향 기름에는 그게 들어가지요. 세상에는 그런 데 넘어가는 사람들도 많다니까…….

어떤 냄새가 강렬한 기억을 불러올 수 있다는 사실을 눈치챈 적 있나요? 아마 코가 해마와 편도체 가까이 있기 때문일 거예요. 냄새는 뇌에서 감정이랑 기억과 연관된 부분으로 곧장 들어가요. 그래서 기억을 불러일으키는데 도움이 될 수 있지요. 어떤 순간을 되새기고자 한다면 그때 콧속에 있던 것과 똑같은 냄새를 맡는 게 좋아요. 그게 약간 역겨운 냄새일수록 더 좋지요.

왜 딸기가 없는데도 딸기 맛을 느낄까요?

코는 다양한 방식으로 여러분을 도와줘요. 예를 들어 어디선가 탄내가 난다면 위험하다는 경고예요. 빵이 갓 구워져 나왔다는 것도, 체육 선생님이 한동안 샤워를 안 했다는 것도 알려 주지요. 기억을 떠올리는 것도 도와주고요.

여러분이 느끼는 맛도 코랑 관련이 있어요. 여러분이 '딸기 맛' 청량음료를 마실 때 그 음료 속에는 딸기가 하나도 들어 있지 않을 가능성이 많아요. 심지어 딸기 맛이랑 관련이 있는 것도 거의 들어 있지 않아요. 그렇지만 냄새(랑 붉은색) 덕분에 여러분은 그 음료에서 딸기 맛이 난다고 믿지요. 예를 하나 더 들자면 바닐라는 실제로는 전혀 맛있지 않아요. 바닐라를 향료로 푸딩이나 요구르트에 집어넣으니까 맛이 좋다고들 생각하지만 사실 냄새만 좋을 뿐이에요. 여러분이 코를 꽉 막고 먹는다면 바닐라가 들어간 음식과 안 들어간 음식 사이의 차이를 느끼지 못할 거예요.

그나저나 맛 이야기가 나왔으니까 하는 말인데 혀는 과연 어떨까요?

베른트와 베티는 낭만적인 장소에서 냄새를 더 잘 맡아.

– 8부 –

부엌에서

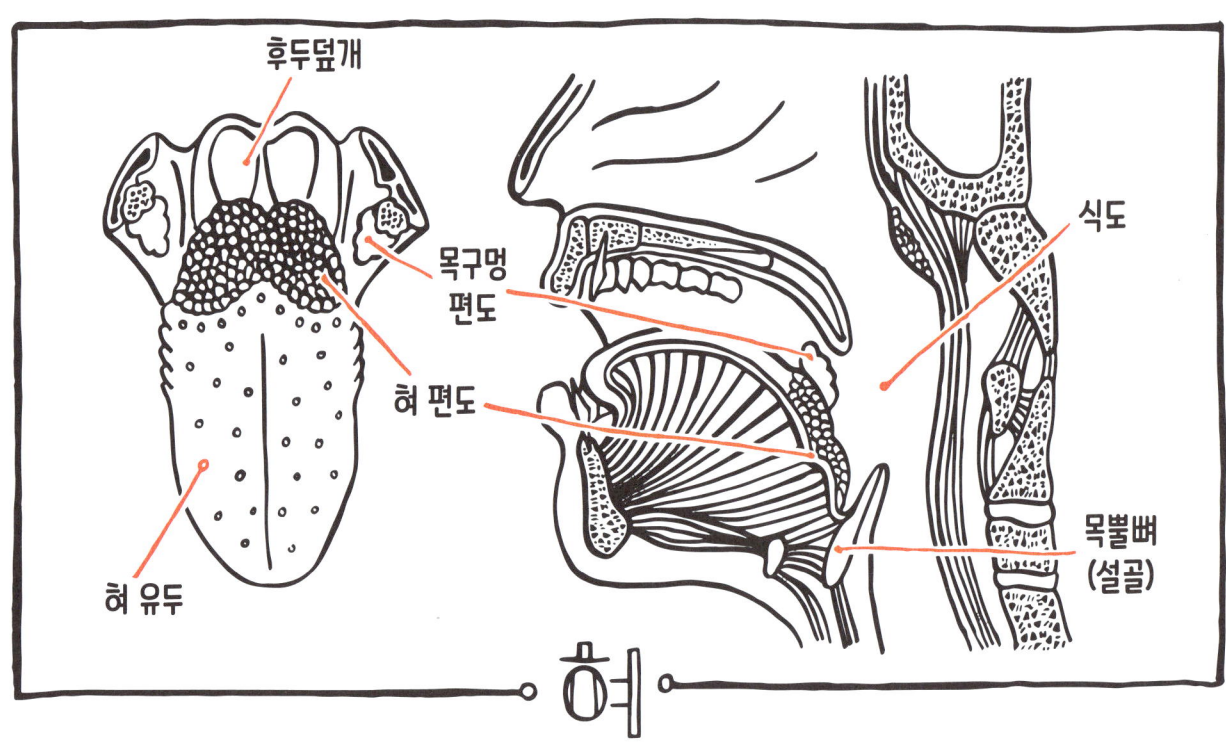

왜 혀랑 코에 비슷한 점이 있을까요?

나는 손님들 눈을 가린 다음 고추를 맛보게 하는 훌륭한 요리사 한 사람을 알고 있어요. 손님들을 골려 주려는 게 아니라 일종의 실험을 하는 거예요. 손님들은 지금 먹는 게 뭔지 알아맞혀야 하지요. 그런데 아무도 못 맞힌다니까요! 그들은 아무렇지도 않게 신나게 계속 먹다가 눈을 가린 수건을 벗겨 주면 그때야 비로소 매운맛을 느끼죠. 또 다른 실험에서는 와인을 잘 안다는 사람들한테 화이트와인 한 잔이랑 똑같은 와인인데 붉은 색소를 조금 넣은 것을 또 한 잔 줬어요. 이 와인 '전문가'들은 첫 번째 와인은 화이트와인의 특성을 모두 지니고 있고 두 번째 와인은 전형적인 레드와인이라고 평했답니다. 나도 학교에 다니는 아이들에게 갈색 색소를 넣은 사이다를 마시게 해 봤지요. 거의 모든 아이들이 콜라라고 생각했어요.

그러니까 혀는 일을 그다지 잘 하지 않아요. 우리는 혀보다는 눈과 코에 끌려다니지요. 혀가 일하는 방식은 코가 일하는 방식이랑 비슷해요. 혀 유두에는 많은 미뢰(맛봉오리)가 들어 있어요. 그걸 지켜 주는 세포층 아래 놓여 있지요. 후각 세포가 각각 냄새 하나만 알아차릴 수 있듯 각각의 미뢰도 딱 한 가지 맛만 알아차릴 수 있어요. 그렇지만 미각 세포는 수천 가지가 아니라 다섯 가지만 있답니다. 그 가운데 네 가지는 여러분도 쉽게 맞힐 수 있을 거예요. 짠맛, 단맛, 신맛, 쓴맛. 그럼 다섯 번째 맛은 무엇일까요? 감칠맛이에요. 아주 강렬한 맛이지요. 오래오래 잘 숙성된 치즈의 맛이고 스파게티에서 냄비에 들러붙은 걸쭉한 육수와 토마토소스의 맛이기도 해요. 몇 가지 맛이 섞이면 여러 가지 맛을 훨씬 더 많이 느낄 수 있어요.

왜 입맛에 대해선 밝혀낼 게 많을까요?

단맛과 짠맛을 느끼는 미뢰는 혀 앞쪽에 많아요. 신맛과 쓴맛을 느끼는 미뢰는 대부분 조금 더 뒤에 많고요. 그렇지만 각 맛을 느끼는 미뢰가 여기저기 있어요. 그래서 혀끝에서도 쓴맛과 신맛을 느낄 수 있지요. 감칠맛을 느끼는 미뢰는 혀의 저 뒤편에 있어요. 문제는 다만 우리가 감지할 수 있는 맛이 이게 전부인가 하는 거예요. 앞서 말한 다섯 가지에 속하지 않지만 우리가 느끼는 맛이 더 있거든요. 예를 들어 버터나 기름의 느끼한 맛은 어때요? 비누나 금속의 맛은요? 후추나 박하 맛은요? 과학자들도 아직 모든 것을 다 찾아내지는 못했어요.

우리는 여러 가지 맛을 섞는 게 중요하다는 사실을 알고 있어요. 대중적으로 사랑 받는 요리 하나가 바로 그렇게 만들어져요. 케첩의 단맛, 오이피클의 신맛, 양파의 쌉쓰레한 맛, 빵과 양념된 고기의 짠맛이 감칠맛을 내요. 바로 햄버거죠! 이런 맛의 혼합은 우리가 식사를 하고 난 뒤 달콤한 것을 먹는 이유이기도 해요. 라자냐나 수프에 다른 맛은 다 있어도 아이스크림이나 과일 요구르트의 단맛은 들어 있지 않거든요. 다행이지요!

왜 생일에 브로콜리를 먹자고 친구들을 초대해야 할까요?

아이들이 어떤 맛을 싫어하는지 조사해 본 적이 있는데, 가장 싫어하는 세 가지는 치커리, 꽃상추, 브로콜리였어요. 모두 씁쓸한 맛이 나는 채소지요. 아이들은 시큼한 과일도 좋아하지 않아요. 이상한 일은 아니에요. 자연에서는 신맛이나 쓴맛이 나는 게 독성이 있는 경우가 많거든요. 군인들은 숲에서 살아남으려면 역겨운 맛이 나지 않는 식물을 먹으라고 배우지요. 그런 식물은 독성이 있을 가능성이 적거든요.

사람들은 대개 달고 기름진 음식을 좋아해요. 자연 속에서 이 두 가지 특성은 에너지가 많이 들어 있다는 사실을 보증하니까 살아남는 데 중요했거든요. 게다가 그건 여러분이 처음 알게 되는 맛이랍니다. 엄마 젖은 달고 기름지거든요. 피곤하고 배고플 때 그게 우리 배를 채우고 다시 기운이 나도록 해 주지요. 그나저나 브로콜리는 독성이 있는 식물들만큼 쓰지 않은 데다가 건강에도 무척 좋아요. 사실 거의 누구나 브로콜리를 좋아할 수 있어요. 브로콜리를 자주 먹으면 돼요. 사람들은 어떤 음식을 자주 먹다 보면 그 음식의 가치를 인정하게 돼요. 그 요리에 적응하는 거죠. 더 나아가 어떤 음식을 즐거운 상황에서 먹으면 그 맛이 즐거운 경험이랑 연결돼요. 그러니까 좋은 친구들이랑 같이 먹어야 해요. 사실 생일에는 케이크 대신 브로콜리를 같이 먹자고 친구들을 초대해야 한다니까요.

아, 하나 덧붙일게요. 여러분이 고추 실험을 해 보고 싶다면 눈을 가린 사람들의 혀는 바싹 말라 있어야 해요. 안 그럼 큰 말썽이 생길걸요!

눈 속에서

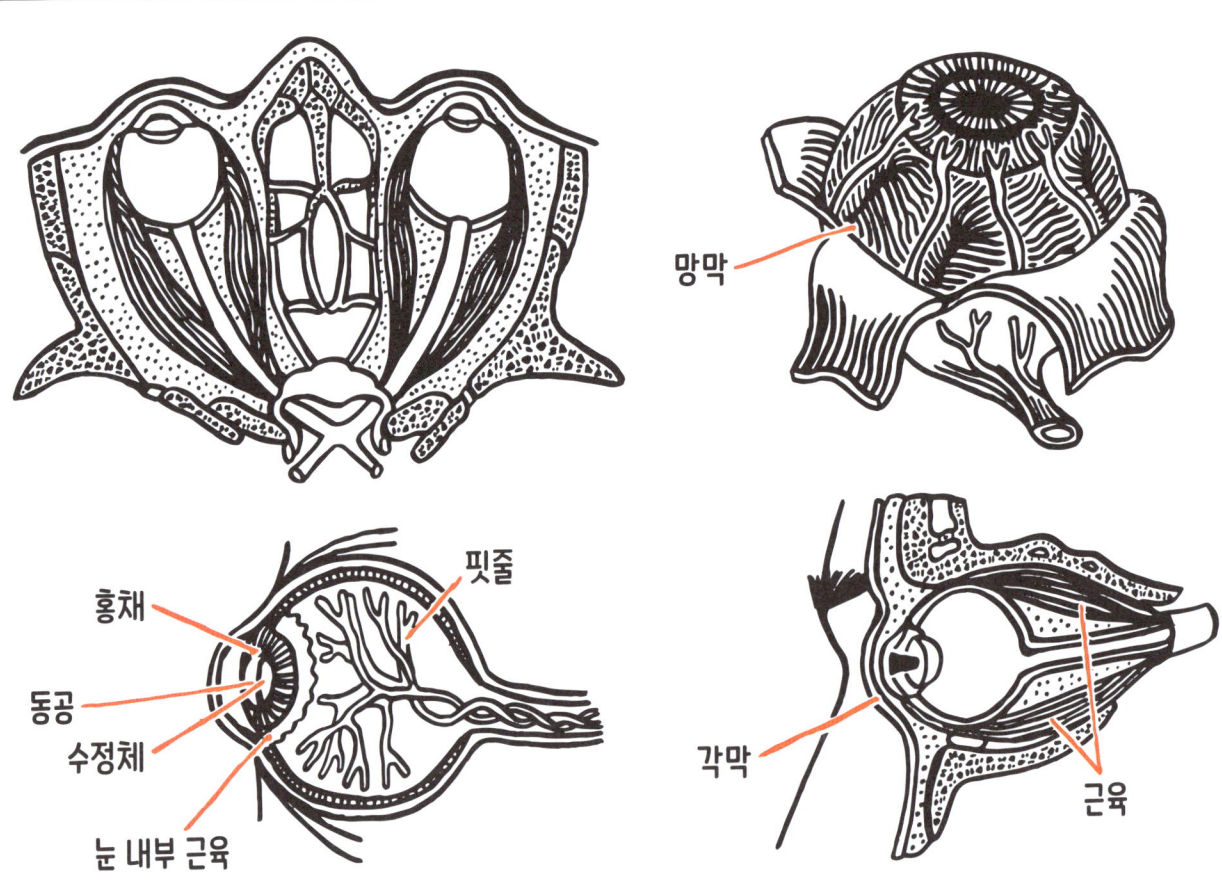

왜 눈이 코보다 더 중요할까요?

눈은 가장 중요한 감각 기관이에요. 무게는 겨우 8g 나가고 크기는 고작 탁구공만 하지만요. 그래도 눈구멍 속 푸딩 같은 두 개의 공은 세상에서 가장 비싼 카메라보다 더 잘 작동해요. 여러분은 밤이고 낮이고 눈으로 볼 수 있어요. 높은 탑에 올라가면 50km 떨어진 곳에 있는 촛불 하나가 어둠 속에서 타는 것까지 볼 수 있다니까요. 수정체는 단 1초 만에 저 멀리에서 바로 가까이로 초점을 바꿀 수 있어요. 코로 이런 일을 해 보려고 해 봐요.

눈에는 빛에 민감한 감광 세포가 1억 개쯤 있어요. 후각 세포는 고작 6백만 개니까 웃음이 나올 수밖에요! 우리는 이 감광 세포로 천만 가지 색깔을 다 구분할 수 있어요. (우리를 대신해서 생물학자들이 다 세어 봤다니까 정말 굉장하지요!)

그래서 뇌도 눈을 통해서 가장 많은 정보를 얻어요. 뇌는 보는 것에 맞게 설정되어 있어요. 눈을 뜨고 있을 때는 우리가 보는 게 뇌 활동의 3분의 2를 차지해요. 눈이 그만큼 중요한 거예요. 그렇기 때문에 거센 충돌까지 다 막아 주는 지방층이 눈을 잘 지켜 주고 있어요.

왜 고양이는 어둠 속에서 잘 볼 수 있을까요?

빛은 동공을 통해서 눈으로 들어와요. 동공은 홍채로

둘러싸여 있어요. 홍채는 갈색, 파란색, 초록색, 회색 등 알록달록한 고리예요. 커지기도 하고 작아지기도 하지요. 햇빛이 많이 비칠 땐 안쪽으로 늘어나요. 그럼 동공이 작아져서 눈 속에 빛이 적게 들어와요. 어두울 땐 홍채가 가늘어져요. 그럼 동공이 커져서 빛이 더 많이 들어와요. 빛은 동공을 지나서 일종의 렌즈인 수정체를 통과해요. 여러분은 이 렌즈로 본 것을 선명하게 만들어요. 수정체는 볼록해지기도 하고 납작해지기도 해요. 수정체가 볼록해지면 가까이 있는 것을 보는 데 좋고 납작해지면 먼 곳에 있는 것을 보는 데 더 잘 맞아요. 빛은 이어 유리체(눈알을 채우고 있는 무색 투명한 반고체 물질*)라고 불리는 부분을 통과해서 마지막으로 눈 뒤편에 있는 망막에 이르러요. 망막은 눈에서 가장 중요한 부분이에요. 여기 있는 감광 세포들이 뇌에 모든 정보를 보내주거든요.

왜 클레오파트라는 눈 속에 독물을 떨어뜨렸을까요?

눈은 영혼의 거울이라고들 해요. 우리는 어떤 사람이 진실을 말하는지 알고 싶을 때 그 사람의 눈을 똑바로 바라보지요. 심지어 어떤 의사나 민간요법 치료사는 환자의 홍채만 보면 그 사람의 문제가 뭔지 정확하게 알 수 있다고 주장해요. 하지만 누구나 다 그 말을 진지하게 받아들이지는 않아요. 어쨌든 눈은 보는 데 유용할 뿐만 아니라 보기에도 아름다워요! 사랑에 빠진 사람들한테 상대방의 어떤 부분이 매력적이었냐고 물어보면 대부분 눈이라고 대답하지요.

망막에는 두 가지 종류의 감각 세포가 있어요. 원뿔 세포와 막대세포예요. 원뿔 세포 덕분에 우리는 색깔을 볼 수 있어요. 원뿔 세포는 파란색, 초록색, 빨간색을 감지하는 세 가지 종류가 있는데 그 세포들의 반응에 따라 거의 천만 가지 색깔을 볼 수 있답니다! 또한 원뿔 세포는 본 것을 선명하고 확실하게 만들어 줘요. 다만 원뿔 세포는 빛이 많이 필요해요. 밤에는 빛이 적으니까 막대세포가 필요해요. 막대세포는 빛이 적어도 작동하거든요. 다만 색깔을 구분하지 못할 뿐이지요. 고양이 같은 야행성 동물들은 막대세포가 많아요. 밤에는 우리보다 훨씬 더 잘 보지만 낮에는 잘 보지 못해요.

고대 이집트인들도 눈이 아주 중요하다고 생각했어요. 여러분이 앞에서 읽었듯 사랑에 빠진 사람들은 동공이 커져요. 그래서 클레오파트라를 비롯해 많은 이집트 여자들은 벨라돈나라는 독성 물질을 눈에 넣었어요. 그럼 동공이 확 커지거든요. 그런데 이집트는 햇빛이 쨍쨍 비치잖아요. 동공이 커지면 햇빛이 눈에 더 많이 들어오지요. 그래서 이집트 여자들은 눈 주위에 두꺼운 선을 그려서 햇빛을 좀 가렸어요. 이제 벨라돈나를 눈에 넣지는 않지만 진한 눈 화장은 여전히 사랑받고 있어요. 어떤 여자들은 아이라인을 그린 뒤 마스카라를 칠하지 않고선 바깥으로 나가지 않기도 해요. 벨라돈나는 아직도 남아 있어요. 이제는 심장병 약으로 쓰지요.

왜 눈이 완벽하게 작동하는데도 시각 장애인이 될 수 있을까요? (2)

여러분은 눈으로 보지만 뇌로도 봐요. 눈이 보낸 신호가 뇌에 이르지 못하면 아무것도 못 본 거나 매한가지예요. 어떤 사람들은 태어날 때부터 눈에 문제가 있어서 시각 장애인으로 자라나요. 이제 의학이 발달해서 그런 문제 몇 가지를 치료할 수 있어요. 그럼 문제가 해결된 사람들은 뭔가 볼 수 있어야 해요. 그렇지만 기대와 달리 실제로는 그렇지 않아요. 뇌는 이용하지 않으면 그 기능이 없어지거든요. 어릴 때부터 눈이 보이지 않던 사람들의 뇌는 무엇을 보는 법을 배운 적이 없어요. 보기에 관여하는 부분이 일을 해 본 적이 없지요. 눈을 치료하고 나서 제대로 된 장면을 봐도 그들의 뇌는 무엇을 해야 할지 전혀 알지 못해요. 마치 이집트 상형 문자를 해독하는 것 같다고나 할까요. 어릴 때부터 보는 법을 배우지 않았다면 나중에 보기는 불가능에 가까워요.

그러니까 나쁜 소식이라고요? 꼭 그렇지만은 않아요. 누군가 예전에 볼 수 있다가 눈이 멀게 되면 여전히 모든 게 가능해요. 요즘에는 빛을 전기 신호로 바꿔서 뇌로 보내는 안경이 있어요. 눈이 전혀 작동하지 않더라도 그런 안경을 쓰면 뭔가 조금은 다시 볼 수 있어요. 심지어 산악인 가운데 눈이 멀었지만 혀에 작은 장치를 달아서 세상을 보는 사람도 있답니다. 혀를 내밀면 그 장치가 빛을 받아들여서 뇌에 신호를 보내지요. 풍경이 아주 선명하게 보이지는 않지만 그래도 추락하지 않기엔 충분해요.

왜 우리한테 눈이 하나 더 있을까요?

그런데 우리한테 눈이 하나 더 있다는 사실은 아는 사람이 거의 없어요. 원숭이는 우리 먼 친척이고 파충류는 더 먼 친척이에요. 어떤 파충류한테는 일반적인 눈 말고도 빛에 민감한 세포가 들어 있는 눈이 하나 더 있어요. 아주 편리한 일이에요. 파충류의 눈은 옆에 달려 있는데 이 셋째 눈은 위를 향하거든요. 다른 두 눈처럼 잘 작동하진 않지만 하늘에서 매 같은 맹금류가 빙빙 돌고 있는지 알아보기엔 충분해요. 우리가 파충류에서 나왔기에 우리한테도 그런 세포가 있어요. 이마를 잘 살펴보면 여러분도 그걸 볼 수……는 없을 거예요. 빛에 민감한 세포들은 두꺼운 두개골 아래 뇌 속 깊이 들어 있거든요. 칠흑처럼 어두운 곳이지요. 그래도 시신경과 연결되어 있으니까 여전히 작동해요. 게다가 매우 유용하지요. 뇌 속 골윗샘의 일부를 구성하거든요. 골윗샘은 솔방울 모양의 내분비 기관인데 우리가 밤낮의 리듬을 타도록 도와주는 멜라토닌을 만드는 데 관여해요. 어떤 사람들은 이 셋째 눈에 마법적인 힘이 있다고 믿어요. 증명된 적이 없으니 너무 진지하게 받아들일 필요는 없어요. 일단 봐야지 믿을 거 아니에요.

– 내가 듣는 것의 냄새를 맡아 봐요 –

- 8부 -

균형을 맞춰서

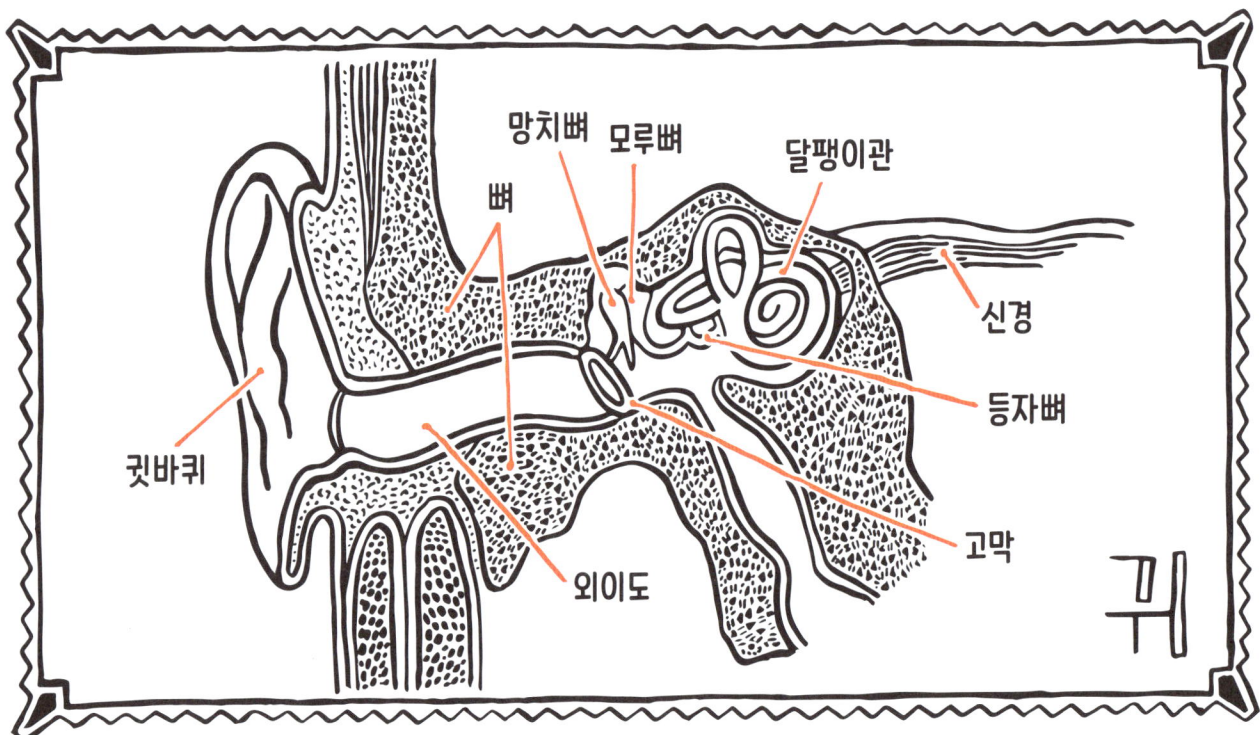

왜 바늘 하나 떨어지는 소리도 들릴까요?

이제 우리는 마지막 감각 기관, 귀에 다다랐어요. 소리는 귓바퀴를 통해 귀에 들어가요. 거기서 부드러운 피부, 고막이 진동하지요. 신경 세포는 이 정보를 뇌에 보내 줘요. 끝! 얼른 다음 장으로 넘어가요!

아, 글쎄…… 그게 다는 아니지요. 귀는 그렇게 단순하지 않거든요. 귀는 아주 복잡한 감각 기관으로 꼽혀요. 귀가 그렇게 복잡한 걸 감사할 따름이에요. 여러분은 귀의 복잡한 구조 덕분에 말 그대로 바늘 하나 떨어지는 소리까지 들을 수 있거든요. 방금 말했듯 소리는 귓바퀴를 통해 여러분 귀에 닿아요. 귓바퀴는 어찌나 훌륭하게 만들어졌는지 몰라요. 일종의 인공위성처럼 작동하지요. 심지어 귀에 손을 붙여 귓바퀴의 표면을 더 크게 만들면 귀에 들어오는 소리를 조금 더 키울 수 있어요. 때로 귀가 어두운 사람들이 그러는 걸 봤지요? 여러분도 손을 귀에 대 보면 당장 차이를 알아차릴 거예요. 물론 귀가 그렇게 크다면 나뭇가지에 딱 걸려 버리겠지요. 그래서 여러분 귀는 자그마하지요. 그래도 제 몫을 톡톡히 해낸답니다.

소리는 귓바퀴에 난 구멍을 통해서 외이도에 들어가요. 거기 있는 귀지와 솜털은 온갖 자질구레한 것들이 여러분 귓속으로 들어와 자리 잡지 못하게 해 주지요. 소리는 외이도의 끝에서 고막에 이르러요. 그럼 고막이 흔들리기 시작해요. 고막 주위에는 몸에 있는 뼈 중에서 가장 작은 축에 속하는 세 가지 뼈가 있어요. 바로 망치뼈, 모루뼈, 등자뼈랍니다. 이 세 가지 뼈가 함께 흔들리면서 증폭기 역할을 해요. 이 뼈들은 여러분이 침대에서 몇 미터나 떨어진 곳에서 윙윙거리는 모기를 찾아내게끔 해

쥐요. 그 역할을 어찌나 잘해 내는지 여러분은 때때로 너무 많은 소리를 들어요. 다행히 귀는 스스로 해결책을 찾았어요. 자그마한 근육 두 개가 귓속에 있는 뼈들을 잡아당겨서 너무 많이 흔들리지 않게끔 해 주거든요.

잠깐만요! 아직 다 끝난 게 아니에요. 소리가 귓속뼈를 통해서 내이에 닿으면 거기 림프액으로 채워진 달팽이관이 있어요. 이 관의 벽은 청각 세포로 덮여 있지요. 모든 소리에 같이 흔들리는 자그마한 섬모가 난 세포예요. 이 청각 세포는 뇌로 통하는 신경 세포랑 연결되어 있어요. 귀의 가장 안쪽에는 낮은 음을 전달하는 세포가 있어요. 높은 음에 잘 맞는 세포는 훨씬 바깥쪽에 있고요. 거기 있는 세포 가운데 더 많은 수가 흔들릴수록 소리가 더 커져요. 자, 이제 여러분도 귀가 어떻게 작동하는지 알겠지요.

왜 감각 기관 하나를 거저 더 받은 셈일까요?

이제 다음 장으로 넘어갈 수 있을까요? 아니요! 아직 다 안 끝났어요. 귀는 듣는 일만 담당하는 게 아니라 몸의 균형을 잡아 주기도 하거든요. 여러분은 한 개 값만 치르고 두 가지 감각 기관을 한꺼번에 받은 셈이에요. 균형 감각은 촉각, 후각, 미각, 시각, 청각에 이어 여섯 번째 감각이라고 부를 수 있어요.

균형 감각의 작동 방식은 아주 간단해요. 여러분이 서 있을 때 귓속에 있는 액체도 서 있어요. 귓속에 있는 섬모랑 똑같아요. 여러분이 미친 사람처럼 머리를 흔들기 시작하면 그 속에 있는 액체도 같이 흔들려요. 그럼 섬모가 지금 헤드뱅잉을 연습한다고 뇌에게 알려 주지요. 그러면 근육이 움직여서 여러분이 균형을 잡을 수 있게끔 만들어 주어요. 그래서 여러분은 귀 덕분에 걷고 자전거를 타고 두 고층 빌딩 사이에 팽팽하게 당겨 맨 밧줄 위에서 균형을 잡을 수 있는 거예요. 이제 빙글빙글 맴돌 때 왜 어지러워지는지 알겠지요? 양동이에 든 물을 휘젓다가 딱

멈춰도 물은 당장 잔잔해지지 않아요. 몇 바퀴 더 돌다가 비로소 가라앉지요. 여러분이 빙글빙글 맴돌고 난 다음 귓속에 있는 액체도 마찬가지예요. 조금 지난 다음에야 잔잔해지지요. 귀는 뇌한테 여러분이 아직 돌고 있다는 신호를 보내요. 하지만 눈은 여러분이 바로 서 있는 걸 보고 뇌한테 그 소식을 전해요. 뇌는 대체 누구를 믿어야 할지 몰라서 혼란스러워져요. 그래서 어지러운 거예요. 자동차나 기차를 탔을 때도 이와 비슷한 일이 일어나요. 상황은 정반대지만요. 눈은 여러분이 움직이는 걸 보는 반면 귀는 아무것도 알아채지 못하고 여러분이 서 있다고 주장해요. 그럼 멀미가 나면서 속이 메슥거리죠. 여러분이 속이 금방 안 좋아지는 편이라면 멀리 움직이지 않는 지점을 바라보는 게 가장 좋을 거예요. 그 지점은 움직이지 않으니까 뇌가 엇갈리는 신호를 동시에 받지 않아요.

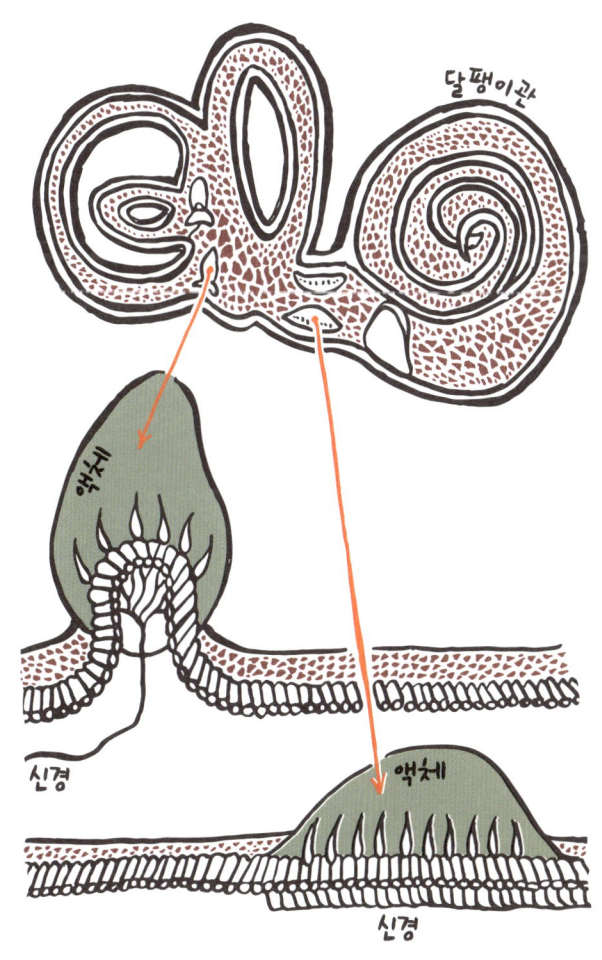

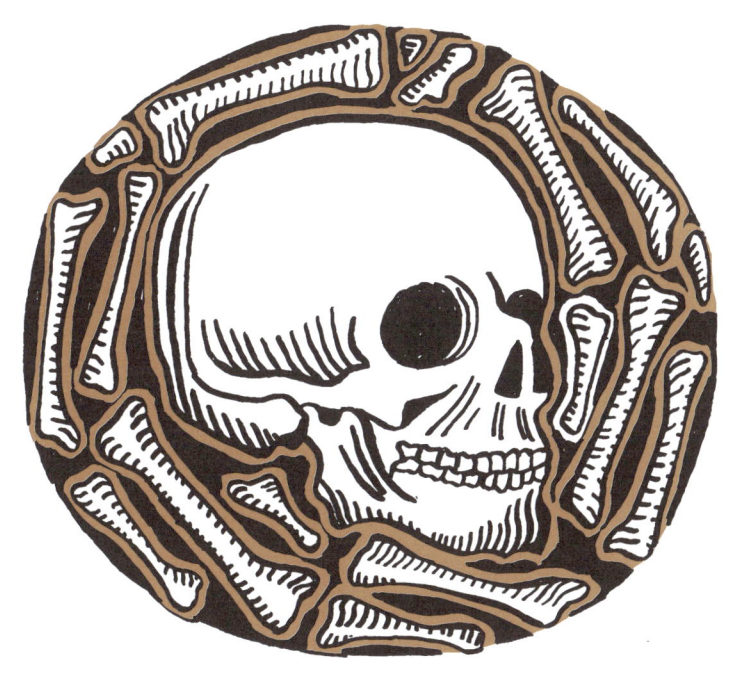

— 9부 —

달리기, 뛰어오르기, 날기, 잠수하기, 넘어지기,
일어서기, 계속하기

- 9부 -

여러분의 자세

왜 여러분이 과장된 행동을 해도 괜찮을까요?

뭐든 이상한 동작을 해 봐요. 그래요. 정말 해 보라니까요! 한껏 이상한 동작을 재빨리 해 봐요. 몇 가지 더요. 기다릴게요. 다 해 봤어요? 지금 한 동작들이 여러분 머릿속에서 시작했다는 사실 알고 있죠? 뇌에서 나온 명령들이 신경을 따라 믿을 수 없이 빠르게 근육에 전달되었어요. 근육은 당장 그 명령을 따랐고요. 이 모든 것은 분자의 이동으로 이루어졌어요. 더 정확하게 말하자면 분자가 신경에서 근육으로 옮겨 가면서요. 머릿속에 있는 작은 세포 몇 개가 온몸을 움직이는 거예요. 그래서 여러분이 지나치게 애를 쓰지 않아도 수백만에 이르는 근육 세포가 활동하는 거지요. 그들은 오케스트라단 연주자들처럼 완벽하게 서로 도우며 여러분이 생각해 낸 동작을 수행했어요. 바로 이런 게 기적이지요!

여러분이 아무리 게으르더라도 근육이 없다면 게으른 것조차 할 수 없어요. 소파에 늘어져 있을 때도 균형을 잡기 위해서나 눈을 감고 뜨기 위해서, 리모컨의 단추를 누르기 위해서, 그것마저 귀찮아서 대신 눌러 줄 사람을 부르기 위해서는 근육이 필요하거든요. 모든 근육에는 각각 '대응 근육'이 있어요. 근육은 일종의 접는 사다리 같은 것이라서 잘 접혀지는데 이 '사다리'를 다시 펼칠 근육이 필요해요. 또 하나 잊지 말아야 할 게 있어요. 우리가 이미 얘기한 민무늬근이죠. 심장과 위장에 민무늬근이 없다면 여러분은 살아남지 못할 거예요.

왜 아령을 드는 해파리는 안 보일까요?

여러분한테는 쉬운 일도 어려운 일도 대신 해 주는 약 650개의 근육이 있어요. 몸무게의 40%쯤이 이 근육에서 나와요. 여러분은 찻잔 하나를 들어 올리는 데도 약 70개의 다른 근육을 사용하지요. 근육은 뼈 덕분에 효과적으로 일해요. 여러분이 팔을 곧게 편 채 무거운 여행 가방을 장롱 위에 올려놔야 한다고 상상해 봐요. 그럼 원래 무게보다 훨씬 더 무겁고 힘들 거예요. 여러분이 팔을 굽히면 그게 힘을 나누는 지렛대 역할을 해요. 어쨌든 뼈가 없다면 가방을 아예 들어 올릴 수도 없을 거예요. 해파리가 아령을 드는 걸 본 적 있어요? 그러니까요!

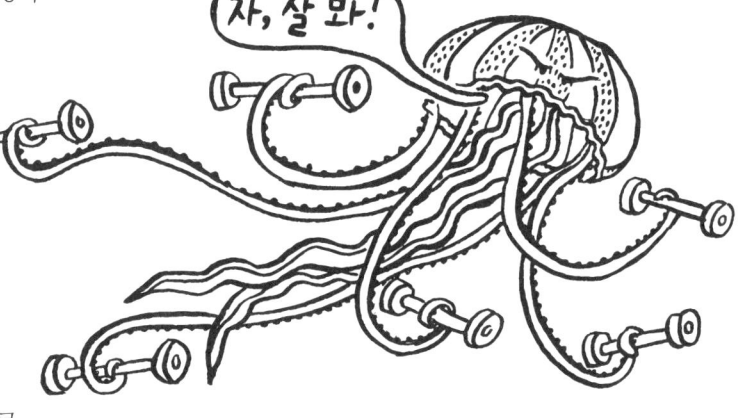

근육은 길게 늘어진 세포로 이루어져 있는데, 밧줄을 합쳐서 동아줄을 꼬듯 이 세포들이 묶여 있어요. 근육은 에너지를 많이 소비해서 근육 사이에는 산소와 양분을 공급하는 핏줄이 많아요. 근육은 양분을 태우고 난 뒤 노폐물을 남기는데 운동을 너무 오래, 많이 하면 몸은 이 노폐물을 충분히 빨리 내보낼 수 없어요. 운동하는 사람들은 이럴 때 '과산화 상태'라고 하지요.

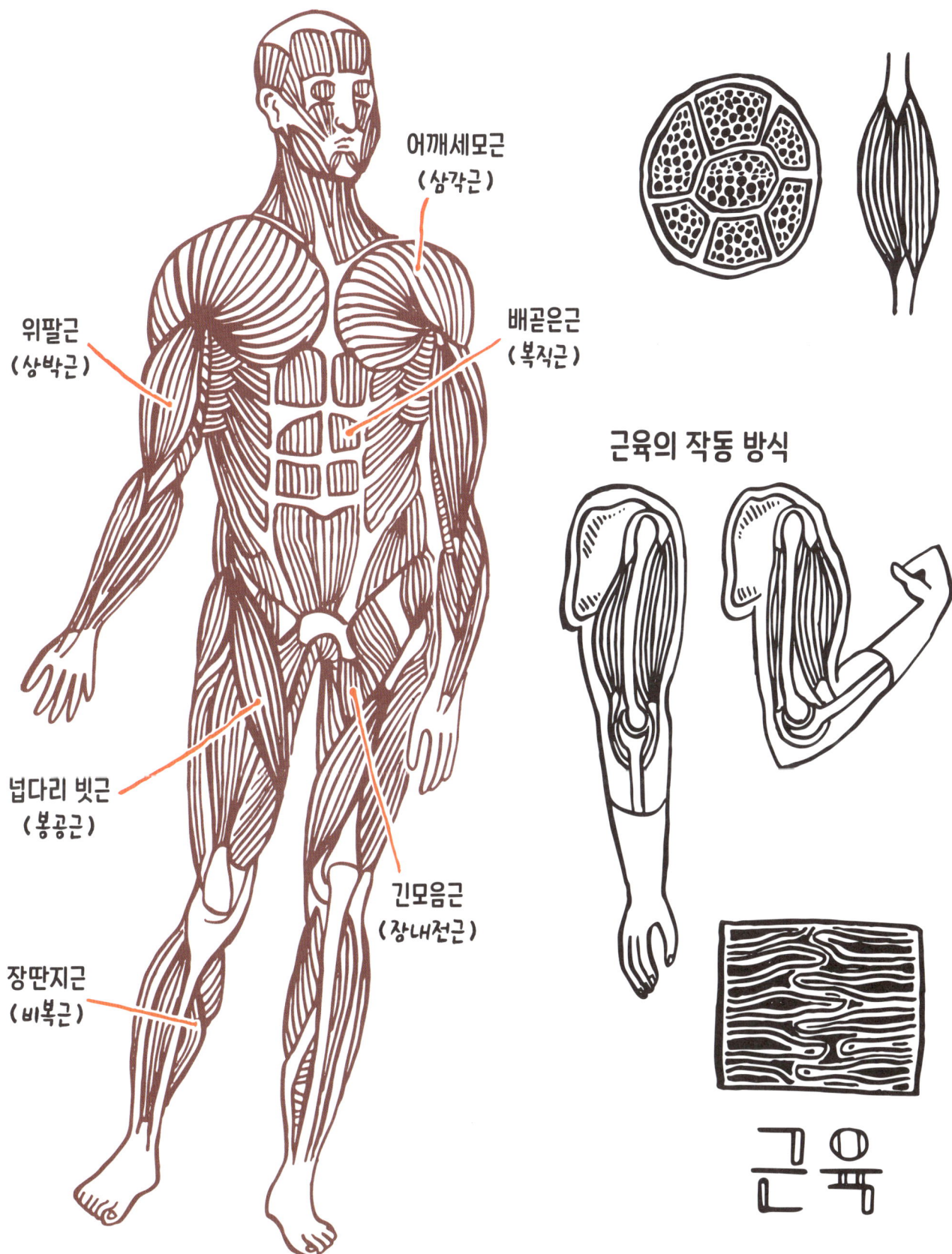

- 9부 -

헬스장에서

왜 심장 근육은 단련할 수 있는데 대장 근육은 그럴 수 없을까요?

여러분은 민무늬근을 의도적으로 조절할 수 없어요. 그래서 헬스장에 위장 근육을 훈련하기 위한 운동 기구가 없는 거예요. 여러분 배가 불룩 튀어나왔다고 해도 장 근육을 너무 열심히 훈련한 나머지 이렇게 됐다고 주장할 수 없지요. 물론 심장 근육을 훈련하기 위한 기구도 없지만 그래도 심장 근육은 훈련할 수 있어요. 규칙적으로 빠른 동작을 계속하면 심장 근육이 더 강해져요. 운동을 많이 할수록 심장이 커지는 거지요.

다른 근육들은 대부분 쉽게 훈련할 수 있어요. 하지만 다 그런 것은 아니에요. 예를 들어 귓속에 있는 작은 등자뼈 근육을 훈련하기 위한 도구는 아직 나오지 않았어요. 그래도 우리 몸에서 가장 커다란 근육인 큰볼기근(대둔근)을 훈련하기 위한 기구는 이미 만들어졌어요. 큰볼기근은 엉덩이의 대부분을 차지하는 커다란 근육이에요. 몸에서 가장 유명한 근육인 위팔 두 갈래근(이두박근)도 단련할 수 있어요. 여러분이 무거운 아령을 규칙적으로 든다면 저절로 팔에 멋진 근육이 생길 거예요.

왜 근육을 망가뜨려야 할까요?

근육 세포는 여러분이 태어났을 때부터 이미 다 갖춰져 있었어요. 여러분이 근육 세포를 더 늘릴 수는 없어요. 하지만 강화할 수는 있지요. 운동을 하거나 잠을 자면서요. 아니, 잠을 자면서라고요? 그래요. 근육은 잠을 잘 때 휴식을 취하는데 그게 근육이 회복하는 걸 도와주거든요. 또 어떤 운동을 하든 잠을 많이 자면 실력이 향상된답니다. 훈련을 하면서 배운 게 많다면 그날 푹 자야 그걸 더 잘 기억하지요. 그래도 운동이 여전히 근육을 강

― 달리기, 뛰어오르기, 날기, 잠수하기, 넘어지기, 일어서기, 계속하기 ―

화하는 최고의 방법이에요. 근육을 강화하는 건 그걸 망가뜨리는 데서 시작해요. 운동을 많이 하면 근육에 작은 균열이 생겨요. 그럼 근육 주변에 있는 세포가 얼른 녹아서 근육 세포랑 합쳐지거든요. 그럼 근육은 단백질을 많이 받아서 더 강해지지요.

운동을 한 다음에 근육통이 생기면 그건 근육이 익숙하지 않은 동작을 해서 더 강해질 거라는 징조예요. 문제는 이 모든 게 그리 빨리 이루어지지 않는다는 거예요. 결과가 눈에 뚜렷하게 보이려면 몇 달은 기다려야 해요. 하지만 그사이 훈련을 계속하지 않으면 근육은 다시 쪼그라들어요. 그건 다리에 깁스를 했다가 풀었을 때도 볼 수 있어요. 그동안 근육을 거의 쓰지 않았기 때문에 다리에 힘이 없고 가늘어져 있어요. 우주 비행사들한테도 비슷한 문제가 생기곤 해요. 우주선 안에서 그들은 무엇이든 필요도 없고 걷지도 못해요. 우주선 안에는 테니스장도 없고요. 심지어 중력이 없으니까 몸을 꼿꼿하게 세울 필요도 없어요. 그들이 지구로 돌아왔을 때 몸 상태가 훨씬 나빠지는 것도 무리가 아니지요.

왜 역도 선수가 마라톤 선수보다 몸무게가 더 나갈까요?

근육의 종류에는 두 가지가 있어요. 빠른 근육(속근)과 느린 근육(지근)이에요. 빠른 근육은 100분의 1초 만에 수축될 수 있기 때문에 그렇게 불려요. 믿을 수 없을 만큼 큰 힘을 낼 수 있는 아주 강한 근육이에요. 느린 근육은 그 두께가 빠른 근육의 절반만 하고 세 배나 느린 반면 한참 더 오래 견뎌요. 보디빌더나 단거리 선수한테는 빠른 근육이 많은 반면 마라톤 선수나 자전거 선수한테는 느린 근육이 많아요. 두 근육의 차이는 닭고기에서 잘 알 수 있어요. 닭들이 날개를 세차게 퍼덕일 때 쓰는 가슴 근육은 빠른 근육이에요. 거기 있는 고기는 하얗죠. 온종일 서 있고 총총거리는 다리에 있는 근육은 느린 근육인데 색깔이 붉어요. 사람은 이 두 가지 근육이 뒤섞여 있어요. 프라이팬에 굽는다면 아마 분홍색 고기가 나올 걸요.

몸에서 가장 강한 근육은 어디 있을까요? 팔에? 다리에? 아니, 얼굴에 있어요. 음식을 씹는 턱 근육이 가장 강해요. 그 분야 세계 기록 보유자인 리하르트 호프만은 턱이 아주 강해서 442kg 무게에 해당하는 힘으로 음식을 씹을 수 있었대요. 이 기록을 깨뜨리는 건 무척 어렵겠지요.

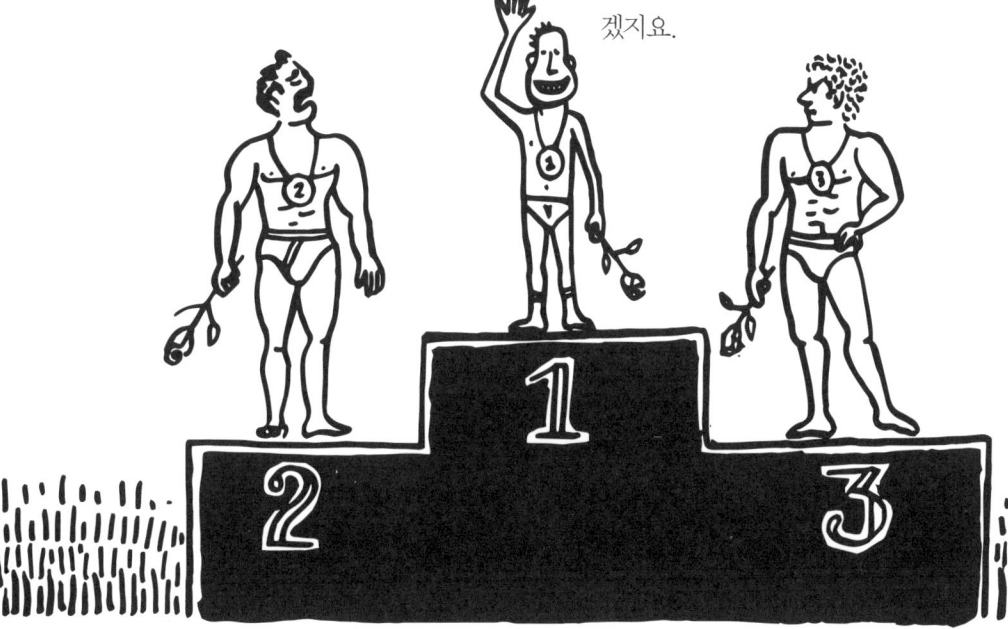

살면서

왜 머리뼈가 죽음이 아니라 삶을 표현할까요?

어떤 그림이 죽음을 표현하는 데 자주 사용될까요? 그야 머리뼈지요! 우리는 뼈를 보면 당장 죽음을 생각해요. 뼈는 생명이 거의 없는, 부러진 나뭇가지와 닮았잖아요. 그런데 실제로 뼈에는 생명이 득실거린다는 거, 알아요? 뼈는 끊임없이 바뀌면서 주인의 생활 방식에 적응해요. 역도 선수의 뼈가 가늘다면 그리 실용적이지 않을 거예요. 근육을 훈련하는 사람은 뼈도 강해져요. 고고학자들은 수천 년이 지난 해골에서도 그 사람이 왼손잡이였는지 오른손잡이였는지 알아볼 수 있답니다. 여러분이 오른손잡이라면 오른쪽 근육이 좀 더 강하고 뼈도 그쪽이 더 굵어요. 또한 뼈는 끊임없이 새로워져요. 여러분은 지난 7년에 걸쳐 완전히 새로운 뼈를 얻었어요. 모든 세포가 새로워졌지요. 그렇지만 여러분 몸속에 있는 뼈의 숫자는 아기 때보다 줄어들었어요. 뼈가 덜 필요하기 때문이 아니라 많은 뼈들이 서로 합쳐지며 자라났기 때문이에요. 그리고 여러분 뼈는 훨씬 더 단단해졌어요. 아기들 뼈는 대부분 점점 굳어지는 연골로 이루어져 있거든요. 연골은 뼈보다 더 부드럽고 휘어지기 쉬워요.

뼈가 끊임없이 새로워지는 건 좋은 일이에요. 안 그럼 뼈가 부러졌을 때 문제가 커질 테니까요. 몸은 뼈가 부러지면 스스로 고쳐요. 외과 의사가 뼈를 제자리에 다시 밀어 넣어야 하지만 나머지는 몸이 알아서 하지요.

왜 뼈가 콘크리트보다 더 단단할까요?

여러분 뼈에는 자체 접착제가 있어요. 그래서 접착제를 만들 수도 있다니까요! 벌써 수백 년 동안 뼈로 접착제를 만들어 왔어요. 뼈에 있는 접착제를 콜라겐이라고 해요. 모든 인간과 동물에게 있는 중요한 단백질이지요. 뼈뿐만 아니라 이와 피부에도 들어 있어요. 뼈를 이루는 다른 중요한 물질은 인산 칼슘이에요. 뼈에 콜라겐이 없다면 유리처럼 깨지기 쉬울 테고 인산 칼슘이 없다면 고무처럼 휘어져 버릴 거예요.

콜라겐과 인산 칼슘이 함께 있으면 믿을 수 없을 만큼 단단해지지요. 뼈는 콘크리트보다 훨씬 더 튼튼해요. 뼈 100g은 같은 무게의 콘크리트보다 더 많은 무게를 견뎌 내지요. 성인의 허벅지 뼈는 부러지지 않고 1000kg 정도는 가볍게 감당할 수 있어요. 게다가 뼈는 상태도 완벽해요. 너무 무겁지도 않고 또 너무 가늘지도 않아요.

뼈는 정말이지 굉장해요. 그냥 우리 갈비뼈와 머리뼈만 생각해 봐도, 뼈는 우리를 보호해 주고 우리 근육에 지지대 역할을 해 줘서 근육이 딱 달라붙을 수 있도록 해요. 그런데도 다 합쳐서 무게가 고작 몇 kg 나갈 뿐이에요. 뼈에는 보호와 지지대 역할을 하는 것 말고도 중요한 과제가 있어요. 뼈는 새로운 혈구를 만들어 낸답니다. 매 분 수백만 개에 이르는 적혈구랑 백혈구를 만들어 내지요. 골수라는 부드러운 심이 들어 있는 뼈가 있는데 골수는 세상에 둘도 없는 거대한 혈액 세포 공장이에요. 게다가 뼈는 일종의 칼슘 은행이에요. 칼슘이 너무 많으면 그걸 저장해 뒀다가 몸이 필요할 때 도로 내주어요.

– 달리기, 뛰어오르기, 날기, 잠수하기, 넘어지기, 일어서기, 계속하기 –

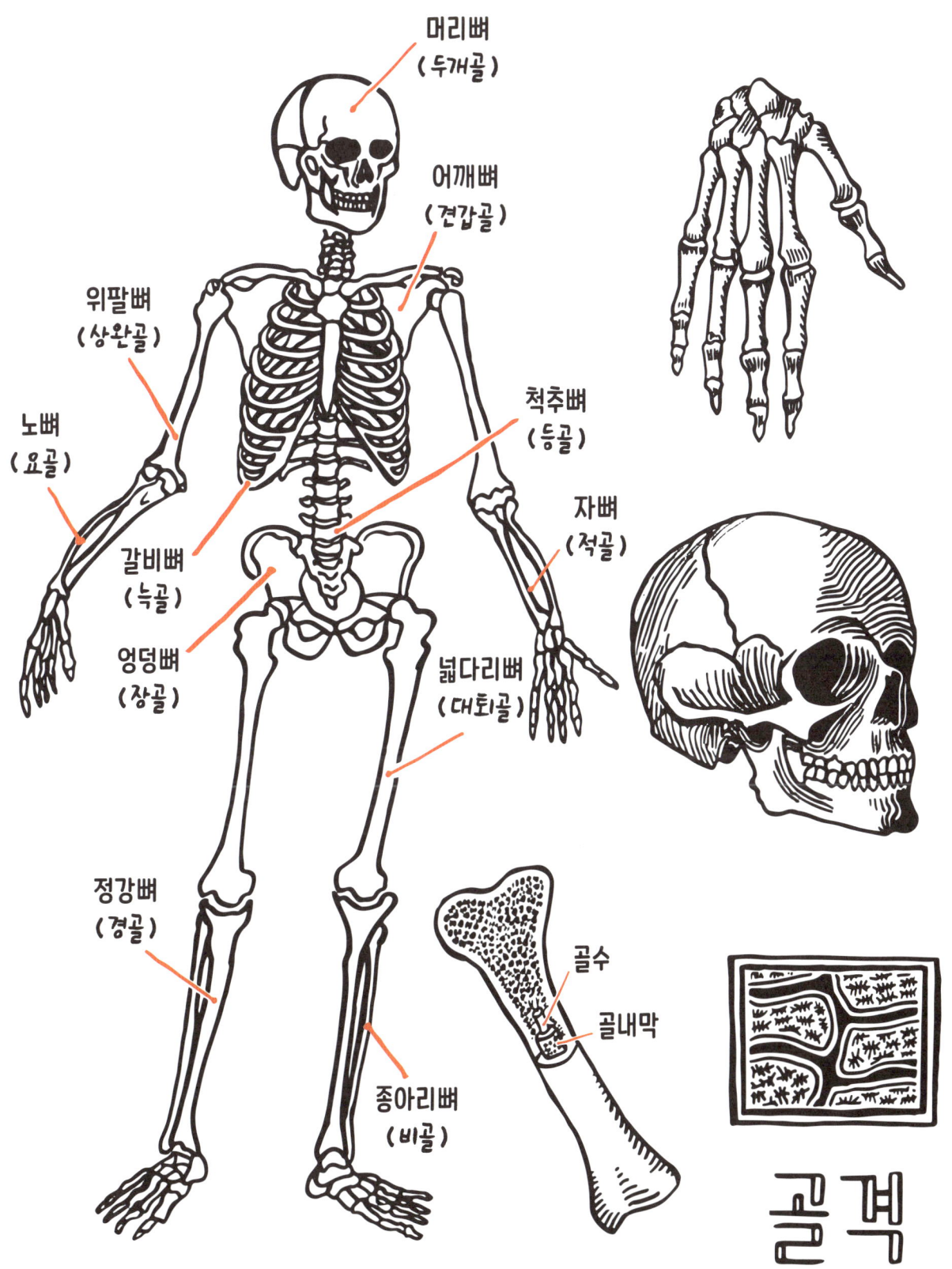

– 9부 –

움직이면서

왜 손짓하는 데 발가락이 필요할까요?

우리 몸속에는 다 합쳐서 206개의 뼈가 있어요. 그 가운데 절반 이상이 손과 발에 있어요. 그곳에는 손가락뼈나 발목뼈처럼 작은 뼈들이 특히 많아요. 이 장을 시작할 때 이상한 동작을 해 보라고 부추긴 거 기억나요? 그때 여러분한테 있는 뼈들이 거의 모두 움직였어요. 뼈들은 서로서로 이어져 있거든요. 여러분이 손짓을 하면 발가락에 있는 뼈도 같이 움직여서 균형을 잡을 수 있도록 도와준답니다. 뼈들이 어떻게 연결되어 있는지 알고 싶다면 과학실에 있는 해골 모조품을 찾아보세요. 연결되지 않은, 딱 하나 예외가 있다면 후두에 있는 목뿔뼈예요. 목뿔뼈는 유일하게 다른 뼈들로부터 완전히 분리되어 있어요.

우리한테는 몸속에 뼈가 있다는 게 아주 당연한 일이지요. 하지만 자연에서는 몸속에 뼈대가 있는 게 원칙이라기보다는 예외에 속해요. 동물들은 대부분 외면에 껍데기가 있어요. 새우나 게, 곤충들이 그래요. 그래도 그 동물들은 대부분 우리만큼이나 쉽게 움직일 수 있어요. 밤에 모기를 잡으려고 해 보면 당장 알게 되지요.

왜 뼈에서 딱딱 소리가 나게 할 수 있을까요?

지금까지는 단단한 뼈 이야기만 했어요. 하지만 우리한테는 부드러운 뼈 연골도 있어요. 귓바퀴나 콧마루, 콧날이 연골로 되어 있지요. 연골은 대부분 탄력성이 있는 콜라겐으로 이루어져 있어서 두 뼈 사이를 이어 주는 데 이상적인 물질이에요. 관절은 모두 부드러운 연골로 덮여 있어요. 여러분 무릎 속에도 있지요.

– 달리기, 뛰어오르기, 날기, 잠수하기, 넘어지기, 일어서기, 계속하기 –

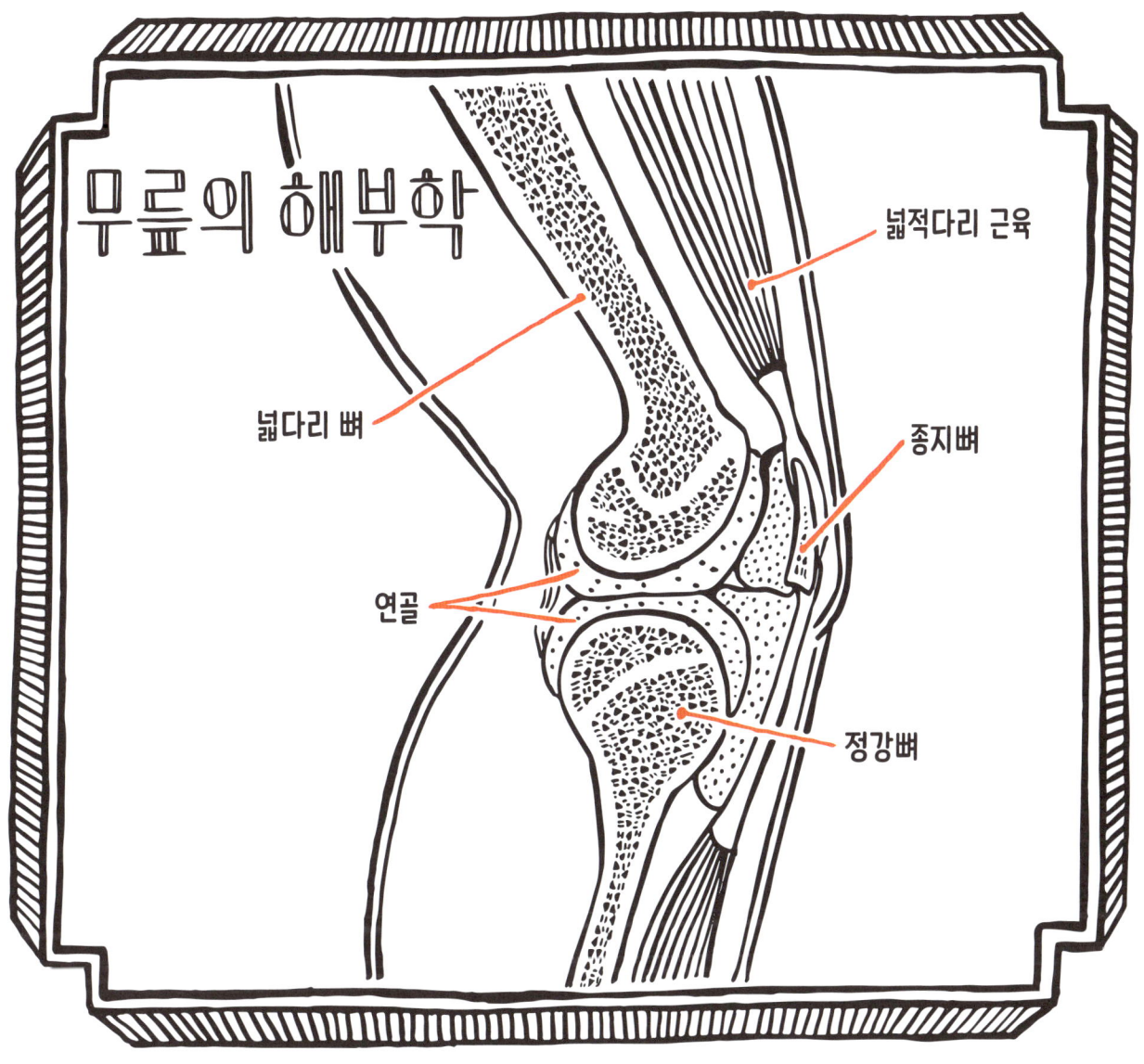

무릎의 해부학

넓적다리 근육
넓다리 뼈
종지뼈
연골
정강뼈

　허벅지와 종아리의 기다란 뼈는 무릎에서 만나요. 상체의 무게가 모두 무릎에 실리게 돼요. 게다가 여러분은 때로 무거운 몸으로 달리기도 하고 뛰어오르기도 해요! 가엾은 무릎은 그 모든 충격을 흡수해야만 하지요. 다행히도 무릎은 거기 딱 맞춰서 만들어졌어요. 연골이 허벅지와 종아리에 있는 뼈들이 부딪혀서 쓸리는 것을 막아 줄 뿐만 아니라 액체로 된 층이 그들을 떼어 놓고 충격 완화장치 역할을 하지요. 관절은 언젠가는 닳아 버려요. 특히 무게나 마찰 등 부담을 많이 받을 때 더 빨리 닳지요. 그래도 아직 한동안은 잘 버틸 거예요.

　손가락에도 관절이 있어요. 거기서 뚝뚝 소리가 나게 할 수도 있지요. 사람들은 그러면 손가락이 닳는다고 생각해요. 하지만 손가락을 꺾어서 소리를 내는 게 그렇게 나쁘진 않대요. 도널드 엉거라는 과학자 덕분에 그 사실이 알려졌어요. 도널드 엉거는 어렸을 때 엄마한테서 손가락을 절대 꺾지 말라는 말을 들었어요. 하지만 과학자는 역시 달라요. 그는 오십 년이 넘게 실험 삼아 왼손의 손가락은 뚝뚝 소리가 나게 꺾고 오른손의 손가락은 그냥 두었어요. 결과가 어땠을까요? 두 손에는 아무 차이도 없었어요. 우리는 이런 과학자가 필요해요!

— 10부 —

살아남기

– 10부 –

임신부

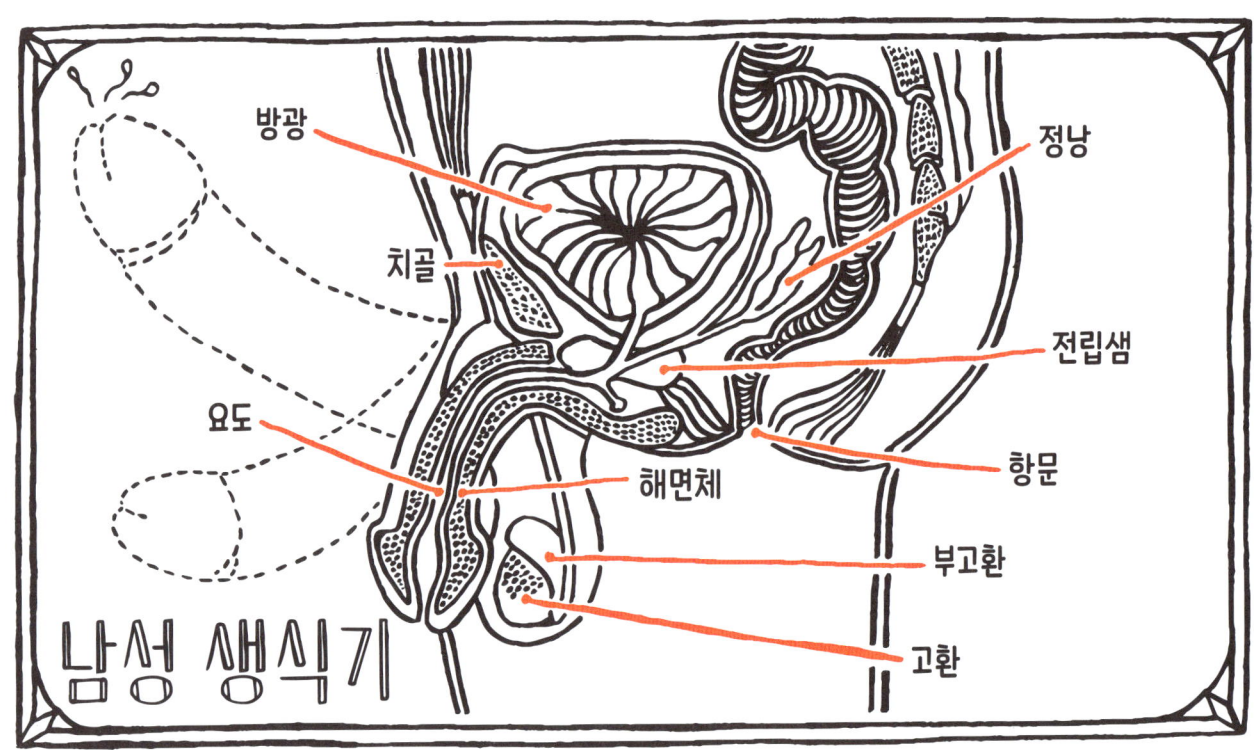

왜 처음으로 되돌아갈까요?

자, 이제 섹스에 대해 이야기할 시간이에요. 뭐, 조금은 해야죠. 사실 어떤 일들은 절대 설명할 수 없지요. 전기와 기술의 혜택을 보지 못하고 자란 사람한테 와이파이가 뭔지 어떻게 설명하겠어요? 태어날 때부터 눈이 먼 사람한테 렘브란트의 그림을 어떻게 설명하고요? 아니면 세상에서 가장 멋진 게 어떤 느낌인지 어떻게 설명하겠어요? 한순간 아무것도 생각나지 않고 상상할 수 없을 만큼 아름다운 그 느낌을……. 그런 건 설명할 수 없고 스스로 경험해야만 해요. 그렇지만 적어도 그런 걸 어디서 느끼는지는 말해 줄 수 있어요. 즉 수천 개의 신경이 모여 있어서, 모든 것을 더 집중적으로 느끼는, 몸의 어떤 부분에서 그 느낌이 나온다는 것을요. 그 부분은, 음, 저 아래 있지요. 그런 기분을 '오르가즘'이라고 해요.

남자가 오르가즘에 이르면 성기에서 수억 개의 정자가 들어 있는 액체가 쏟아져 나와요. 여자도 오르가즘에 이를 수 있지만 그렇다고 난자가 쏟아져 나오지는 않아요. 오르가즘은 상대방이 있든, 자기 자신과 하든 (또는 그에 대한 꿈을 꾸든) 섹스를 통해서만 이를 수 있어요. 섹스는 아름다운 것이지만 또 아주 개인적인 것이기도 해요. 격렬하고 복잡한 감정을 불러일으킬 수 있지요. 그렇지만 섹스와 관련된 것이 모두 오르가즘처럼 환상적이지는 않아요. 불쾌한 감정이 생길 수도 있어요. 섹스를 부끄러워하거나 억지로 하게 됐을 때 그래요. 그러니까 여러분이 좀 더 나이 들 때까지 첫 경험을 미루는 게 더 나을 거예요. 게다가 섹스에는 예상치 못한 결과가 있을 수 있어요. 아이가 생길 수도 있거든요! 이제 우리는 이 책의 맨 처음에 있던 '인생을 건 경주'라는 장에 다다랐어요. 그게 어땠는지 기억해요?

왜 여자들은 힘들이지 않고 더 매력적일 수 있을까요?

여러분이 기억을 되살리게끔 여기서 그 내용을 되풀이해 볼게요. 다만 이번에는 정자가 아니라 난자의 입장에서. 여러분은 이미 앞에서 읽어서 대부분의 정자들은 살아남을 기회가 거의 없다는 사실을 알아요. 난자들도 마찬가지예요. 여러분을 만든 세포는 여러분 엄마가 아직 그 엄마, 즉 여러분 외할머니의 배 속에 있을 때부터 이미 존재했어요. 첫 번째 난자는 8주 뒤에 생겨나요. 엄마가 세상에 태어난 지 8주 뒤가 아니라 수정이 된 지 8주 뒤예요. 여러분 엄마도 아직 아기라기보다는 작은 우주 생명체랑 비슷했을 때죠. 이후 수십만 개의 난자가 더 생겨나지요. 그 세포들 가운데 하나가 여러분이 될 때까지는 아직도 한참을 더 기다려야 해요.

난자는 여자의 아랫배에 있는 수란관을 통해 나와요. 어떤 때는 왼쪽에서 또 어떤 때는 오른쪽에서요. 수란관마다 '난소'라는 기관과 닿아 있는데, 이 난소 안에 100만 개쯤 되는 난자들이 옹기종기 모여 있어요. 매달 난자 딱 하나가 그 난자를 돌봐주고 지켜 주는 보조 세포들의 두꺼운 층에 둘러 싸였다가 성숙해지면 풀려나와요. 그런 다음 난자는 난관 안으로 들어가요. 난자가 풀려나오는 걸 '배란'이라고 부르는데 여자의 일생에서 400번쯤 일어나요. 그러니까 대부분의 난자한테는 어떤 사건도 일어나지 않는 셈이에요. 이 난자가 며칠 안에 수정되지 않으면 몇 년에 걸친 기다림도 아무 쓸모가 없어요. 그 난자는 망가지고 다시는 수정될 수 없지요. 재미있는 건 남자들은 여자가 임신할 수 있을 때 평소보다 더 매력적이라고 느낀대요. 어떻게 그런지는 아무도 정확하게 모르지만 다양한 연구에서 그런 결과가 나왔어요. 바로 그 순간 정자가 문을 두드리고 난자랑 합칠 가능성이 아주 조금은 더 커지겠지요.

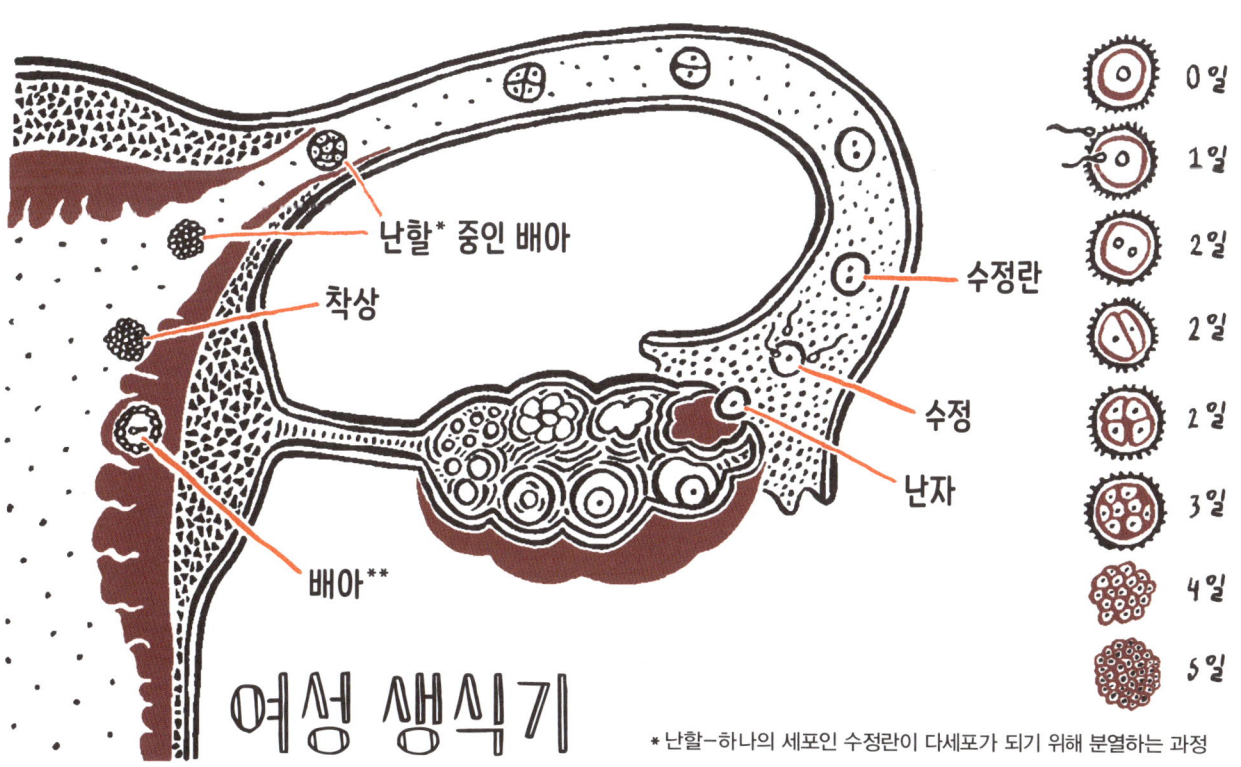

* 난할-하나의 세포인 수정란이 다세포가 되기 위해 분열하는 과정
** 배아-7주 뒤부터는 태아라고 부름

왜 광고를 너무 진지하게 여기지 말아야 할까요?

난자는 대개 수정이 되지 않아요. 다행이지요. 안 그럼 지구위에는 70억이 아니라 700억이 넘는 사람들이 득실거릴 테니까요. 난소에서 나왔지만 수정되지 않은 난자는 몸속에 그리 오래 머무르지 않아요. 난자가 2주 뒤에 몸에서 떨어질 때 자궁의 점막도 같이 정리돼요. 난소와 자궁 점막이 밀려나면서 피도 약간 흐르는데 이걸 달거리, 월경 또는 생리라고 해요. 텔레비전 광고에서는 아주 즐거워 보여요. 여자들은 생리할 때도 몸에 꼭 끼는 하얀 바지를 입고 활짝 웃는 모습을 보여 주지요. 하지만 현실은 전혀 다르답니다. 여자가 생리할 땐 종종 배가 몹시 아프고 온갖 호르몬이 활성화돼서 마음이 편치 못하고 기분이 나빠져서 쉽게 화를 내거나 우울해져요. 물론 피를 흘리는 것도 짜증스러운 일이지요.

고대 이집트 여자들은 옷이 더럽혀지는 걸 막으려고 파피루스 조각으로 질을 막았어요. 로마 여자들은 면을 이용했어요. 중세 유럽에서는 대개 그냥 옷을 두껍게 껴 입었지요. 1차 대전 때에야 비로소 전선에 있던 간호사들이 군인들한테 붕대로 쓰던 가제를 생리대로 이용하면 좋겠다는 아이디어를 떠올렸어요. 공장주들이야 갑자기 훨씬 더 많은 가제를 팔 수 있으니 고마울 따름이었죠. 오늘날 생리대와 탐폰을 만드는 사람들은 엄청난 돈을 벌어들여요. 물론 그 덕분에 여자들도 생리를 하는 게 한결 더 쾌적해졌고요.

왜 정자의 인생이 편치 않을까요?

난자가 살아남길 원한다면 정자, 달리 말해서 섹스가 필요해요. 한 번 섹스를 할 때마다 정자 3억 개쯤이 여자의 질에 들어가지요. 아직 안심할 수는 없어요. 대부분의 정자는 이런 방식으로 난자에 이를 수가 없거든요.

난자가 사람의 세포 가운데 가장 큰 반면 정자는 가장 작아요. 정자에는 작은 올챙이처럼 아주 긴 꼬리가 달려 있어요. 이 꼬리는 정자가 앞으로 나아가게끔 해 줘요. 하지만 정자는 어디를 향해야 할지 몰라요. 게다가 질도 정자를 기다리고 있지만은 않아요. 질 내벽은 치명적인 산성 물질로 덮여 있어서 정자들은 대부분 한 시간 안에 죽어 버려요. 질이 정자를 병균으로 보기 때문이죠. 살아남은 정자들도 아직 갈 길이 멀어요. 자궁 전체를 가로질러서 가야 하지요. 자궁도 그리 안전하지는 않아요. 백혈구들이 굶주린 피라냐처럼 정자에게 달려들거든요.

비록 난자가 매우 크다고는 하지만 그래도 작은 세포이기에 놓치기 쉬워요. 그래서 난자는 화학적 신호를 내보내고 정자는 이에 맞춰 진로를 정해요. 정자 하나가 난자의 세포막에 스며들어 가는 순간 난자는 다른 세포들한테는 문을 닫아 버려요. 이제 난자와 정자가 합쳐지면 새로운 생명이 생겨나지요.

오늘날 모든 아이가 이렇게 생겨나는 것은 아니에요. 때로는 위에서 말한 방식으로 아이를 얻을 수가 없어요. 그런 경우 의사를 비롯한 직원들이 실험실에서 난자와 정자를 결합시킬 수도 있어요. 여러분이 그렇게 태어났다면 달리기 경주에서 이긴 게 아니에요. 숙련된 의사의 손에 선택된 거죠. 그렇지만 그것도 달리기 경주에서 이긴 것만큼이나 특별한 일이에요!

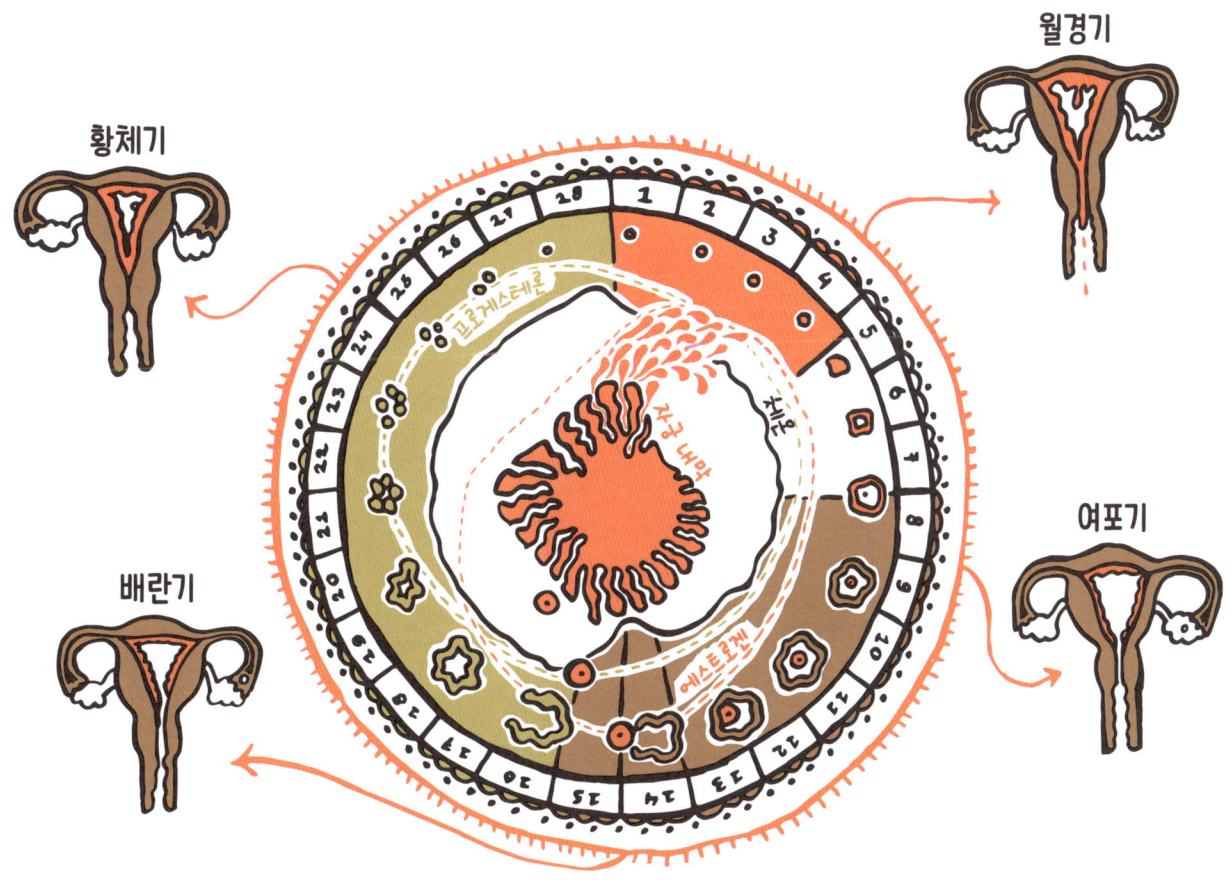

– 10부 –

자궁 속에서

왜 1초 후면 수정란이 피아니스트가 될지 아닐지 알 수 있을까요?

정자와 난자가 하나로 합쳐질 때 아주 특별한 일이 일어나요. 기껏해야 딱 하나의 세포일 뿐이지만 이 아이가 딸일지 아들일지 당장 분명해지거든요. 나중에 어떻게 생겼을지도 이미 정해지고요. 반은 아빠, 반은 엄마에게서 온, 약 2만 1000개 유전자의 새로운 조합이 생겨나요. 어쩌면 이 아이는 엄마의 귀와 아빠의 턱, 증조할머니의 코와 외증조할아버지의 입을 물려받을 수도 있어요. 심지어 위대한 피아니스트가 될지, 아니면 위대한 수학자가 될지도 이미 정해져 있어요. 물론 그러려면 유전자보다 더 많은 것이 필요하지요. 아무리 재능이 많아도 피아노에 손가락 하나 대지 않는다면 피아니스트는 되지 못하겠지요. 환경이랑 삶의 조건들도 유전자만큼이나 중요해요.

하나의 세포였던 수정란이 분열하기 시작하면 배아라고 불러요. 배아는 다치기 쉬워요. 세포는 아주 천천히 분열되는데, 사흘이 지나야 열두 개에서 열여섯 개가 생겨나요. 그다음부터는 분열 속도가 점점 더 빨라져요. 배아는 처음에는 줄기세포라는 한 가지 세포로만 이루어져 있어요. 여러 가지로 발전할 수 있는 세포지요. 결국 여기서 뼈세포, 혈액 세포, 피부 세포, 신경 세포를 비롯한 200종의 다양한 세포가 생겨나요. 배아가 이렇게 바뀌는 동안 엄마한테도 별별 일이 다 일어나요. 하나만 예를 든다면 자궁과 아기에게 산소를 보내 주기 위해 피가 더 늘어나고 적혈구를 더 많이 만들어요. 배아에서 보이는 첫 번째 기관은 심장이에요. 그 몸은 고작 포도 씨앗만 하지만 심장이 벌써 뛰고 있어요.

왜 아기들이 엄마 배 속에서부터 걸을 수 있을까요?

수정된 지 4주가 지난 배아는 푸른 완두콩만 해요. 그런데 갑자기 머리에 검은 점이 두 개 보여요. 그 점이 나중에 눈이 된답니다. 몸이 날마다 1mm씩 자라는 동안 팔과 다리가 될 작은 봉우리 같은 것도 생겨나요. 그래도 아직은 사람이랑 별로 비슷하지 않아요. 더욱 놀라운 건 돼지나 원숭이의 배아도 똑같이 생겼다는 사실이에요. 6주가 지나면 어느 정도 더 자라지만 아직도 호두 껍데기 속에 쏙 들어갈 수 있을 정도예요. 7주에서 8주가 지난 다음에야 이 배아가 나중에 사람이 되리라고 처음으로 알아볼 수 있어요. 그때부터 의사들은 배아라고 하지 않고 태아라고 해요.

태아는 9주가 지나면 점점 더 활발해져요. 근육이 강해지고 움직이기 시작해요. 심지어 숨까지 쉰답니다. 물론 공기가 아니라 액체를 들이키지만. 그렇지만 걱정할 필요는 없어요. 아기는 폐가 아니라 엄마 피를 통해 산소를 받아들이거든요. 2주가 더 지나면 태아는 첫 걸음을 내딛어요. 비록 신발을 신고 걸어 가는 게 아니라 엄마 배 속에서 걷는 거지만요. 이런 움직임은 뇌가 조절하는 게 아니에요. 이른바 반사 작용이지요. 반사 작용은 신생아가 발버둥을 칠 때도 보인답니다.

왜 모든 게 잘 작동하는데 아기는 바로 태어나지 않을까요?

수정된 지 석 달이 지나면 아이는 200가지 서로 다른 종류의 세포를 지니고 있어요. 여러분을 구성하는 모든 세포가 거의 다 있는 셈이지요. 넉 달이 지나면 뇌가 움직임을 결정하기 시작해요. 뼈도 점점 더 커지고 단단해져요. 지금까지는 눈도 새처럼 머리 옆에 있었지만 이제 서로 바짝 달라붙어요. 때로 머리나 다리를 향해 손을 움직이기도 해요.

다섯 달이 지나면 때때로 눈을 뜨지요. 엄마 배 속에 흥미진진한 게 있지도 않을 텐데 이제 눈을 깜박인답니다. 그럼 아기는 이미 상당히 '완성된' 셈이에요. 벌써 지문도 있다니까요! 그래도 엄마 배 속을 떠나서 살아남을 수 있으려면 아직 더 자라야 해요. 무엇보다 폐가 아직 채 성숙하지 않았거든요. 적어도 여섯 달은 지나야 살아남을 가능성이 생겨요. 그래도 가장 좋은 건 한동안 엄마 배 속에 더 머무르면서 자라고 힘도 세지는 거예요. 일곱 달쯤이면 모든 게 제대로 잘 작동하지만 그래도 아이는 아직 조그맣고 다치기 쉽거든요.

왜 엄마는 배 속에서 이미 아기의 취향을 결정할 수 있을까요?

엄마 배 속에는 볼 만한 것도 들을 만한 것도 거의 없지만 아기의 감각 기관은 꽤 잘 작동해요. 엄마가 먹는 것을 조금씩 맛보기까지 해요. 엄마가 마늘을 즐겨 먹는다면 나중에 아기도 마늘을 좋아하게 마련이에요. 아기는 엄마 배 속의 꾸르륵거리는 소리도 듣지만 외부의 큰 소리, 특히 낮은 음의 우르릉거리는 소리도 들어요. 아기한테는 저 멀리서 팝 페스티벌이 열리는 것처럼 들리지요. 아기는 음악에도 반응을 해요. 빠른 음악을 들으면 흥분하고 느린 클래식 음악을 들으면 진정하지요. 아기는 벌써 엄지손가락을 빨아요. 어느 쪽 엄지손가락을 빠는지에 따라 나중에 왼손잡이가 될지 오른손잡이가 될지 알아볼 수 있어요. 눈도 이미 잘 작동하지만 눈동자 빛깔이 어떨지는 아직 말할 수 없어요. 지금은 파란색이라도 나중에 갈색으로 변할 수 있으니까요. 눈동자 빛깔은 태어난 지 몇 달이 지난 뒤에야 비로소 확실해지지요. 아기는 때로 깨어 있지만 대체로 잠을 많이 자요. 우리가 꿈꿀 때랑 비슷한 렘수면이에요. 어쩌면 벌써 꿈을 꾸는지도 몰라요. 아쉽게도 어떤 꿈인지 물어볼 수는 없지만.

아기는 여덟 달이 지나면 다 완성돼서 세상에 나올 수 있어요. 그렇지만 엄마 배 속에 더 오래 머무를수록 더 건강하지요. 아기는 이제 이따금씩 웃어요. 뇌세포도 다 갖춰졌어요. 860억 개 전부 다요! 그래도 언제 태어나는지 결정하는 건 뇌가 아니라 폐예요. 폐까지 완성되면 아이는 세상에 나올 준비가 다 된 거예요. 마침내 폐에서 탄생 시각을 정하는 호르몬이 흘러나오지요. 폐는 무척 중요해요. 아기가 태어나자마자 활약해야 하니까요. 액체가 나가고 대신 산소가 폐에 들어와야 하지요.

엄마 배 속에서 나오자마자 편안한 생활은 끝나요. 처음으로 고통과 배고픔과 추위를 느끼지요. 그래서 한동안 웃음도 사라져요. 아이는 태어난 지 넉 주가 지나야 비로소 엄마 배 속에서처럼 다시 환하게 웃지요.

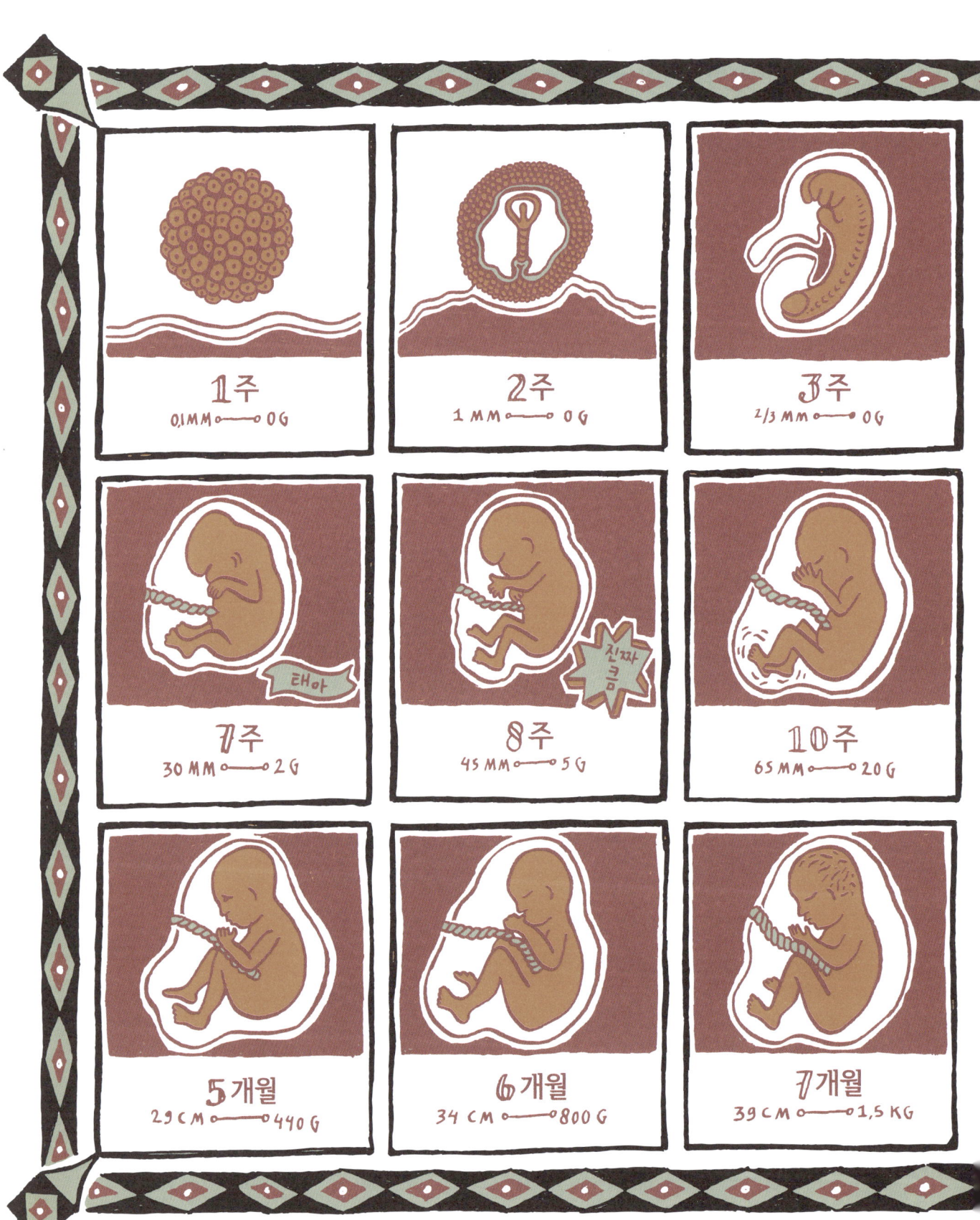

– 10부 –

미래에는

왜 죽는 게 그리 나쁘지 않을까요?

하나의 세포에서 지금의 여러분이 자라났어요. 그동안 여러분의 세포는 여러분이 더 크고 건강해지도록 계속 분열했지요. 살아 있는 동안 세포는 계속 분열할 거예요. 이렇게 나눠지는 세포는 대개 그 이전 세포의 복사물이에요. 그런데 세포가 나눠지다 보면 무엇인가 잘못될 수도 있어요. 대개 별다른 문제가 되지 않는 대수롭지 않은 일이지요. 마치 복사를 할 때 흰 종이에 묻은 작은 먼지 입자가 점을 하나 남기는 것과 비슷해요. 복사를 계속하면 종이는 여전히 대부분 하얀색이지만 이 점은 사라지지 않아요. 시간이 흐르면서 점들이 점점 더 늘어나지요. 특히 70년, 또는 더 오랫동안 복사를 계속한다면…….

세포 속 오류도 마찬가지예요. 세포는 조금씩 잘못 작동하겠지요. 나이가 든 사람들은 누구나 그렇게 돼요. 피부엔 주름이 지고 근육은 약해지고 뼈는 점점 더 부러지기 쉬워져요. 그밖에도 뇌세포나 망막 세포처럼 재생되지 않는 세포나 신체 부위가 있지요. 그래서 나이 든 사람들의 눈이 어두워지거나 기억력이 감퇴하는 거예요.

결국 우리 몸이 작동을 너무 못해서 도저히 피할 수 없는 일이 일어나요. 죽어 버리는 거예요. 그렇지만 죽는 것은 그리 나쁘지 않아요. 태어나기 전을 생각해 봐요. 그때 불쾌했나요? 아니, 그렇지 않았을 걸요. 여러분이 아예 없었으니까 아쉬워할 일도 없지요. 죽는 것도 그렇지 않을까요. 게다가 죽은 뒤에도 삶이 있다고 믿는 사람들도 많아요. 그들이 옳다면 우리는 진짜 죽는 게 아니에요. 하지만 누가 죽으면 뒤에 남은 사람들은 무척이나 힘이 들지요. 친구와 가족들이요. 또 어쩌면 죽는 게 그리 나쁘지 않다고 해도 죽어 가는 것은 몹시 나쁠 수도 있어요. 그러니까 우리 한동안 더 살아가도록 해요, 여러분도 찬성이지요? 다만…… 어떻게 그럴 수 있을까요?

왜 100살 먹은 노인이 모두 양로원에 가지는 않을까요?

우리가 얼마나 오래 살 수 있는지 알아내려고 그동안 수많은 연구를 해 왔어요. 그런 연구 가운데 하나에서 100살 넘게 산 사람들을 조사했는데 아주 흥미로운 결과가 나왔어요. 여러분이 100살 넘게 살고 싶다면 부모를 잘 고르는 게 가장 좋아요. 오래 사는 건 체스에 재능이 있거나 발에 땀이 많이 나는 것처럼 집안 내력이거든요. 어떤 집안은 장수하는 유전자가 강한 반면 또 다른 집안은 운이 별로 좋지 않아요. 그렇지만 부모를 잘 고르기에는 이미 너무 늦었네요.

그럼 어떤 일을 할 수 있을까요? 우선 스트레스를 피해야 돼요. 100살 넘게 산 사람들 가운데 많은 이가 평온한 생활을 해요. 주식 시세나 이윤이나 페이스북의 좋아요 클릭 수에 연연하지 않는 농부와 어부들이 많지요. 그들은 내내 몸을 움직이고 아흔 살이 넘어서도 일을 계속 해요. 다른 사람들이 다 그렇듯 그냥 일을 하는 거예요. 또 양로원에 들어가지 않고 아주 평범하게 집에서 살아요. 담배를 피우지 않고 건강에 좋은 음식을 먹어요. 고기는 너무 많이 먹지 않고 아예 안 먹기도 해요. 과일과 채소를 많이 먹고 올리브유도 많이 먹어요. 때로 생선이나 콩을 좀 먹기도 하고요. 무엇보다도 너무 많이 먹지 않아요. 여러 연구에서 먹이를 적게 먹는 짐승이 더 오래 산다는 결과가 나왔어요. 이건 아마 사람한테도 통할 거예요.

왜 120살이 돼도 쌩쌩할 수 있을까요?

그런데 만약 운이 없어서 오래 살지 못하는 집안 출신이라면 어떡하지요? 그래도 우리에겐 의학이 있어요. 비록 아직 치료약을 발견하지 못한 치명적인 병이 꽤 많지만 의사들은 점점 더 똑똑해지고 있어요. 오늘날 우리를 위협하는 병도 10년에서 20년이 지나면 치료할 수 있을 거예요. 심지어 언젠가는 바윗덩어리에 깔리거나 상어에게 잡아먹히지 않는 한 영원히 살 수 있을 거라고 믿는 사람들도 있어요. 그들은 앞으로 더 많은 병을 치료할 수 있을 뿐만 아니라 처음부터 아예 병이 나지 않도록 막을 방법이 생길 것이라고 믿어요. 예를 들어 세포가 잘못 나누어지지 않게 해서요. 그럼 여러분은 120살이 돼도 허약한 노인네가 되는 게 아니라 40살 먹은 사람만큼이나 쌩쌩할 거예요.

의학자들은 제대로 작동하지 않는 신체 부위의 문제를 해결하는 데도 노력하고 있어요. 인공 심장이나 인공 신장으로 망가진 기관을 대체하지요. 자기 세포의 도움으로 새로운 신체 부위를 만들어 내기도 해요. 뇌로 조절하는 로봇 팔이나 자기 세포로 만들어 낸 방광을 달고 돌아다니는 사람도 있어요. 사고가 난 뒤 손이 새로 자라난다면 어떨까요? 그런 일이 가능할까요? 어쩌면 앞으로는……

왜 우리가 앞으로 더는 죽지 않아도 될까요?

건강한 사람들은 작은 상처 정도는 저절로 나아요. 그렇지만 팔 하나를 잘라 내면 그냥 팔이 다시 자라나지는 않아요. 그런데 어떤 동물들한테는 그런 일이 일어나기도 해요. 심지어 불가사리는 팔을 여러 개 잃어버려도 더 짧을지언정 팔이 다시 자라나요. 우리도 이런 기술을 배울 수 있을지도 몰라요. 그 비밀은 특별한 세포와 '세포 외 기질'로 만든 가루의 조합에 들어 있어요. 세포 외 기질이란 세포들 사이에 존재하는 물질이고 특별한 세포는 줄기세포예요. 이 줄기세포는 나뉘져서 우리 몸에 필요한 바로 그 종류의 세포가 될 수 있어요.

우리는 이미 손가락 끝부분이 잘렸을 때 줄기세포와 세포 외 기질로 다시 자라나게 하는 데 성공했어요. 손톱은 물론 예전이랑 똑같은 지문까지 자라났지요. 이제 의사들은 다리를 심하게 다친 군인들을 대상으로 실험을 하고 있어요. 그 결과는 놀라서 눈이 휘둥그레질 정도예요. 몇 년 전에야 생겨난 치료법이지만 앞으로 기대를 해도 될 거예요. 텔레비전이나 컴퓨터도 처음 나왔을 때부터 완벽하게 작동하진 않았잖아요. 어쨌든 여러분이 70살이 될 때까지 의학에서 많은 진전이 있으리라는 건 확실해요.

어쩌면 앞으로는 아무도 병들어 죽거나 늙어 죽지 않을 거라고 믿는 사람들이 옳을 수도 있어요. 다만…… 그럼 이 사람들이 다 어디로 가야 할까요? 현재 세계 인구는 벌써 78억이에요. 앞으로도 인구 문제로 오랫동안 골머리를 앓아야 할 텐데.

- 10부 -

감사의 말

나는 작가지 생물학자나 의학자가 아니에요. 이 책에 있는 모든 정보는 인간의 몸에 대해 정말 무엇인가 나보다 훨씬 더 많이 알고 있는 사람들의 책에서 나왔어요. 이 전문가들에게 너무나 감사하네요. 하지만 더 감사드릴 분들이 계세요. 내 인터뷰 요청에 흔쾌히 응해 주고 문장의 오류를 찾아 주고 알 만한 가치가 더 많은 것으로 보완해 주었으며 또 다른 여러 가지 방식으로 나를 도와준 의사와 전문가들이 아니었다면 이 책은 빛을 보기 힘들었을 거예요.

이 자리를 빌려 다음에 적은 분들에게 감사하다는 인사를 드립니다.

에스터르 닐런, 헤라르트 케르크호프, 브루노 루스, 딕 스바프, 티에르트 더 파버르, 엘렌 더 용, 지니 로터스 반 레네프, 제랄딘 스휘턴, 잉흐리트 세이츠, 마르틴 메이어르, 러네 더 베이크, 헤르트뤼더 제인스트라, 아너마리 뮐더르스, 비비 듀몬 탁, 클레르 로츠, 엘리자베트 더 하스 판 도르서르.

― 살아남기 ―

감수의 말

우리는 어디에서 우리 자신에 대해 알 수 있을까?

"너 자신을 알라!" 델포이의 아폴론 신전 입구에 새겨진 말이다. 소크라테스가 제자들에게 숱하게 반복한 말이기도 하다. 자기 자신을 아는 일은 어쩌면 죽을 때까지 할 수 없는 일일지도 모른다. 실제로 대부분의 사람들이 자신에 대해 스스로 만족할 만큼 명확하게 설명하지 못하고 죽는다. 자신을 안다는 것은 다양한 수준에서 일어나는 일일 게다. 이때 가장 기초적인 토대는 자신의 물질적인 토대, 즉 생물학적 수준에서 이해하는 일이 아닐까?

요즘 생물학이라고 하면 생화학 또는 분자생물학, 크게 봐도 세포생물학 정도가 떠오른다. 곤충, 조류, 포유류 같은 생물의 커다란 분류를 기초로 삼지 않는다. 거의 모든 생물이 공통적으로 갖추고 있는 세포에 대해 배우고, 그 세포 안에 있는 분자와 그들의 화학반응을 배우고 연구하는 것이 현대 생물학이다. 그러다 보니 생물학자마저 자신의 몸을 잘 모른다. 사람의 몸에 대해 제대로 배울 수 있는 곳은 의학과 관련된 몇몇 학과에 불과하다. 그렇다면 우리는 도대체 어디에서 우리 자신에 대해 알 수 있을 것인가?

이젠 학교에서도 못 배우고 대학에서도 배울 수가 없다. 각자 알아서 공부해야 하는 시대가 되었다. 하지만 마땅한 책이 없다. 왜? 사람의 몸을 다루는 해부학 같은 것은 의사들이나 공부하는 것이라는 생각 때문이다. 하지만 네덜란드 사람 얀 파울 스휘턴이 쓴 《인간 – 너와 그 속에 사는 수많은 이들의 기적》은 바로 우리 몸을 다룬다. 그것도 해부학적으로!

무엇보다도 이 책의 백미는 우리 몸의 기관을 설명하는 장들이다. 심장, 폐, 위와 장, 피부와 감각 기관 그리고 근육과 골격에 대한 설명들은 탁월하다. 의대생들이 가장 스트레스를 받는 과목이 해부학이라고 한다. 조직과 기관에 대한 설명을 영어로 배우고 라틴어 이름으로 암기하다 보니 짜증이 날 만도 하다. 그런데 그 정보들을 미리 재밌는 우리말로 초등학교 고학년과 중학교 때 배우고 익혔다면 어떨까? 영어와 라틴어는 나중으로 미루고 말이다. 물론 고등학생과 성인들에게도 이 책을 강력히 추천한다.

그렇다고 해서 고리타분한 책은 아니다. 마치 중세풍의 해부학 교과서 같은 그림이 펼쳐지지만 이 책은 현대생물학도 놓치지 않는다. 또 이 책에 가끔 나오는 숫자는 그냥 던져지지 않고 내가 그림을 그릴 수 있게 등장한다. "성인 한 사람은 약 18kg의 탄소, 커다란 잼 병을 가득 채울 질소, 물 50L, 성냥 200개비에서 긁어낼 수 있는 인…….", "입에서 엉덩이까지 총 길이는 6m에 이른답니다. 음식이 이 거리를 지나가는 데에는 거의 하루가 걸려요." 같은 식이다.

이 책의 장점은 곳곳에 숨어 있다. "너 자신을 알라"고 했을 때 그 "너"가 어디까지인지 고민하게 한다. 우리 몸에는 우리가 아닌 다른 존재들이 엄청나게 존재한다. 이 존재들은 우리 피부는 물론이고 입 안과 소화 기관 속, 심지어 세포 안에도 살고 있다. 어떤 것들은 우리에게 피해를 주지만 대부분의 세포와 기생충들은 아무런 영향을 주지 않거나 또는 도움을 주면서 조용히 함께 살고 있다.

나는 이 책을 읽으면서 나에 대해 다시 생각하게 되었다. 내 안에 살고 있는 생물들과 나와의 관계를 통해 나와 내가 살고 있는 자연, 생태계, 지구, 우주의 관계를 따져 보게 될 것이다.

이정모(국립과천과학관장)

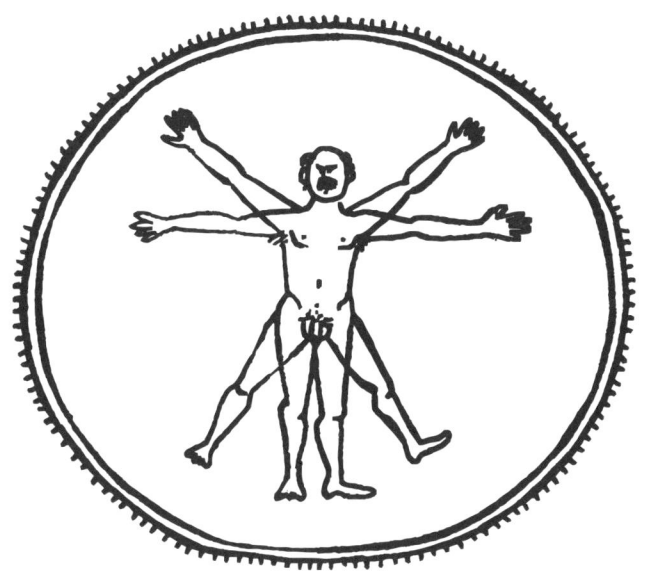

찾아보기

ㄱ

가로막 88-89
간 13, 33, 94, 98, 100, 110
갈레노스 36, 39
감각 기관 120-122, 128, 132-133, 151
감염 76-77
감정 17, 42, 45, 125, 146
감칠맛 96, 126-127
개미 16-17
거짓말 탐지기 64-65
고막 132
골수 31, 140-141
골윗샘 130
공감각 52
귀 13, 44, 52, 65, 76, 120, 132-133
귓속뼈 133
균형 32, 132-133, 136, 142
그렐린(호르몬) 59, 63, 67
기관 13, 39, 88, 90
기분 47, 55, 60, 62, 67, 108, 148
기억(기억력) 17, 44-45, 47, 49-51, 54, 66-67, 125, 139, 154
꿈 66, 68, 151

ㄴ

나이 84, 154
난소 15, 147-148
난자 15, 146-150
내장 22, 38
냄새 36, 89, 104, 110, 114, 116-117, 120, 124-125
뇌 17, 33, 38, 42-55, 58, 61-66, 68, 79, 84, 103, 108, 120-125, 128-130, 132-133, 136, 151, 155
뇌졸중 84
뇌줄기 44, 47
뇌진탕 51
눈 13, 22, 43-44, 52, 65, 68, 76-77, 120, 126, 128-130, 133, 150-151, 154

뉴런 42
니코틴 91

ㄷ

단백질 19, 23-30, 67, 74-75, 85, 95, 99, 110, 116-117, 139-140
담낭(쓸개) 13, 94, 100
담배 84-85, 91, 154
대뇌피질 46
대동맥 13, 80, 82, 100, 110
대장 13, 39, 98, 100-101, 106
도파민(호르몬) 63, 108
동공 65, 128-129
동맥 65, 72-73, 81-82
두개골 38, 47, 130, 141
둥지 짓기 행동 61
딸꾹질 49, 64
땀 33, 65, 114-115, 117
똥 94, 100-101, 110

ㄹ

레드몬드, 리 117
렘수면 68, 151
렙틴(호르몬) 58-59
로티토, 미셸(망제투) 94, 99
리듬 68-69, 84, 130
리보솜 24-25, 27, 31, 74
림프계 76-77
림프 조직 107, 109

ㅁ

머리카락 18, 114-115, 117
멀미 133
멜라토닌(호르몬) 58, 68-69, 130
면역 체계 85
모르핀 97
모터 단백질 24-25, 30
미세 소관 24-25
미토콘드리아 24-25, 74

ㅂ

바이러스 28-31, 72, 75-76, 90
박테리아 17, 72, 75-76, 90, 95, 97, 101, 104, 106-109, 114, 116-117
반사 49
반사 작용 151
발톱 18, 114
방광 110-111, 146, 155
배란 147
배아 147, 150
백혈구 28-29, 31, 72, 75-77, 85, 90, 140, 149
번식 30-31
베살리우스, 안드레아스 36-39
벨라돈나 129
분자 19, 23, 26, 55, 82, 95, 100, 123-124, 136
브로카 영역 44, 46, 52
비장 13, 76
뼈 17-19, 36-37, 39, 95, 132, 136, 140-143, 151, 154

ㅅ

사춘기 47, 115
사후 경직 37
산성 물질 149
살 빼기(다이어트) 102-103, 109
살모넬라 107
상아질 97
생리(월경) 59, 148
섬모 90-91, 124, 133
성대 89
성장 호르몬 67
세포 소기관 24, 27
세포 외 기질 12, 155
세포질 24-25, 108
세포핵(핵) 24-27, 30-31, 42, 74
섹스 146, 148
소뇌 44

소장 13, 39, 98-100, 106
소포체 12, 25-26
소화(소화 기관) 39, 94-96, 99-100, 106, 108, 110
손톱 18, 114, 117, 155
수소 19, 111
수정 147-148, 150-151
수정체 128-129
슈라이버, 가브리엘 60
스트레스 67, 79, 88, 154
시냅스 50
시상하부 32, 44-45, 47
시키로우, 도우 101
식도 39, 90, 94, 98, 109, 126
신경 세포 17, 22, 42, 48, 51, 58, 62, 97, 132-133, 150
신경 아교 세포 42
신장(인공 신장) 110-111, 155
심방 80-81
심장 동맥 72, 81, 84
심장 박동 44, 65, 84, 88

ㅇ

아드레날린(호르몬) 58, 79
아미노산 19
암모니아 110
에너지 24, 33, 42, 66-67, 102, 127, 136
에스트로겐(호르몬) 59
에크만, 폴 64-65
엔더스, 기울리아 101
엔도르핀 123
엥거, 도널드 143
여드름 115
연골 140, 142-143
염산 99-100, 106
염색체 26-27, 108
염증 76-77, 97, 104, 109, 115
오바마, 버락 122
오줌 110-111
오피오르핀 97
옥시토신(호르몬) 61
요요 현상 103
운동 44, 49, 72, 82, 84-85, 136, 138-139

운동선수 59, 81
위 13, 39, 79, 89-90, 94, 98-99, 101, 106, 109, 111
위산 99-100
유전자 27, 108-109, 150, 154
이산화탄소 73, 82, 88, 90
인 19, 124
인산 칼슘 140

ㅈ

자궁 15, 148-150
적혈구 72-74, 76, 140, 150
전두엽 44, 46
전전두엽피질 46-47
점액(층) 90-91, 98-99
접종 31
정맥류 82
정자 15, 146-150
졸음 단계 68
줄기세포 150, 155
지방 24, 37-38, 67, 84-85, 99-100, 102-103, 115
진화 43
질 15, 148-149
질소 19, 110

ㅊ

척추(뼈) 48, 73, 122, 141
청소년 47, 62, 68, 115
췌장 94, 98, 100
치석 97
침 96-97

ㅋ

칼슘 95, 140
케라틴 116-117
코르티솔 60, 79
코털 90, 117, 124
콜라겐 140, 142
콜레스테롤 84-85, 100, 108
클레오파트라 129
콜프, 빌렘 111

ㅌ

탄소 19
탄수화물 24
태아 147, 150-153
털 114-115, 117
테스토스테론(호르몬) 59-60, 62
통증 97, 122-123

ㅍ

편도 76, 90, 126
편도체 44-47, 49, 125
폐 13, 33, 38-39, 73, 81, 88-91, 151
폐포 90-91
포르투갈갤리선 16
프로락틴(호르몬) 61
플루오르화물 97
피부 17, 19, 33, 37-38, 75, 114-117, 122, 140, 154
피지 115

ㅎ

항생제 109
항체 28-29, 31
해골 140-142
해마 44-45, 47, 125
해부학 12, 36, 39
헤모글로빈 111
혀 96-97, 104, 120, 126-127, 130
혈관 17, 31, 39, 72-77, 82, 84-85, 100-101, 115-117
혈소판 72, 74-76
혈압 88
혈액(세포) 33, 72-74, 76, 101, 140, 150
혈장 74, 76
호르몬 58-63, 67-68, 72, 79, 85, 148, 151
호문쿨루스 62
호프만, 리하르트 139
호흡 88-89
효소 27, 99
후두 89-90, 126, 142
히스타민(호르몬) 58, 68-69

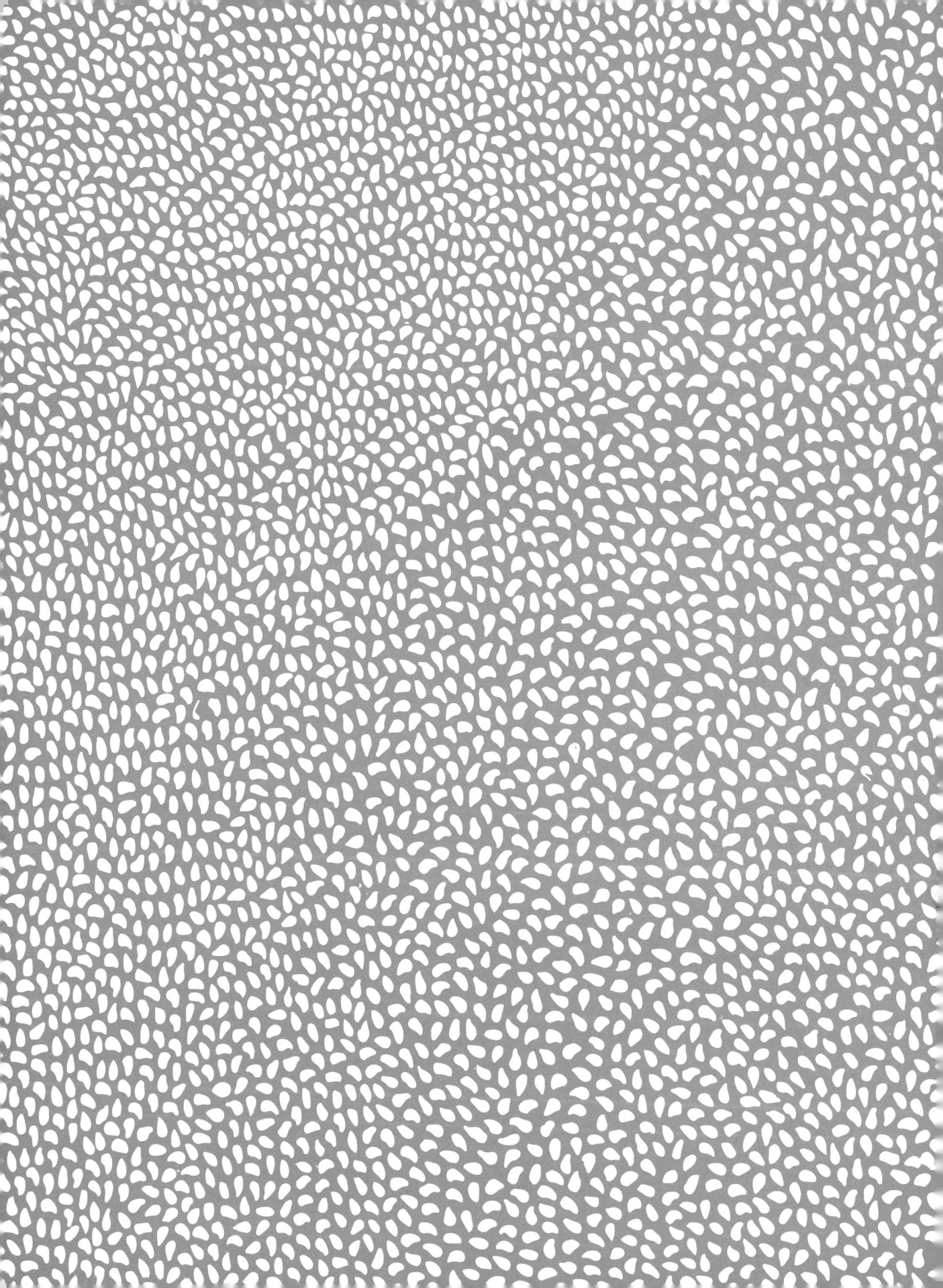